提升中学数学教学质量的评价
——基于 SOLO 分类法的研究

吴有昌 陈 燕 冷芬腾 吴荣燕 等 著

科学出版社

北 京

内 容 简 介

本书为广东省教育科研"十二五"规划课题"SOLO分类学在构建中小学生学业质量监测体系的应用"的主要研究成果，从理论上研究了SOLO分类法（学）的先进性、创新性、应用性，获得了一些重要研究结论，并介绍了应用SOLO分类法开展数学教学与评价的一些实践案例，从实证的角度阐述了SOLO分类法的应用价值与重要教学指导意义．本书在保证理论性分析的同时更加注重实践性，从中学教学一线的实践案例中以理论的视角开始分析，提供了一些新的做法、评价案例和教学改革案例．

本书可作为师范大学课程与教学论专业教师、课程与教学论专业硕士研究生、数学师范生、各级中小学教研员、中小学教师及其他相关读者的教材或参考资料．

图书在版编目(CIP)数据

提升中学数学教学质量的评价：基于SOLO分类法的研究/吴有昌等著. —北京：科学出版社，2018.1
ISBN 978-7-03-054108-6

Ⅰ．①提⋯　Ⅱ．①吴⋯　Ⅲ．①中学数学课－教学评估－研究
Ⅳ．①G633.602

中国版本图书馆CIP数据核字(2017)第191794号

责任编辑：王胡权 / 责任校对：张凤琴
责任印制：张　伟 / 封面设计：陈　敬

科学出版社出版
北京东黄城根北街16号
邮政编码：100717
http://www.sciencep.com

北京建宏印刷有限公司 印刷
科学出版社发行　各地新华书店经销
*

2018年1月第 一 版　开本：720×1 000 1/16
2022年7月第二次印刷　印张：15 3/4
字数：318 000

定价：69.00 元
（如有印装质量问题，我社负责调换）

序　言

SOLO 分类理论是由我的博士生导师、世界知名的教育心理学家 J.比格斯(John Biggs)在 1982 年正式提出的，此后，SOLO 分类理论由冷到热，进而成为指导考试评价和教学的主流分类理论. 无论是在教育评价领域还是在教学领域，对 SOLO 分类理论的研究方兴未艾. 吴有昌博士得风气之先，在国内率先带领团队开展利用 SOLO 分类理论提升学习评价与教学质量的研究，成果丰硕，汇总为《提升中学数学教学质量的评价——基于 SOLO 分类法的研究》，并将由科学出版社出版，实在可喜可贺.

自从布卢姆首次提出教育目标分类学的理论之后，依照一定的理论设想对教学目标进行分类的思想深入人心，成为厘清教学目标，有系统、有依据地开展教学与评价活动，进而提高教学与评价的质量的重要保证. 布卢姆的分类理论也风靡一时，成为 20 世纪最具影响力的教育理论之一. 然而，人们很快也发现了布卢姆理论的问题[①]，主要有如下五方面.

1. 布卢姆的分类学基本上是经验活动的总结，缺乏统一的学理基础，其最基本的假设，即人的思维操作是基于知识的阶梯型上升的结构，上升的线索是从理解到分析、综合、运用、评鉴这样逐级递增的思维能力操作，并没有为现代心理学理论所印证. 相反，现代心理学理论的发展表明这样的一条线索是不合理的.

2. 布卢姆的教育目标分类学的评价目标是学生的行为变化，然而"行为"的含义不清导致了评价目标的显性化，以及对评价活动的局限，也降低了评价的效度和信度.

3. 布卢姆的层次是以线性累积为逻辑的，只能简单化地用迁移来解释低级目标的学习向更高级目标的学习转换，显然不够清晰并欠缺合理性.

4. 布卢姆的线性积累模型强调的是学习的量的积累而忽略了不同学习水平层次之间的质的不同. 事实上，学生学习质量或者说思维发展水平中存在着质的差异，需要经过某种飞跃，学生的思维才能从一个较低的层次跃上较高的层次. 单纯量的积累是无法实现这一目标的.

5. 布卢姆的教育目标分类学人为地将内容与过程分割开来，既不合理，又导致了评价目标的空泛化，特别是关于情感领域的教学目标分类可以说基本上没有成功.

由于存在上述问题，从 20 世纪 70 年代开始，不断有人提出新的分类学理论，布卢姆的学生安德森[②]也对布卢姆的理论进行了修正. 然而，布卢姆分类理论所存在的

---

① 吴有昌，高凌飚. SOLO 分类学在教学评价中的应用[J]. 广州：华南师范大学学报(社会科学版)，2008(3).

② [美]安德森，等. 学习、教学和评估的分类学[M]. 皮连生，主译. 上海：华东师范大学出版社，2008.

基本问题依然没有解决. 在各种分类理论中，SOLO 分类理论异军突起，比格斯和 K.
科利斯 (Kevin Collis)[1] 依据皮亚杰的发展阶段理论，创造性地将"发展阶段"的理念
应用到人对新事物新知识的学习认知上，认为人在面对新事物、学习新知识的时候也
存在着具有不同质的差异的阶段，在学习的过程中，首先进行必要的知识积累，然后
把知识加以通融和提升，达到一个新的阶段. 从原来的阶段到新的阶段，人的认知实
现了质的飞跃，思维也达到新的境界. 在这种理念指引下，比格斯提出可以从能力、
思维操作、一致性与收敛和应答结构四个维度出发将学生在回答试题时的表现或者试
题所要求的学生的表现分成五种不同的水平层次：前结构、单点结构、多点结构、关
联结构、抽象扩展结构. 这样的分类方式，比较合理地解释了学习过程中思维的功能
方式、学习的周期和阶段等概念，比较准确、有效地反映了学生学习的质量. 正因为
如此，SOLO 分类学正在发挥越来越大的影响力. 目前在澳大利亚等许多英联邦国家，
采用 SOLO 分类学作为厘定教学目标和进行考试评价的框架很多，国际上一些有重大
影响的测评 (如 PISA)，也利用 SOLO 分类学作为建立评价框架的参考依据之一.

从 20 世纪 90 年代 SOLO 分类理论被引进国内以来，国内已经有了一些研究[2]，
这些研究主要集中于对开放性试题的评分应用上，在超越单一试题情境的应用方面，
如何从全卷的角度以至整个评价体系的角度应用 SOLO 分类理论，如何结合教学实践
应用 SOLO 分类理论，等等，这些研究还比较薄弱. 吴有昌博士的研究从考试的整体
结构出发，从提高评价与教学的质量出发，将 SOLO 分类理论加以实践并取得可喜的
成绩，正好填补了这一方面的空白. 相信该书的出版不仅为我国的教育评价改革能提
供一些有借鉴意义的观点和参考性的实践案例，而且能进一步丰富、加深对 SOLO 分
类理论的本质、价值、实践方式以及存在问题的认识.

吴有昌博士当年曾在我名下攻读博士学位，但是我们之间的关系不仅仅是师生关
系，而是亦师亦友. 我们曾一起研究和探讨教育教学评价中的许多问题，他对旧事物
的大胆批判精神以及对新事物的敏锐感觉，常常使我感动，我也从中学到不少的东
西. 他对研究的执着和坚持，也给了我鼓舞和支持. 他在获得博士学位后一直坚持开展
学业评价的理论与实践的研究工作，并取得了一些创新性的成果。现在，他带领一批中
学数学教师开展了基于 SOLO 分类学的数学学业评价研究，其中有不少成果目前在国内
少见. 祝愿他们在学业评价研究的道路上越走越稳，实现他们的研究理想.

高凌飚

华南师范大学

---

① [澳]彼格斯，科利斯. 学习质量评价——SOLO 分类理论 (可观察的学习成果结构) [M]. 高凌飚，张洪岩，译. 北京：
　　人民教育出版社，2010. （"彼格斯"在正文中写作"比格斯"）.
② 冯翠典，高凌飚. SOLO 分类法国内应用研究十年的现状反思[J]. 教育测量与评价. 2009, 11: 4-7.

前 言

学业评价改革一直都是新课程改革的重要一环。对我而言，对学业评价产生浓厚的兴趣源于撰写博士学位论文，随着对分类学、教育评价理论等研究的深入，我更加坚定了将学业评价作为长期研究方向的决心。

分类学的发展一直深刻影响着教育评价的改革。基于这个观点，我一直对分类学有深入研究的欲望。SOLO 分类学由华南师范大学高凌飚教授的博士学位指导老师 J.比格斯和他的合作者 K.科利斯提出，他们根据皮亚杰有关学习的发展阶段论以及一些现代教育心理学的研究成果提出了影响世界教育评价研究的分类学。SOLO 分类学认为，人的学习很难用抽象的"阶段"去划分，对于某一项具体的学习任务则可以根据学习者对学习任务中相关材料的处理方式、问题的收敛性等因素判断学习者对于这一具体学习任务的思维发展阶段。

自获得博士学位后，我长期关注、研究和实践 SOLO 分类学，并引领一批有研究兴趣的一线中学数学教师开展相关研究，取得了一些初步成果。经过多年在广东省多个地市共 60 余所初中开展实验，提升学习质量效果明显。为进一步深入研究，让更多的中学数学教师了解、运用 SOLO 分类学，借鉴已有的研究成果，我们团队成员将已有成果总结、提升成书，以期获得更多专家指导，与更多的中学教师交流、分享。本书是广东省教育科研"十二五"规划研究项目——SOLO 分类学在构建中小学生学业质量监测体系中的应用（编号：2012ZJK014）的主要研究成果。

本书以关注教与学的过程和学习质量为主线，在注重理论性分析的同时更加注重实践性，从中学教学一线的实践案例中以理论的视角加以分析，获得一些新的做法、评价案例和教学改革案例。因此，本书的编写遵循从理论到实践的写作思路，涵盖了SOLO 分类法的理论研究、初中数学教学与评价研究、高中数学教学与评价研究等方面。应用 SOLO 分类学指导数学教学与评价并获得新结论，同类研究成果国内较为少见，具有一定的创新性；研究成果也有较好的应用价值与推广意义，目前，该成果已在广东省 60 余所初中开展多年实验，实验学校教学质量提升明显，受益学生累计超过18 万人次，有关研究活动与成果多次获得广东省教育研究院领导和各地市教育局教研室的重视与肯定。

本书分工如下：吴有昌、冯翠典、林晓君著第一章，陈燕、冷芬腾著第二章，柯少孟、吴有昌著第三章，吴绮霞、吴有昌著第四章，吴荣燕、吴有昌著第五章，钟康生、吴有昌著第六章，赖淑明、吴有昌著第七章，吴有昌负责全书的统稿工作。

　　谨以此书向一直以来关心、支持我的领导、老师和朋友致谢，也感谢在背后默默支持的家人。

吴有昌

广东省教育研究院

2017 年 5 月

目　录

第一章 SOLO 分类理论的研究综述

SOLO 分类法是一种新的评价理论,它在教学评价中的应用值得深入研究. SOLO 分类法对学习理论的贡献是:把"阶段"观念迁移到具体的学习任务,使之能应用到教学实践;解释了功能方式的转换,克服了布卢姆教育目标分类学的理论困难. 教学评价中的应用包括:为评价学习的质量提供了一种更为有效的方法;为不同学科的教学评价构建了一个比较学习质量的共同平台;为开放性试题的评分提供了理论依据.

分类学的发展直接影响教育评价理论的发展. 布卢姆的分类学存在一些问题:对目标的描述存在困难;分类的线索与学习的真实情况不符;人为地将知识内容与过程区分开来. SOLO 分类法在这些方面都取得了突破:评价目标界定清楚,无须分解;螺旋式上升的层级结构符合人类的认知规律;把过程与内容很好地结合起来.

SOLO 分类法自 20 世纪 90 年代被引入国内以来,其研究态势比较活跃,研究前景已初露端倪,但研究视野较窄,主要集中在对开放性试题的评分和单一试题情境的应用上. 针对这一问题,本章持续深化 SOLO 分类法的开放题评价研究,着力 SOLO 分类法的封闭题评价研究,注重 SOLO 分类法在宏观层面的开发应用,注重 SOLO 分类法在教学实践中的应用.

第一节 SOLO 分类法在教学评价中的应用

SOLO 的英文全称为 structure of the observed learning outcome,即可观察学习结果的结构. SOLO 分类法的理论基础是皮亚杰(Piaget)的发展阶段学说,由著名教育心理学家比格斯教授及其同事经过长期的研究和探索提出,是一种以等级描述为特征的质性评价方法. 近年来 SOLO 分类法开始被介绍到国内,其学术观点逐渐被同行所接受,也逐渐在教学实践中得到应用. 为了让更多的同行认识 SOLO 分类法的重要性,很有必要对其在教学评价中的作用开展深入研究.

1. SOLO 分类法概述

(1) SOLO 分类理论的起源

比格斯教授提出的 SOLO 分类法与皮亚杰的发展阶段学说在两个方面上一致:①认为儿童在思维及建构理解方式上与成人有质的不同,并努力建立起在不同年龄阶段儿童认知发展的程序模式;②关注学习过程,而不仅仅是学习结果,认为描述学习发展和认知结构的最佳方法是分析学生对问题的反应. 这体现了 SOLO 分类法对皮亚杰的发展阶段学说传统的继承. 另一方面, SOLO 分类法的产生又与皮亚杰的发展阶段学说所遇到的矛盾密切相关. 皮亚杰的发展阶段学说在发展中遇到了两个主要矛盾: ①皮亚杰理论中所谓的"异变"现象普遍存在, 阶段概念的可行性受到质疑, 用发展阶段理论难以解释; ②皮亚杰理论难以应用到学科的教学中去. 为了解决这两个矛盾, 以比格斯教授为代表的学者认为个人的总体认知水平是一个纯理论概念, 是无法直接测量的, 称之为"设定的认知结构"(HCS), 因此必须将发展阶段的标记从学生身上取出来, 而把注意放在学生对问题的回答上, 以学习的质量为研究出发点, 关注个人在回答某个问题时表现出来的思维结构, 即可观察学习结果的结构(SOLO).

(2) SOLO 分类理论的主要内容

作为新皮亚杰主义者的代表人物, 比格斯认为决定个体的认知反应水平的两个因素是: ①功能方式, 由所利用元素(如语句、符号等)的性质和水平与操作的类型确定; ②在某种功能方式下的反应结构的复杂性. 这种观点就是他提出 SOLO 分类法的理论基础.

SOLO 分类法的基本观点包括: ①研究学习质量为主要目的, 可以从学习结果在结构上的复杂程度出发来评价学生的学习质量; ②人的总体发展阶段这个概念在教学实践中用处不大, 重要的是学生在特定任务上的表现; ③关注认知过程, 而不仅仅是认知结果, 认为分析学生针对某项具体任务的反应是描述学习进步和认知结构的最佳方法; ④可以从能力、思维操作、一致性与收敛和应答结构四个方面对学生的回答分成不同的水平.

从 SOLO 分类法的基本观点可以看出其主要思想: 重视实践, 关注学习过程, 关注学习质量, 认为学习结果在结构上的复杂程度的变化可以显示学习质量的不同层次, 这比纯粹从理论上谈发展阶段要有价值.

SOLO 分类法的主要内容包括两个方面. 首先, 对个体认知发展的功能方式进行划分并论述了各种功能方式下产生的相应的知识类型, 共划分为五种方式, 分别是: 感觉运动方式(sensori-motor mode), 它所形成的知识称为隐性知识(tacit knowledge); 形象方式(iconic mode), 它所形成的知识称为直觉知识(intuitive knowledge); 具体符号方式(concrete-symbolic mode), 它所形成的知识称为陈述性知识(declarative knowledge); 形式方式(formal mode), 它所形成的知识称为理论知识(theoretical knowledge); 后形式方式(post-formal mode), 它所形成的知识也是理论知识, 不过层次更高, 抽象性更强. 这五种功能方式按照年龄从低到高排列, 同时也描绘出学生认知发展的不同阶段. 其次, 对每种功能下的反应水平进行了划分. 比格斯在分析了大量学生回答各学科问题的反应时发现, 在每种功能下, 个体反应表现出按结构复杂性的层次变化的特点, 这种层次变化是循环出现的. 因此, 把这种层次变化划分为五种水平:

1) **前结构水平**(pre-structural level)　　这是一种低于目标方式的反应, 学习者对问题的回答是混乱的，要么是拒绝回答问题，要么是同义反复，要么就瞎说一气，回答根本没有一致性的感觉，甚至连问题是什么都没有弄清楚就收敛(指获得答案)了.

2)**单点结构水平**(unistructural level)　学习者只能联系单个素材解决问题，因此没有一致性的感觉，只接触到一点就立刻跳到结论上去.

3)**多点结构水平**(multistructural level)　学习者能联系多个有限的、孤立的素材解决问题，虽然想做到一致性，但由于基本上只注意孤立的素材而使收敛太快，解答不完整.

4)**关联结构水平**(relational level)　学习者利用问题线索、相关素材及素材的相互关系解决问题，并能在设定的情境或已经历的经验范围内利用相关知识进行概括，在设定的系统中没有不一致的问题，但因只在一个路径上收敛，在系统外可能会出现不一致.

5)**抽象扩展结构水平**(extended abstract level)　学习者利用问题线索、相关素材、素材的相互关系及假设解决问题，能对未经历的情境进行概括，解决了不一致性的问题，认为不必使结论收敛，即结论开放，容许多个在逻辑上相容的解答.

SOLO 分类法中的五种功能方式和五种 SOLO 水平深刻描述了学习周期与认知发展的关系，并解释了不同层次的递进和不同功能方式间的转换.

2. SOLO 分类法对学习理论的贡献

(1)把"阶段"观念迁移到具体的学习任务，使之能应用到教学实践

皮亚杰认为，人的发展具有阶段的特点，发展的阶段顺序不可逆，每一阶段以某种典型的内部组织——设定 HCS 为特征，本质上 HCS 的逻辑性不断上升. 这些结构可以产生有较高普遍性和较广迁移性的规则，因此，个人会用与其所处阶段相一致的方式来完成某项任务. 这些结构可以根据个人在任何一项高要求的、有良好结构的任务上的表现推测出来. 皮亚杰的这种观点在实践中遇到了很大的困难. 首先，测量阶段的水平存在困难. 凯斯(Case)等多位研究者的研究表明，在测试内容不变时，设定认知结构会随着测试条件的不同而变化，这一事实使得 HCS 的测量有很强的人为性. 其次，阶段的范围难以确定. 皮亚杰把不按个体所处的认知发展阶段的典型方式来行动的现象称为异变.在实践中，异变现象非常普遍，尤其是在学校的学习任务中.比格斯的研究也表明，SOLO 水平不仅可以因学科的不同而不同，即使是同一学科，还可能因任务的不同而发生变化. 这些事实使得把皮亚杰的认知发展理论直接运用到教学实践变得非常困难. SOLO 分类法认为，个体的学习具有阶段的特点，在具体的学习任务上同样如此，把个体的学习按不同的 SOLO 水平进行划分，不同的水平表明个体在具体学习任务上的不同阶段. 当学习到达抽象扩展阶段时，个人的功能方式发生变化，从而进入了新的更高的发展阶段. 这样，SOLO 分类法就把"阶段"的观念迁移到具体的学习任务中，从而使皮亚杰的认知发展理论能够直接运用到教学实践中，为解释教学实践中的现象给予理论支持.

(2)解释了功能方式的转换，克服了布卢姆教育目标分类学的理论困难

作为一种分类理论，SOLO 分类法与布卢姆教育目标分类学有许多不同．首先，从分类对象看，前者对个体的学习结果进行划分，后者则是对个体的学习行为进行划分；其次，从分类标准看，前者是根据学习结果在结构上表现出来的复杂性进行划分，后者则是根据个体的学习行为改变的特征进行划分；最后，从分类目的看，前者是为了评价学习的质量，后者则是更多地为了评价教师的教学质量．更为重要的是 SOLO 分类法合理地解释了层次之间的递进与功能方式的转换．而在布卢姆教育目标分类学中，各个水平之间按行为的复杂性增加而递进．例如，评价在某种程度上涉及所有其他类别的行为，布卢姆把它放在认知领域的最后部分．但是，布卢姆仅仅用迁移来解释低级目标的学习向更高级目标学习的转换，这显然不够清晰，且欠缺合理性．例如，领会水平如何向运用水平转换，布卢姆没有解释清楚，事实上也不可能解释清楚．究其原因，布卢姆的教育目标分类学主要描述个体学习行为的改变，缺乏某种学习理论的支持．"我们重温了各种个性理论和学习理论，但没能找到一种能说明我们打算分类的教育目标所提出的各种行为的唯一的观点．迫不得已我们只好采用希尔加德（Hilgard）的观点．"[1]然而，SOLO 分类法用功能方式和 SOLO 水平相结合却很好地解释了不同水平、不同功能方式之间的转换，在同一种功能方式下，不同的 SOLO 水平反映了学习结构上不同的复杂性，前一功能方式的抽象扩展结构水平则意味着个体的学习向着更高层次的功能方式转换，这就是学习阶段的发展．

(3)验证了加德纳的多元智力理论

SOLO 分类法认为，个体在不同的任务上所采用的功能方式有可能不一样，所表现出来的学习阶段也不一样．例如，一个数学家，他在解决某一高深数学问题时很顺利，并获得了答案，这表明他在数学领域中的认知发展的功能方式是后形式方式；如果他同时在学习打网球，却怎么也打不好，这表明他在学习打网球方面的功能方式很可能是感觉运动方式．也就是说，随着个体的发展，个体允许多种功能方式的并存．研究表明，工作记忆量和发散能力等似乎是构成那些功能方式向新的、更高的方式转变的重要因素[2]．为何同一个个体在不同学习领域的表现可能会不同呢？一方面是因为个体在不同领域中的工作记忆量不同，另一方面则是因为个体在不同领域上体现出来的能力不同，例如，发散能力．这些都说明了个体在不同学习领域上的智力很可能是不同的，究其根本原因，是个体的智力多元化．这在一定程度上验证了加德纳（Gardner）的多元智力理论．

3．SOLO 分类法在教学评价中的应用

(1)为评价学习的质量提供了一种更为有效的方法

学习应该从量与质两方面进行评价．量的评价相对来说要容易，例如，学生记住

了多少个英语单词,掌握了多少语法等.SOLO 分类法从能力、思维操作、一致性与收敛和应答结构四个方面对学生的回答分成五种水平.其中,能力是指不同的 SOLO 水平所需的工作记忆量或注意广度.思维操作是指把线索和回答联系起来的方式,例如,是同义反复呢,还是进行了归纳或者是进行了真正的合乎逻辑的演绎?一致性是指材料与结论的无矛盾性,结论之间也不存在矛盾,收敛是指获得了问题的答案.应答结构是指学生利用三类不同的素材回答问题的情况,这三类素材包括不相关的素材、已经向学生展示过的素材和没有向学生提供过的素材或原理.这样,从学生回答问题中所使用素材的数量能评价出学生掌握知识的量的多少,从学生的回答所表现出来的思维操作方式、一致性与收敛情况又能评价出学生掌握知识的质的好坏.

SOLO 分类法中五种思维反应水平反映了学生学习从量变到质变的过程.从前结构水平到多点结构水平主要反映学生反应水平的量变,从多点结构水平到关联结构水平主要反映学生反应水平的质方面的飞跃,从关联结构水平到抽象扩展水平预示着反应水平即将进入下一个更高层次的功能水平.随着应答结构的复杂性不断增加,不同水平的回答反映出了学生对问题的不同的思维方式,从而反映出学习质量的高低.研究表明,SOLO 分类法与学生的学习方式紧密相关,具有高的内在动机、想理解意义、避免死记硬背事实和细节的学生才能获得高的 SOLO 层次.这些事实都表明,SOLO 分类法对评价学生的学习质量有很大的优越性.

(2) 为不同学科的教学评价构建了一个比较学习质量的共同平台

在教学实践中,教学评价是一件困难的事情,其依据通常是学生的考试分数,每个教师所教班级学生的考试分数成了评判教师教学质量的唯一标准.这造成了在不同学科之间评价教师的教学质量更是困难.SOLO 分类法为教学评价提供了一种很好的依据,并为不同学科之间的教学评价构建了一个比较学习质量的共同平台.因为,SOLO 分类法提供了一种测量学习质量的方法,它是根据结构复杂程度的渐进性来构建的,不管对于哪个学科或者哪个年级而言,学习者的反应都遵循着 SOLO 分类法中阐明的结构分析,这就使 SOLO 水平具有"绝对"分数的意义,它代表着学习质量上的"绝对"意义.无论是运用在数学、经济、历史或者写作领域,无论是 4 年级或者 9 年级,SOLO 分类法的使用都是一样的,是等效的.从比较学习质量这个角度来说,SOLO 分类法的意义重大.例如,对于任教于同一个班的数学教师和历史教师,如何比较他们的教学质量呢?在过去这很难做到.利用 SOLO 分类法,我们可以对该班学生在上一阶段的数学学习情况和历史学习情况进行测试,获得该班学生在数学学习与历史学习的平均 SOLO 水平及其总体分布情况,据此开展教学评价.如果该班学生在数学学科获得的平均 SOLO 水平处于关联结构水平(可以通过赋值求出平均水平,如前结构水平为 1 分,依此类推),而在历史学科获得的平均 SOLO 水平处于多点结构水平,我们就有理由说该班数学教师的教学质量要比历史教师的教学质量好.

这种评价具有积极意义,因为靠教师加重学生的学习负担或者是靠学生的死记硬背等机械学习的方式不能获得高的 SOLO 层次, 而只能依靠教师教学质量的提高、学生对知识的真正理解和不断发展的思维能力. 比格斯教授所做的研究表明, 那些喜欢熟记事实和细节并使用机械学习策略的学生在传统的测试中获得了高分, 但他们却同时获得了很低的 SOLO 等级[2]. 这将引导中小学教学朝着追求教学质量而不仅仅是分数的方向迈进, 将对在新课程改革中转变学生的学习方式起着重要作用.

(3) 为开放性试题的评分提供了理论依据

开放性试题评分困难一直是阻碍开放性试题进入高考或中考的主要原因. 过去开放性试题的评分一般采用"给分点"的评分方法, 但这种方法存在两个主要问题: 首先, 它不能区分出各种不同答案所体现的思维层次; 其次, 由于开放性试题的答案一般不唯一, 学生的回答也可能不尽相同, 因此, 不同评分者的评分之间造成的差异大, 评分的信度一般较低. 利用 SOLO 分类法对开放性试题评分则有效地解决了这两个问题. 因为 SOLO 分类法的五种水平是根据能力、思维操作、一致性与收敛和应答结构这四个方面对学生的回答进行划分的, 它不仅能反映学生学习的"量", 更能反映学习的"质"——学生对具体问题回答的思维层次. 更加难能可贵的是, 利用 SOLO 分类法对开放性试题评分的信度较高. 比格斯教授从交互判断的一致性方面考查了利用 SOLO 分类法对诗歌和创意写作案例评分的信度, 结果表明, 不管用 SOLO 分类法测量什么, 不同的评分者的看法都是相当一致的[2]. 其中, 在创意写作案例中, 评分者之间的相关系数都在 0.79 以上; 在诗歌案例中, 评分者之间的相关系数在 0.78 以上, 这些相关系数经统计检验证实相关性显著. 这个结果无疑是振奋人心的, 其为开放性试题的评分尤其是英语、语文作文的评分提供了非常可靠的理论依据和理想的评分工具.

SOLO 分类法在评价学习的质量和学习过程方面都有较大的优越性, 值得深入研究. 与此同时, SOLO 分类法也存在一些理论和实践上的问题, 例如, 它有时会在一定程度上造成教师难以识别学生回答的各个 SOLO 层次, 从而不能有效地确定学生的反应水平, 有人认为这是其在测量学习结果时存在概念上的模糊性[3]. 尽管如此, 作为一种与教学实践紧密联系的理论, 作为一种有效评价学习质量的工具, SOLO 分类法在全世界受到了广泛的重视, 甚至有学者把它称为教学评价领域中"看世界的新视角"[4]. 在新课程改革日益激烈的今天, 我们需要学习和研究它, 并使之为课程改革服务.

第二节　　SOLO 分类学对布卢姆分类学的突破

布卢姆的教育目标分类学及其教育评价理论自提出以来, 在全世界产生了巨大的影响. 然而布卢姆的教育目标分类学也存在相当大的缺陷, 引起了广泛的批评和质疑. 对布卢姆的批评和反思一方面引起了对布卢姆理论的修正: 或是对布卢姆的理论框架进行修补, 或是在原有的框架上进行一些改进. 另一方面也有人试探从不同的角度建立新的理论框架. 他们的努力显然是受到"目标分类"这种方法成功的鼓舞, 但是他们的出发点和视角则完全不同于布卢姆, SOLO 分类学就是其中之一. 本章的目的在于阐述布卢姆分类学的价值和缺陷, 说明 SOLO 分类学的理论基础和特征, 为推进我国评价理论研究和实践略尽微薄之力.

1. 布卢姆教育目标分类学的价值和存在问题

布卢姆的教育目标分类学是教育史上首次出现的系统的教育目标分类学. 基于对学习成果进行评价的需要, 鉴于当时美国各地各学校对教育目标的阐述缺乏统一的规范、术语和体系, 以至于无法进行有效的沟通和大规模的学习效果评价的事实, 布卢姆和他的团队系统地综合了教育领域中关于教育目标细目的经验成果, 吸取了心理学中关于能力、态度、价值观、动作技能等方面, 以及有关学习内化过程的研究成果, 提出了一个全新的教育目标分类学. 这一新体系的提出, 使人们对知识学习的成果有了更系统的认识, 对如何评价学习成果的标准和方法有了相对稳定的、可以相互沟通的框架, 不仅促进了评价理论和实践的进步, 而且对教学问题的诊断和教学水平的提高起到很大的促进作用. 布卢姆的理论一经提出, 就在美国乃至全世界产生了巨大的影响, 各国和各种评价机构纷纷依据或模仿布卢姆的分类学制定课程、教学和评价的目标.

布卢姆分类学的贡献体现在三个方面. 第一, 尽管布卢姆的分类学仍没有脱离出经验的范畴, 但它已超越了具体和烦琐, 不再简单地就事论事, 而是从心理学和认知理论的高度, 提出学生学习成果的水平层次的假设, 并且具体地拟定了六个阶梯形递进的水平层次: 知识、理解、应用、分析、综合和评鉴. 这就为确认学生的学习水平标准建立了一个具有初步理论依据和层次差异的、可操作的框架. 第二, 布卢姆的分类学具备了多元智力的初步观念, 力求在更为广泛的空间内, 从认知、情感意志、动作技能三个领域去确认学习成果的水平, 而不再把学习局限于知识接受. 尽管在后两个领域, 布卢姆分类学还很不成熟, 可操作性很差, 但毕竟突破了传统的局限, 开阔了学校教学的视野, 促进了教学向更重视学生的全面发展转变. 第三, 布卢姆的分类学摆脱了不同学科、不同知识体系以及不同教师认识差异的影响, 为不同地区、不同学科的教学交流搭建了一个共同的平台, 为大规模的评价和考试提供了共同的参照体系, 促进了教学和评价的交流和发展.

然而, 布卢姆教育目标分类学的局限性, 或者说其问题也是相当明显的, 有的问题还是根本性的.

首先, 布卢姆的目标分类学在操作上以经验性的语言为工具, 在理念上则以泰勒 (R.Y.Tyler) 的观点为基础. 经验性的描述用于确认显性的行为问题不大, 要用来确认隐性的、抽象的思想和情感、态度就很困难: 或者描述过于抽象导致泛化而不可操作, 或者描述过于具体而失去目标的本意. 泰勒恰恰认为体现教育目标的行为不仅有显性的, 也包括了隐性的行为, 如思想、情感、态度等方面. 这样一来, 布卢姆体系就陷入了目标行为的复杂性与目标指示物的显性的矛盾,使得布卢姆体系的目标描述,特别是在情感领域方面的描述逻辑混乱,难以操作. 即使在认知领域,当目标涉及高层次的思维活动时,其逻辑也有很大问题,描述与被描述的目标行为之间有较大的差异.

其次,布卢姆以思维的复杂程度的线性积累作为分类的线索,这与真实的情况不符. 在布卢姆的体系中,最低的认知水平层次是知识,这是最简单的,通过"回忆"或"再认"行为就可以达到的[1]. 随着复杂程度的增加,认知的水平就上升到"理解"层次,以后再逐级上升. 实际上,任何有意义的理解都是以一定的理智技能为先决条件的,而不可能是"记忆"或"再现"行为的复杂化[5]. 理解与分析、运用这三个层次的顺序也有问题,不可能是线性地从理解到分析再到运用."综合"与"评鉴"的层次顺序同样存在问题. 布卢姆的分类学将认知领域分割成线性排列的不同类别的弊端很多,如序列倒置,类别之间、类别内部相互重合,等等. 安德森在他的著作《布卢姆教育目标分类学:40 年的回顾》中引用了大量专家的研究来确证布卢姆体系的不合理,这里不再赘述. 布卢姆等也承认原来的分类方法有点随心所欲、一刀切,存在许多问题[5].

我们认为,理解、分析、综合、评鉴等思维运作是交混在一起进行的,很难区分哪一种的复杂程度更低一些. 心理学的研究也表明,智力过程的复杂性基于两方面的原因:一是过程的内在复杂性,二是学习者对这个过程的熟悉程度. 内在复杂性是不会改变的,因为步骤的多少以及步骤之间的联系不会改变. 熟练程度却可以随着时间的改变而改变,学习者越熟悉一个过程,执行它就变得越容易. 通过反复训练,可以在很低的认知水平层次上对最复杂的过程进行学习[6],这也是"题海战术"可以取得一定效果的原因.

再次,布卢姆认为超越认知过程的具体内容所形成的分类学的优越性要比具体的事实重要得多. 在布卢姆的分类学中,知识是一个没有深度变化的平台,只有思维操作的不断复杂化才构成了教育目标层次的不断提升,这种做法人为地将知识内容与过程区分开来. 实际上,思维操作与内容是无法分开的. 比如"记忆",没有内容的记忆是不存在的. 当我们记忆某件事物时,要记的那些正是那件事物过去或现在是什么或怎么样. 我们不能撇开具体内容而假定如何进行记忆. 如果记忆被认为与内容无关,我们就只能得到一个空泛的概念,它甚至连教育目标的一个部分都不是. 同样,一个人在通过"推理"解决问题的时候,思维的过程也不是顺着"推理"的次序来进行的,因为他的思维过程不是推理过程. 推理过程是他所达到的最终成果的模式. 布卢姆的这一做法使得教育目标空泛化,不能从整体上反映教育目标的本质.

最后,布卢姆强调对教育目标进行分解. 他将军事训练中的任务分析技术迁移到涉及技能的教育目标的分类上[7]. 他对这样的处理方式辩解说:"也许有人会采用格式塔的观点,即复杂行为超过较简单行为的总和;或有人会认为,复杂行为完全可以被分解为简单的组成成分. 无论采取哪一种观点,只要比较简单的行为可以被看成较复杂行为的组成成分,那么我们就可以把教育过程看作建立在较简单行为基础上的过程[1]. 从逻辑上分析，布卢姆的话毫无疑问是正确的．但是，对目标的分解会造成评价信度和效度的下降，评价目标分解的次数越多，评价结果的信度与效度就越低．况且评价过程不是一个分解行为的过程，恰恰相反，评价过程中需要对教育目标全面地加以考虑，需要对各种信息进行综合．分解教育目标的结果，导致评价的简单化和低层次化，即，只测量了低水平的思维技能而忽视了高层次的思维技能．在布卢姆分类学出现的几十年间，这样的批评不绝于耳[5]．

布卢姆教育目标分类学之所以产生这些问题，其根本原因在于缺乏统一的学理基础．为了克服布卢姆分类学的这些问题，新的分类学必须建立在扎实的学理基础上．在设计分类的原则时，应注意避免：把"行为"作为评价目标，寻找更为恰当的评价目标；放弃不能很好解释各个层次之间转换的线性累积结构，寻找更好的转换结构；把过程与内容的评价很好地结合起来．这些正是比格斯教授提出 SOLO 分类学所关注的问题．

2．SOLO 分类学的基本观点

SOLO 分类学是在皮亚杰的发展阶段论的基础上建立起来的．皮亚杰认为，儿童的认知发展有阶段性，不同的阶段之间有质的飞跃．这种认知发展阶段的观点也是 SOLO 分类学的基本观点．但是，SOLO 分类学的阶段不是人随着年龄增长而经历的发展阶段，而是人在学习新问题时所经历的思维发展阶段．之所以不直接采用皮亚杰的发展阶段，原因在于日常学习中，有大量处于更高发展阶段的人，在某些问题上的学习水平还不如处于较低发展阶段的人．即使同一个人，在某些问题的学习上可能取得与其发展水平相应的成果，在另一些问题上则表现滞后．皮亚杰主义者把这类情况归为变异．由于变异的情况实在是太普遍了，所以不可能直接将皮亚杰的理论用于评价分类．此外，在对具体的学科进行学习时，一个人在不同的时间以及不同的学科领域所能达到的认知发展水平可以有很大的差异，完全无法将其与皮亚杰的发展阶段对应起来．有基于此，比格斯认为，皮亚杰理论所涉及的个人的总体认知水平是一个纯理论概念，是无法直接测量的，可称为"设定的认知结构"（HCS）．设定的认知结构只决定了人所能达到的水平的上限，实际上能否达到还要看其他因素．在评价学生学习时，关键不在于发展阶段或设定的认知结构，而在于他回答问题时表现出来的认知反应水平．作为分类方法，重要的是确定这些表现出来的认知反应水平的结构，称为"可观察学习结果的结构"（SOLO）．

比格斯认为，决定个体的认知反应水平的因素有两个：一是功能方式，由所利用元素（如语句、符号等）的性质和水平与操作的类型确定；二是在某种功能方式下的反应结构的复杂性．基于这两点，比格斯的假设是：不论儿童还是成年人，当他们在学习新的知识时，认知的发展是有阶段性的；不同的认知发展阶段之间，存在着认知水平的质的跃迁，即不可能以简单的量的积累来实现不同阶段之间的水平跃迁．通过对认知发展的功能方式的分析，比格斯提出，可以从能力、思维操作、一致性与收敛和应答结构四个方面对学生的回答分成不同的水平. 为了具体地归纳出学生思维水平的层次, 比格斯和科利斯与他们的团队, 分析了近两千名学生对开放性试题的回答[2], 按个体反应时所表现出的结构复杂性和层次变化特点, 确认了五个不同的思维水平层次, 也即 SOLO 的五个层次.

3. SOLO 分类学对布卢姆理论的突破

布卢姆的分类学没有建立在统一的心理学基础之上[8], SOLO 分类学却是基于皮亚杰的认知发展理论建立起来的, 虽然对皮亚杰的理论作了些修改, 但是有关认知水平发展具有阶段性思想没有改变, 只是把它迁移到具体的学习任务中. 这样, SOLO 分类学中的功能方式、学习周期和阶段等概念均能给予合理地解释, 使理论本身不存在自我矛盾性. 从这个意义上说, SOLO 分类学体现了现代心理学研究的结果, 具有严格的理论形态.

布卢姆的教育目标分类学的评价目标是学生的行为变化, 然而"行为"的含义不清导致了评价目标的显性化, 使评价活动受到局限. SOLO 分类学改变了这种做法, 评价的目标不再是学习者的行为, 而是学习行为的结果, 从学习结果在结构上的复杂程度出发来评价学生的学习质量. 从能力、思维操作、一致性与收敛和应答结构等四个方面将学生的行为结果 (回答) 分成五个不同的水平. 学习者对某项具体学习任务的学习结果的结构就是 SOLO 分类学的评价目标. 评价目标的界定清楚、目标明确, 无须进行分解, 从而能提高评价的效度和信度.

布卢姆的教育目标分类学提出的线性累积层次结构导致了一些矛盾, 只能简单化地用迁移来解释低级目标的学习向更高级目标学习的转换, 显然不够清晰并欠缺合理性. SOLO 分类学把个体认知发展的功能方式划分为五种: 感觉运动方式、形象方式、具体符号方式、形式方式以及后形式方式. 每一种功能方式下的学习结果都可分为五个水平, 构成了螺旋式上升的水平层次; 在每一种功能方式下, 这五个水平呈递进的关系, 而每一种功能方式下的抽象扩展水平又意味着是(或者说相当于)下一种更高水平的功能方式下的前结构水平. 要确定某一特定的反应所处水平时, 需要从两方面来考虑, 即处于哪种功能方式和哪种反应水平. 这种螺旋式上升的层级结构的合理性在于符合人类的认知规律, 即人对事物的认识总是呈现螺旋式上升的状态, 能更好地解释人在学习不同任务时的不同表现.

布卢姆的教育目标分类学人为地区分过程与内容, 导致了评价目标的空泛化. SOLO 分类学从两个方面考虑学术性科目对学生智力的影响: 其一是对科目内容, 即对构成该科目的事实和概念的消化和理解, 也即学了什么; 其二是通过恰当地理解运用所学内容而形成的认识过程, 包括构成该科目的思考方式的思维的技能和策略, 也即怎样学. SOLO 分类学不仅关注学习内容, 根据学习内容的多寡或它们之间的联系来确定反应水平(层次), 同时也关注任务过程, 即学生怎样完成学习任务, 使用什么技巧, 等等, 体现了过程与内容的良好结合.

4．SOLO 分类学对课程改革的现实意义

在课程改革实验区，我们发现课程改革教学实践存在一些较为严重的问题：重视终结性考试的过程与结果，忽视过程性评价的过程与结果，等等．SOLO 分类学对解决以上新课程改革中出现的教学实践问题有一些启发．

(1)掌握牢固的"双基"，由"量变"到"质变"

在当前课程改革实验区的教学中，不少教师比较强调知识的建构，一方面花费了大量的学习时间和精力，另一方面也容易忽视学生的"双基"．SOLO 分类学告诉我们，五个水平反映了学习从"量变"到"质变"的过程．因此，SOLO 分类学一方面强调学习必须依靠牢固的"双基"，这是学习者向更高层次迈进的前提和基础；另一方面，SOLO 分类学更强调学习的进一步发展，即引导学生向关联结构水平与抽象扩展水平发展，这时才需要学生对知识的自我建构，它关系到学生的后继发展．

(2)为落实过程性评价提供依据

过程性评价是在新课程改革中系统地提出来的观点，在新课程评价改革中受到普遍的重视．与形成性评价相比，过程性评价的内涵、功能、方式都较为丰富．

SOLO 分类学不仅关注学到了什么，而且关注如何学习，这两方面恰恰是过程性评价的内容．因此，SOLO 分类学为过程性评价提供了一种重要的工具与理论支持．在开放性试题评分、学生学习质量的评价等方面都有较好的参考价值．

布卢姆的教育目标分类学在历史上发挥过重要的作用，不可磨灭．SOLO 分类学结合了现代心理学和教育学的研究成果，在克服布卢姆的教育目标分类学的理论困难上有重要的突破．从另一方面看，SOLO 分类理论仍然是基于知识认知的评价，而不是全面评量学生的发展；对于情感态度的领域的评价，SOLO 分类理论仍然没有突破．尽管有这些不足，但是依据 SOLO 分类学评价学生的学习成果，更能反映学习的质量水平，而不仅仅是知识的数量积累，这与当前强调学生素质发展的诉求是一致的，值得广大教育研究者深入研究，以期在评价实践中取得更大的进展．

第三节　现状与反思：国内 SOLO 分类法应用研究的十年(2007—2017 年)

1．SOLO 分类法简介

SOLO 分类法来源于定义学习不同水平的质的差异的需要．为了评价学习和发现学生对特定主题达到了何种水平，我们很有必要清晰描述学习在其质性增长的任一阶

段是什么样的．SOLO 分类法是评价学生学习质量的有效手段．学习质量的结构非常复杂，一般包括两个方面：学生回答的细节的数量(量化方面)，以及这些细节组织得怎么样(质性方面)．这两个方面都很重要．

(1)SOLO 分类法的思想内涵

"SOLO"代表"可观察学习结果的结构"，它提供了一个系统的途径来描述学习者的表现是怎样在复杂性上增长的．该结构有五种水平(图 1-1)．

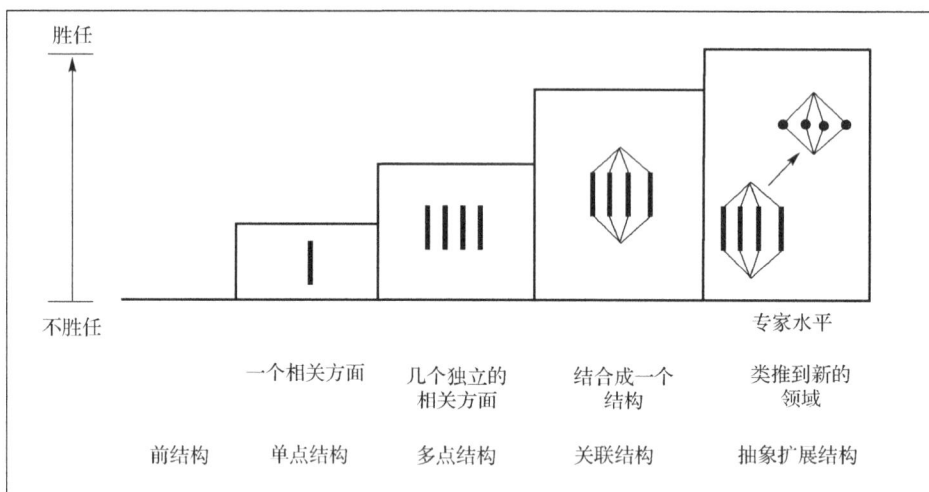

图 1-1　从不胜任到专家水平的五种水平：SOLO 分类法

SOLO 分类法的思想从学生的角度可以用自我报告的方式形象地表达出来(表 1-1)．

表 1-1　SOLO 分类理论框架下学生理解事物的发展阶段描述

理解事物的发展阶段
前结构：我不理解它
单点结构：我知道了一个方面
多点结构：我知道了重要部分的大多数
关联结构：现在，我看到了它们是怎样结合在一起的
抽象扩展结构：我明白这可以在多种情况下运用

(2)SOLO 分类法的评价应用——有层次结果的试题

规则结果试题编制的思路使用开放性试题的难点是教师很难对回答的等级作出判断．所以，我们必须设计好有层次结果的试题(ordered outcome item)．题干的设计可以依据 SOLO 的四个水平，即单点结构水平、多点结构水平、关联结构水平和抽象扩展结构水平进行．如果对问题没有尝试解决或尝试不充分，我们可以将其认为是前结构水平．下面的标准可以用于 SOLO 的各个水平的题目设计．

a) 单点结构水平：使用一个直接来自于题干的明显信息.

b) 多点结构水平：使用包含在题干中的两个或两个以上的单独的离散信息.

c) 关联结构水平：使用题干信息中与综合理解直接相关的两个或两个以上的信息.

d) 抽象扩展结构水平：使用从题干信息中能直接或间接得到的抽象的普遍原理或假设.

针对一个有层次结果试题编制的例子，根据以上思路，研究者设计了一个数学测验 (图 1-2)，并在我国香港地区的两个学校里进行了调研，从几百名参与测验的学生中得到了以下数据 (表 1-2).

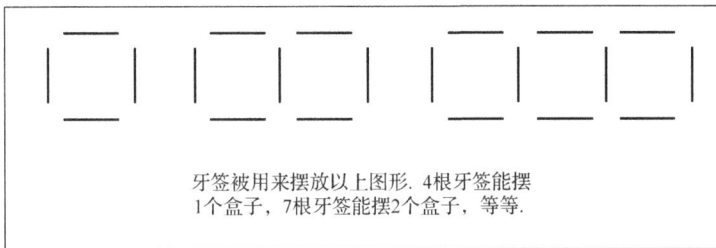

牙签被用来摆放以上图形. 4 根牙签能摆
1 个盒子，7 根牙签能摆 2 个盒子，等等.

图 1-2　一个有层次结果的数学试题

表 1-2　对一个有层次结果数学试题的调研结果

SOLO 水平层次	子试题	学校 A	学校 B
单点结构水平	(1) 摆 3 个盒子需要多少根牙签？	96%	99%
多点结构水平	(2) 摆 5 个盒子要比摆 3 个盒子多用多少根牙签？	74%	76%
关联结构水平	(3) 31 根牙签可以摆多少个盒子？	57%	70%
抽象扩展结构水平	(4) 如果我想摆 y 个盒子，将会用多少根牙签？	6%	48%

在各水平的子试题中，单点结构的回答只需要一种策略，因此，几乎每个人都能做到. 多点结构水平的回答需要做三件事：计算 5 个盒子所用的牙签数，数出 3 个盒子用的牙签数，然后算出这两个数的差. 这需要学生对问题有基本的理解，但不一定要理解到问题的结构. 结构性理解需要学生达到关联结构水平. 学生应该理解到第一个盒子需要 4 根牙签，每一个后续的盒子都与前一个盒子共用一根牙签，所以只需要 3 根牙签就可摆出新的盒子. 那么，从 31 根牙签中拿出第一个盒子用的 4 根，用余数除以 3，可以得到 9，那么，答案就是 10 个盒子. 而在抽象扩展结构水平上的回答则脱离了具体的数字，把结论推广到了所有的情况，即运用 $3(y-1)+4$ 的算式得出结果.

可见，在抽象扩展结构水平上的回答，不是在关联结构水平上回答的简单重复，而是一种质变. 从表 1-2 我们可以看出，直到多点结构水平，学校 A 与学校 B 的学生表现几乎一样，但随后就产生了急剧差异．在学生表现出抽象扩展结构水平的数量方面，学校 B 是学校 A 的 8 倍．在两个学校的教学没有明显差别的情况下，这反映了复杂认知过程即关联结构和抽象扩展结构的不同．而传统测验中的题目（这些题目的难度可能都没有超越多点结构）基本不能发现学生思维的质性差异．

2．SOLO 分类法的国内应用研究

（1）集中趋势——开放性试题的评分应用

文献显示，国内 SOLO 分类法的研究既有继续对 SOLO 的一般介绍，也有在中学各学科的应用探索．在中国知网以"SOLO 分类法"为关键词进行检索，从 2007 年 1 月至 2017 年 5 月，共检索到中文期刊文献 40 篇．其中，教育理论与教育管理研究 8 篇，在语文学科中运用的 2 篇，在数学学科中运用的 21 篇，在英语学科中运用的 2 篇，在物理学科中运用的 1 篇，在化学学科中运用的 3 篇，在历史学科中运用的 2 篇，在信息技术学科中运用的 1 篇。可见，SOLO 分类理论在近 10 年里，在各学科领域里显示了逐步活跃，但不算繁荣的研究态势。

文献显示，SOLO 分类法的应用研究主要集中于各学科开放性试题的评分应用，即 SOLO 分类法在学科中的适用性问题．典型研究如下．语文学科讨论 SOLO 分类法运用于写作任务中的可行性分析和实践尝试．写作是学生遇到的最为开放的题目类型，评分中的主观性问题一直备受关注，这样的尝试无疑是积极的．数学领域的研究强调 SOLO 分类法对数学学科中特定类型题目的依赖性，即认定 SOLO 分类法是一种适合于数学开放题评分的有效工具．化学领域的研究还致力于把 SOLO 分类法运用于不同类型开放题的评价，研究的亮点在于在开放题的分类框架下进行讨论．历史学科则研究用 SOLO 分类法评价学生对理论分析性历史问题的回答的可行性，以及如何用 SOLO 分类理论编制历史试题．可以看出，我们首先要在有合适的任务让学生表现出 SOLO 分类法中的各个思维水平后，才可以对其进行 SOLO 分类法的评价．在各学科的探讨与运用中，我们既看到了 SOLO 分类法应用于开放题评分的可行性，也窥探到了研究者力图体现学科特性的努力．

总体而言，研究者们对 SOLO 分类法的研究基本局限在如何使其应用于各学科的开放性试题中，特别是运用于封闭性纸笔测试中的开放题评分中，着重探讨如何编制出符合完整的 SOLO 分类结构的开放题评分标准，期待能够完成对学生学习质量和思维水平的认定．这一时期的研究思路大多借鉴于高凌飚教授对 SOLO 分类法的开放题评价的早期研究．

不可否认，作为一项学习研究成果，SOLO 分类理论的效用需要在真实的学科问题中得到检验，而在各学科领域中进行的 SOLO 分类法的适用性研究也有利于学科教育研究的深入．但过于集中的应用研究显示了研究者对 SOLO 分类理论本身理解的窄化．反观比格斯对 SOLO 分类法的研究，其实，我们首先应明确 SOLO 分类法是一种

理论，而不是简单的试题编制的工具．它是皮亚杰发展阶段论在学生学习任务中的具体化，学生在面对具体任务时会表现出和皮亚杰认知发展阶段基本吻合的认知结构复杂性．开放题研究只是 SOLO 分类法的应用研究之一．对于一项有意义的理论成果，我们应深入开拓其具有生命力的实践领域，使理论成果在更广阔的领域内指导教育实践．

(2) 薄弱环节——超越单一试题情境的应用

除去开放题评分研究，部分学者也在探索如何把 SOLO 分类理论应用到超越单一试题情境的其他试题中．虽然这是 SOLO 分类理论应用研究中的薄弱环节，相关研究较少，但这些珍贵的尝试值得我们关注．该领域最早的研究是把 SOLO 分类法应用到试卷结构的设计中，体现了其应用的宏观视角．研究认为，SOLO 分类法对确立高考试卷的结构有启发作用，并主要讨论了以下问题：应当以什么为基准来规定物理高考试卷的结构，或者说，物理高考试卷应分为几个层次，各个层次考查的分别是什么能力，其相互关系如何，怎样去界定这些层次，等等．研究认为，按照 SOLO 分类法的基本假设和思路，可以把物理高考试题分为五个能力层次(表 1-3)．用这种方法确定试卷的结构，直接反映了试卷对学生能力和学习水平的要求，是一种比较合理的"能力结构".

表 1-3　不同层次试题的特征

	知识要求	问题情境	数学工具
第一层次	知道、简单	简单	简单
第二层次	(1)知道、简单 (2)知道、简单	简单 较复杂	较复杂 简单
第三层次	(1)理解、知识面广 (2)理解、知识面广 (3)理解、单一知识点	简单 较复杂 新颖	复杂 简单 简单
第四层次	理解	复杂	复杂
第五层次	理解、熟练	复杂、新颖	复杂

高凌飚教授对 SOLO 分类法拓展应用的该项开拓性研究讨论了以 SOLO 分类法进行学习评价的测验工具开发和结果分析，以数学学科为例，重点说明了如何根据 SOLO 分类法制定多维细目表．这既说明了 SOLO 分类法拓展研究的难度，也预示着该领域研究的广阔前景．

(3) 研究前景——现有研究提出的新思路

除了开放题评分研究和试卷结构设计的专门研究外，学界也出现了对 SOLO 分类法研究的一些新思路，预示着 SOLO 分类法研究的走向和前景．

a) 在封闭题设计中的应用. 上述 SOLO 分类法的研究主要集中在对开放性试题的评价上，但有的研究却提出了另一种思路：用 SOLO 分类法编制客观性选择题. 研究认为：对于客观性选择题，可以把四个不同的选项分别设计成代表不同结构水平的选项，根据学生选择选项的不同，区分他们实际思维结构的复杂程度. 客观性选择题中的四个不同水平的选项，可以通过两种不同的方式来获得：一种是通过学生对相应问题的主观评述，把大量答案加以类型化，选取典型答案转换成选择题的选项；另一种是根据教育专家对儿童经验的把握，建立代表不同水平的选项，然后通过大量的测试对选项的合理性进行检测.

b) 对学生提出问题能力的评价. 除了利用学生面对具体问题所表现出来的思维水平来评价学生外，有的研究还反其道而行之，认为学生提出问题的能力也可以用 SOLO 分类评价法来评价，并可根据学生提出问题时的表现来判断他所处的思维发展阶段、思维的复杂程度，进而给予其合理的评分. 这一类的研究尝试着提出了一个基于 SOLO 分类法的对学生提出问题能力进行评价的标准，并认为运用 SOLO 分类法来评价学生提出的问题，既能够考查学生对概念的掌握程度，又能通过他们提出问题的表现观察到学生的思维过程.

c) 在不同层面教学设计中的应用. 有的研究探讨了在语文研究性课程教学中如何根据 SOLO 分类理论设计不同层面的教学，从而既能确定学生不同的思维认知水平，又能引导学生进行高层次的学习体验. 这一类的研究对 SOLO 分类理论在语文研究性教学中的应用的启示是：根据 SOLO 分类法进行评价，应充分发挥不同测试题型的功能.

d) 与过程性评价的整合. 有的研究还探讨了 SOLO 分类理论应用于学生评价可能带来的教与学的变化：SOLO 分类法的等级划分可以为师生提供有关教学的有效反馈，师生通过评价结果可以更好地了解教和学的状况. 教师通过 SOLO 分类法对学生进行评价后，如果发现学生的平均水平处在多点结构，那么，在以后的教学中就要加强知识点之间的联系，指引学生向关联结构水平迈进；同时，通过此类划分，学生可以发现自己当前的学习状况，明确学习的正确方向.

3. 反思与展望

可以看出，国内十年对 SOLO 分类法的研究有两大特点：研究态势比较活跃，但研究视野较窄，有把 SOLO 分类理论本身狭隘化理解的倾向；研究人员主要身处高等院校，使得 SOLO 分类法这一极富实践意义的课题脱离了一线教师的智慧和真实课堂的土壤. 冯翠典等认为，基于以上讨论，对于 SOLO 分类理论的研究，我们还需在以下四个方面进行深化.

(1) 深化 SOLO 分类法的开放题评价研究

运用 SOLO 分类法进行学科开放题评价的研究还需进一步推进. 现有研究的试

题样本少，应用规模小，而且对各层次的认定有人为化的倾向，缺乏事实依据和实证研究，也缺乏大规模考试中的适用性研究．同时，我们还应考虑，开放性试题是否必须是完全建构型的，对学生提供必要的思维支架并引导学生的深入理解是否有必要．

(2) 着力 SOLO 分类法的封闭题评价研究

封闭性的选择题因其评分客观、适应性强等特点成为多种测验的必备题型．设计良好的选择题也不仅仅用于考查低层次的再认和回忆等思维能力，还可以像开放题一样考查学生的深层次思维．例如，不同层次的选项设计以及许多不同难度的选择题的集合可以考查学生不同的思维水平．如何把 SOLO 分类法尝试用于封闭性选择题中的学生评价，如何把 SOLO 分类法用于指导封闭性选择题的开发设计，如何把 SOLO 分类法拓展到开放题之外的领域，都是很有意义的话题．

(3) 注重 SOLO 分类法在宏观层面的开发应用

把 SOLO 分类法应用到更为宏观的目标制定体系上，应成为 SOLO 分类理论研究的核心领域．作为对学生学习的一种质性参照，SOLO 分类法不应仅仅局限于单一试题任务的研究，我们还可以将其应用到课程目标开发、课程标准中学生认知的要求和课程内容的细化等领域，这是更为重要的话题．未来研究的重点可以放在讨论学生在不同年级的发展状况，以及在同一年级中对不同课程内容的认知要求上．比如，根据小学生的发展水平，课程目标应以多点结构水平的要求为主，中学阶段则应更多地设定在关联结构水平的目标上．而抽象扩展结构水平不应作为统一要求，因为这一水平的认知成就，学生在中学高年级之前不容易达到．

(4) 注重 SOLO 分类法在教学实践中的应用

SOLO 分类法在教学中的应用值得我们深入研究．不可否认，每个学生在某一个任务中只能表现出其自身的特定水平，即只能体现出 SOLO 分类法的某一水平．从实际上来讲，只把 SOLO 分类法应用到终结性学生评价中，对个体的学生来讲是没有意义的．但不同学生必然会呈现不同水平的理解，即在学生群体中能呈现出 SOLO 分类法的完整结构．

所以，SOLO 分类法的意义在形成性评价中、在真实的课堂教学中可能会得以完全彰显．在日常教学中应用 SOLO 分类法进行教学设计、学生反馈和形成性测验等，既可以激发学生的内在学习动机，也可以引领学生的深层次思维．可见，将 SOLO 分类法应用于教学实践，教学和评价就会成为一个统一体的不可分割的两面．

第四节　运用 SOLO 分类法进行数学教学评价的调查研究

SOLO 分类法近年来被介绍到国内，其学术观点也逐渐被同行所接受. 就数学学科而言，有同行介绍了运用 SOLO 分类法对数学开放性试题进行评分的做法，但真正把 SOLO 分类法应用在数学教学中的研究在国内尚不多见. 为了在教学实践中验证 SOLO 分类法的有效性，探讨其对数学教学评价的作用，吴有昌、林晓君在七年级学生中开展了调查研究.

1. 研究的基本情况

（1）研究目的

验证 SOLO 分类法的有效性，探讨其对数学教学评价的作用.

（2）研究对象

广州市某中学七年级某班. 样本量为 61 人.

（3）研究方法和步骤

研究方法是统计分析法和座谈法. 首先，运用 SOLO 分类法命制了一份试卷，共 3 道题，要求研究对象在 20 分钟内做完. 之后，运用 SOLO 分类法分析试卷并得出相关结论.

（4）测试试题

1）如图 1-3 所示，BD 是 △ABC 的中线，若 $AB = 7$，$BC = 5$，那么 △ABC 与 △BCD 的周长差与面积差各是多少？

2）如图 1-4 所示，已知 ∠1 = ∠2 = ∠3 = ∠4，你能判断出哪些直线平行，并说明理由.

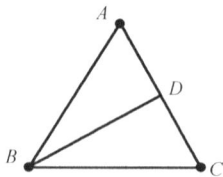

图 1-3

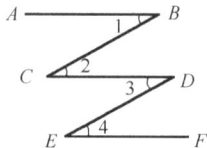

图 1-4

3）火柴棒摆图形，如图 1-5 所示. 用火柴摆成框形图案，4 根火柴摆一个框，7 根摆两个，等等. 问：多少根火柴可以摆 3 个框？摆 5 个框比摆 3 个框要多用多少根火柴？用 31 根火柴能摆多少个框？如果要摆成 n 个框，需用多少根火柴？

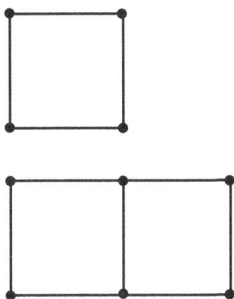

图 1-5

(5) 评分方法和标准

以试题 2) 为例．用 SOLO 分类评价法，具体分析各水平的典型回答如下．

前结构水平：没有做或者做错了．

单点结构层次：只回答出一组平行线平行．∠1=∠2，$AB /\!/ CD$．（内错角相等，两直线平行）记 1 分．

多点结构层次：∵∠1 = ∠2，∴$AB /\!/ CD$．（内错角相等，两直线平行）

∵∠3 = ∠4，∴$CD /\!/ EF$．（内错角相等，两直线平行）

∵∠1 = ∠2 = ∠3 = ∠4，∴$AB /\!/ EF$．

（内错角相等，两直线平行）记 2 分．

回答出两组平行线平行，但都没有全对．没有利用角与角之间的等量代换得到 $BC /\!/ DE$ 或者利用平行公理的推论得到直线 $AB /\!/ EF$．

关联结构层次：∵∠1 = ∠2，∴$AB /\!/ CD$．（内错角相等，两直线平行）

∵∠3 = ∠4，∴$CD /\!/ EF$．（内错角相等，两直线平行）

∵$AB /\!/ CD$，$CD /\!/ EF$，

∴$AB /\!/ EF$．（平行公理的推论）记 3 分．

这类回答比多点结构水平的回答多了利用角与角之间的等量代换得到 $BC /\!/ DE$，或者利用平行公理的推论得到直线 $AB /\!/ EF$．这一步，需要学生利用角与角之间的相等关系或者直线与直线间的平行关系解决问题．根据 SOLO 分类理论，将之归为关联结构水平．

抽象扩展结构层次：∵∠1=∠2，∴$AB /\!/ CD$．（内错角相等，两直线平行）

∵∠3 = ∠4，∴$CD /\!/ EF$．（内错角相等，两直线平行）

∵∠2 = ∠3，∴$BC /\!/ DE$．（内错角相等，两直线平行）

∵$AB /\!/ CD$，$CD /\!/ EF$，

∴$AB /\!/ EF$．（平行公理的推论）记 4 分．

这类回答在多点结构水平的基础上同时利用了角与角之间的关系和平行线之间的关系得出另两组直线平行．学生的思维反应呈现出一致性、整体性和抽象性，并能全部说出正确理由．

（6）数据采集和统计

为方便统计，由笔者评定学生每题回答所处的 SOLO 层次，求出其平均水平并给定相应的分数．同时，为保证研究的客观性，另由该班数学课任课教师根据学生七年级数学学科年度平均成绩为班上每个学生评出优、良、中、差四个等级，分别记为 4 分、3 分、2 分和 1 分．采用 SPSS 软件对这两组数据进行分析，结果见表 1-4.

表 1-4　等级相关性检验表

			X	Y
Spearman's rho	X	Correlation Coefficient	1.000	0.456
		sig. (2-tailed)		0.000
		N	61	61
	Y	Correlation Coefficient	0.456	1.000
		sig. (2-tailed)	0.000	
		N	61	61

其中，Spearman 等级相关系数 = 0.456，相伴概率 $p < 0.001$，故两组数据相关性极其显著．

（7）SOLO 各思维反应层次的学生数统计

在研究中，笔者对此次测试中学生的 SOLO 各思维反应层次进行了统计，数据见表 1-5.从表 1-5 可知，该班学生的回答处于关联结构层次（含）以上的有 47 人，占 77%；多点结构层次以下的只有 14 人，约占 23%．数据表明，在上一阶段的学习中，学生对相关知识的掌握情况良好，可以开展新知识的学习．

表 1-5　各思维反应层次学生的分布状态

思维反应层次	前结构和单点结构层次	多点结构层次	关联结构层次	抽象扩展结构层次
人数	2	12	30	17

2．启示

在上述数据分析的基础上，通过分析学生对同一问题的不同回答，我们可以得出初步的研究结论，SOLO 分类法能够有效地诊断学生的数学学习状况．

（1）SOLO 分类法能有效地评价学生的数学学习质量

根据表 1-4 的结果，Spearman 等级相关系数 = 0.456，相伴概率 $p < 0.001$，说明学生的思维反应层次与学生的数学学业成绩之间的相关性极其显著．一方面，这个结果在一定程度上说明了 SOLO 分类法对于数学教学评价的有效性．比格斯在他的著作里对 SOLO 定义的"质量"与教师对质量含义的理解的一致性开展了研究，认为利用 SOLO 分类法评分有效，但他没有对 SOLO 水平与学生学业成绩之间的相关性开展研究．本研究进一步证实利用 SOLO 分类法评分的有效性．另一方面，这个结果也说明

提高学生的 SOLO 水平(思维反应层次)对提高学生的数学学业成绩有积极作用. 相关研究也表明, 学生的 SOLO 水平与学生的学习方式紧密相关, 具有高的内在动机、想理解意义、避免死记硬背事实和细节的学生才能获得高的 SOLO 层次. 这些事实都表明, SOLO 分类法在评价学生学习质量方面有很大的优越性.

(2) SOLO 分类法能发现学生对知识误解的类型

了解学生错误对教师开展有针对性的教学并提高教学质量大有帮助, 教学经验丰富的教师通常比新教师更善于发现学生对知识的误解. SOLO 分类法在对学生的反应水平进行分类的同时也对错误的理解类型进行了分类, 不同反应水平的回答能显示出学生在某一方面的欠缺. 例如, 处于前结构水平和单点结构水平的学生在理解知识方面存在困难; 处于多点结构水平的学生往往在寻找量与量之间的关系上存在困难; 而处于关联结构水平的学生则在思维的发散性方面需要锻炼. 有学者就利用 SOLO 分类理论探寻了中国中小学生学习"概率"时的主要错误概念, 并对其类型进行归纳, 获得了很好的研究结果. 这也启示教师可利用 SOLO 分类理论开展深入的教学研究.

(3) SOLO 分类法能探究引发学生误解的原因

通过开展 SOLO 测试并结合访谈, 可以帮助教师了解学生回答问题时的不同思维方式, 探求引发学生产生错误理解的原因. 在本例中, 通过 SOLO 测试, 可以看出部分学生对内错角的概念产生了误解, 错以为∠1 和∠4 是内错角(参见本章中多点结构水平的答案). 通过笔者深入了解, 发现可能是教师某些教学处理不当引起了学生的误解: 数学教师在平时教学中强调只要看到"Z"形的图形就可以找出内错角, 因此学生在图 1-4 中看到直线 AB 与直线 EF 之间似乎也构成了一个"Z"形, 故产生误解. 经过此次测试, 该教师发现了学生在理解平行线的判定时存在的问题, 并及时调整了教学策略, 采取措施开展课后辅导, 纠正了部分学生的误解, 从而提高了教学质量.

(4) SOLO 分类法能够有效地测量学生的思维水平

在本研究中, 有一件意外的事值得高度注意. 有一名学生 A, 数学教师给他的等级评分是"差", 而在本次测试中却显示他的思维反应层次处于抽象扩展水平. 笔者感到很奇怪, 于是开展了深入调查. 通过向数学教师了解及与该学生谈话得知, 该学生的思维其实比较灵活, 只是本学期以来学习态度不认真, 作业不按时交, 学习成绩比较差. 通过笔者与任课教师的交流, 该教师意识到要全面认识 A 学生, 而不能只看表面现象, 要采取措施开展针对性的教育, 充分挖掘该生数学学习的潜力. 这个事实恰恰说明, SOLO 分类法确实能较准确地测量出学生的思维水平.

SOLO 分类法被引进到我国时间不长, 许多结论仍需要在实践中深入研究. 例如, SOLO 分类法在数学教学评价中如何运用, 需要注意什么问题, SOLO 分类法在开放题评分时的区分度如何、效度如何、信度如何, 等等. 笔者希望能有更多的同行在实践中研究 SOLO 分类法, 为我国的新课程改革做出贡献.

本章参考文献

[1] 布卢姆 B S, 等. 教育目标分类学·第一分册·认知领域[M]. 罗黎辉等译. 上海: 华东师范大学出版社, 1986.

[2] Biggs J B, Collis K F. Evaluating the Quality of Learning: The SOLO Taxonomy[M]. New York: Academic Press, 1982.

[3] Anderson K R. Cognitive Psychology and Its Implications[M]. San Francisco: Freeman, 1980.

[4] Gilahcl. Assessment and Learning of Mathematics[M]. Victoria: ACER, 1992.

[5] 安德森 L W, 索尼斯克 L A. 布卢姆教育目标分类学: 40 年的回顾[M]. 谭晓玉, 袁文辉, 等译. 上海: 华东师范大学出版社, 1998.

[6] Marzano R J. Designing a New Taxonomy of Educational Objectives[M]. California: Corwin Press, 2001.

[7] B.S.布卢姆. 教育评价[M]. 邱渊, 等, 译. 上海: 华东师范大学出版社, 1987.

[8] 吴有昌, 高凌飚. SOLO 分类学在教学评价中的应用[J]. 华南师范大学学报(社会科学版), 2008(3), 95-99.

第二章　运用SOLO分类理论指导有理数运算教学的研究

SOLO 分类理论在数学教学中的应用，使教师获得看待学习质量、教学质量、评价方法的不同眼光．该理论指导下的教学设计，是为了促进学习而对学习过程和学习资源进行的系统设计，系统地关注了师生意向、学生原有知识、教学分析、预设评价等方面．实施教学的过程中，通过陈述、展示等方式帮助学生外显学习过程，观察分析学生的学习质量和学习方式．反思教学现实中，过度的有理数运算操练并没有促进学生的理解，反而随着时间推移而使学生遗忘和出错．实施教学中，关注学生思维水平的发展，将运算法则的推导当成发展学生思维能力的重要教学活动，帮助学生自行归纳得出结论，并结合具体情境解释运算的合理性，促进学生的深层思考，避免教学在简单重复、过度操练的层面进行．

基于 SOLO 分类理论开展评价，能促进教学与评价的融合．这样的形成性评价是教学的一个部分，与教学密切相关，其结果指向有理数运算内涵的理解，具有以下几个方面好处：让学生明确问题何在；帮助教师改进教学；开展个别诊断性教学；基于学生的原有知识差异，促使每个学生获得思维水平的跃升；帮助有困难的学生分析错误原因；为学有余力的学生提供拓展性学习素材，留有思维空间以发展他们的数学才能；关注学生在具体学习任务中的表现及对具体问题的应答；记录学生过程性的学习行为及表现，用数据支撑教学改进．通过评价学生的学习质量，使评价深入质的层面，帮助学生形成深层式的学习方式．

第一节　研究价值与研究思路

有理数运算是第三学段人教版数学课程的初始内容．与小学的"数与运算"相比，对学生的符号意识和代数思维的要求更高了．负数的引入，拓展了数；数轴的引入，拓展了数形结合的数学思想；乘方运算的引入，拓展了运算的类型．这些变化造成了学生在理解与应用上的困难．

传统数学教学强调模仿记忆及大运动量的"数学练习"，这是考试成功的基础[1]．有理数运算的教学侧重于算法应用，追求"算得快，算得准"，过多以学生掌握知识点的量为尺度来评价学和教，只重视学习结果而忽视了认知过程．

运用 SOLO 分类理论指导有理数运算的教学，进行教学设计和实施教学，促进了教学与评价的融合．评价不仅关注学习结果，更关注学生在学习过程中的发展和变化．通过评价，了解学生达到的水平和存在的问题，帮助教师总结反思，改进教学. SOLO 分类理论对教学实践的指导具有可操作性：具体到有理数运算的教学，教师关注学生回答问题的"质"，重视学生对有理数算法规则、运算程序、运算意义、运算算理的理解；观察学生的思维技能、策略，评价学生怎样完成学习任务、使用的技巧和情感态度等.

1. 研究价值

运用 SOLO 分类理论进行教学设计时要分析学生的原有知识，即在知道学生"原来在哪里"而开展有针对性的教学设计. 在实施教学时要考虑班级的整体回答层次，将学生对题目的回答进行分析，结合教学经验决定下一步的教学过程. 观察学生经过课堂学习后对所学知识的理解程度，及时评价，及时反馈. 教师根据课堂观察在班级教学中与个别学生及时交流，及时指导，更有针对性地对学生进行个别诊断性教学. 教师的任务是帮助学生发展推理能力，所以相当一部分教学设计应当定位在比学生平均水平略高一点的层面上，帮助学生在更高的思维水平上获得跃升.

关于学生的学习，应当避免简单的重复，更高质量的学习是对问题结构的整体把握和对问题的深层探究. 内在的学习动机和良好的学习策略是实现更高质量学习的条件. 鼓励学生自我激励，以兴趣驱动，根据自身的能力特点和个性特征，采用相应的学习策略，全身心地、专注地投入到学习任务之中，以形成深层式(或成就式)的学习方式. 鼓励学生追根问底，以教师在多大程度上促成了学生采用深层式(或成就式)的学习方式来评价教师的教学质量. 在评价学习的质量和学习过程方面，SOLO 分类理论具有评价认知与情感的双重作用.

根据 SOLO 分类理论研究采用的教学模型进行教学设计和实施课堂教学，能帮助教师更新教学理念：更充分地研究学生，研究学习素材，预设评价反馈方式，更有成效地激发学生内在的学习动机，激励学生形成深层式的学习方式.

有理数运算的学习发生在第三学段初期，此前学生的原有知识及学习方式都将影响他们对新知识的理解. 例如，有理数算法规则、程序、意义、算理等. 实践中，教师常常把学生做题对错与否等同于理解与否，为了促进学生熟练准确运算而加快教学进度，腾出时间大量练习. 另外，学生运算准确与否，教师非常容易作出判断. 可是，学生对运算知识理解与否，却显得较为隐性. 教学中的"快步走多回头"导致学生学习过程缩减，虽然"获得正确答案"，却不能真正地理解. 不少学生停留在记住运算程序的操作层面，无法用语言对运算意义和算理作出解释.

分析学生在有理数运算学习中的所知和所能及错误成因，从学习需要的角度作出评价. 教师搜集证据去判断新的运算学习是否发生及如何发生. 为了学习结果的"可观察"，教师需要为学生提供不同形式的展示机会，外显学生的学习. SOLO 分类理论能帮助教师把学生较为隐性的学习过程外显出来. 通过学生对问题应答时的表现分析学生的思维水平. 教师通过设计学生应答水平 SOLO 分析表，收集整理学生各应答水平人数，数据能清晰地告知教师如何调整教学. 教师以学习结果为起点和核心，收集学习证据，选择学习经验，安排教学内容，提供反馈，进行反思，评价完全融合在教与学的过程中，成为促进教与学的强有力的工具[2].

根据 SOLO 分类理论，教师不仅关心学生"学到了什么"这一学习结果，更重视学生如何学习、学习的程度以及达到怎样的理解水平，帮助学生在认知的动态化过程中不断激励自己，不断激发学习动机.

2. 有理数运算教学的相关研究

巩子坤老师的研究指出：学生对有理数运算的理解是有层次的、有限的. 约 90% 的学生获得程序理解；约 30% 的学生获得直观理解；仅 20% 的学生获得抽象理解，能对运算结果的合理性进行抽象解释；不超过 5% 的学生获得形式理解，能对运算结果的合理性通过推理的方法进行说明[3]. 有理数运算有三种维度：运算的意义、运算的算理、运算的法则. 学习一种运算，首先要让学生理解运算的意义，知道何时使用这种运算，从意义出发推导运算的法则. 算理是概括、总结运算法则的依据和基础. 学生明白了算理，掌握了运算法则，能提高知识的迁移性. 运算的方法亦算法或法则. 在理解算理的基础上，通过压缩、反身抽象，将运算过程压缩成标准化的运算步骤，进而概括出运算法则. 教学中帮助学生自行概括出运算法则非常重要.

3. SOLO 分类理论在数学教学中的应用研究

SOLO 分类理论在数学教学中的研究不多，集中在对学生提出问题能力的评价、不同层面的教学目标设计等. 国内 SOLO 分类理论研究存在的问题，如：简单介绍过多，深入分析较少；盲目应用，结合学科特性及教学实际的应用较少. 本土化和普及化程度不够. 有学者建议：教师要重视该理论质性评价的内在特征. 借鉴比格斯资源试题库，结合各学科特性及教学实际，编制切合教学发展的本土化的 SOLO 试题资源库.

东北师范大学孙佳欣的硕士学位论文《SOLO 分层评价法的应用与探究》从表征转化的角度，提出教学时需要为学生提供语言表达的机会，便于分析学生的 SOLO 应答水平. 让学生形成良好的语言表达能力是提高思维能力的关键. 尽量为学生创造说与写的机会，重视学生书写的规范性、表述的准确性和语言的准确流畅. SOLO 分类理论强调要发展学生的高级思维能力，要重视学生知识面大小，思维的发展是建立在知识的积累基础上的.

孔庆燕、周莹认为，根据学生提出问题时的表现，可以判断学生所处的思维发展阶段和复杂程度. 学生提问，能外显学生的所知所能、未知和疑惑. 教师通过答疑，可以有针对性地指导学生学习. 学生在刨根问底中可以形成深层式的学习方式.

在数学学科教学中，SOLO 分类理论并不能完全精确地评价学生的数学思维能力，但能在可操作的范围内，最大限度地接近学生的实际水平．该理论可以更好地分析学生较高的思维水平．教师从学生的学习需要出发，基于学生的原有知识展开教学设计和实施教学，有助于教师帮助学生在思维水平上获得跃升．

4．SOLO 分类理论在数学问题中的反应分析

基于学生对某一具体数学问题反应的分析，对学生解决数学问题时所达到的思维水平进行由低到高的五个基本结构层次的等级划分．

教师在教学中应该提供展示的机会，展示包括口头陈述和书写．这是将外部感知内化，经过内部信息加工再外化的过程，可以训练学习者的整个认知过程，特别是思维能力．SOLO 水平代表学生在理解上的成长．这种成长是与特定内容和背景密切相关的，相当个性化的特征．学习的动机、意图、以前的学习策略、记忆的容量、任务的具体特征等，是决定学生理解的重要因素[3]．

5．SOLO 分类理论下的教学设计需要解决的基本问题

(1)意向

意向包含教师就教学内容、学生认知状况所具备的教学意向，又包含学生一阶段学习的个人意向．

(2)分析

分析包括学生原有知识分析和教学分析等．

(3)过程

过程包含教学过程和学习过程两部分．教师根据教学材料、教学问题等确定教学任务、教学步骤、教学活动、教学策略等，教师需要预设教学实施的过程中出现的种种情况．学生基于个人才智因素、方法因素等，受教学过程的影响，在其学习态度和学习行为的相互作用下，其学习过程影响了学习质量．

(4)评价

评价包括教师评价和学生评价．教师根据 SOLO 分类理论分析学生的应答表现和学习结果，根据学生的表现评价学生在某一具体学习任务中是否达成预设的目标．教师指导学生对自己的学习作出评价．

(5)调整

调整包括教师修正下阶段的教学和学生调整下阶段的学习，涉及教与学的反思．

6. 研究问题

数学教学既要评价学生数学学习结果，又要评价学生数学学习过程方法、情感体验，不仅关注学生"学得如何"，还要通过评价指导学生"如何学习"，鼓励学生形成良好的学习方式. SOLO 分类理论的评价作用帮助教师及时评价、及时反馈，用积极正面的方式向学生提出有针对性的学习建议，将学生的思维水平引向更高的层次. 该理论主张把学生较为隐性的学习过程外显，鼓励师生间的交流，反对表层式的学习方式，鼓励积极自主、追根问底的深层式学习方式.

本章主要研究如何运用 SOLO 分类理论指导有理数运算的教学，包括教学设计、教学实施、评价反馈和学习指导. 具体研究以下四个问题.

(1) 依据 SOLO 分类理论研究采用的教学模型(图 2-1)进行教学设计

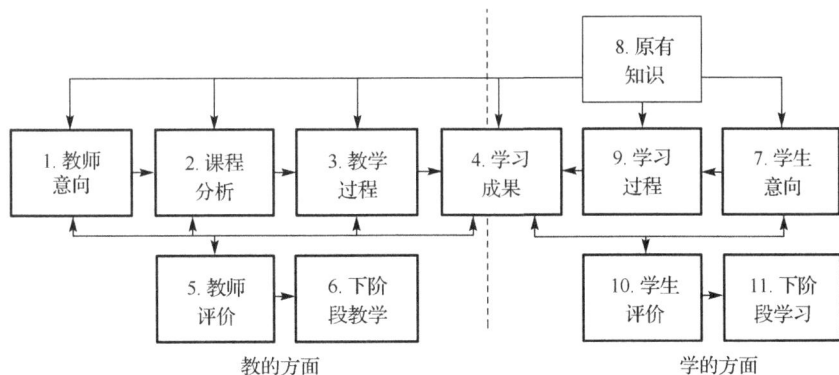

图 2-1 SOLO 分类理论研究采用的教学模型

立足于学生的原有知识和理解水平确定学习目标，并让学生清晰知道学习目标及达成学习目标的具体表现. 当学生的学习意向是积极主动的，教师的教学意向是从学生的角度出发的，这时师生意向是一致性的，可以促成学与教的相辅相成. 教师根据学生的学习需要组织学习材料. 教师的教学经验可以帮助教师前瞻性地预见教学中存在的一些问题.

教学设计需要涵盖学习材料的选择组织、活动设计、师生交流、评价反馈、激励策略等. 设计中还需要预设对学生进行学习指导的具体措施. 比如，为了让学生获得有理数运算法则的理解，教师需要设计活动让学生经历知识的生成过程，让学生归纳运算法则；设计展示机会让学生对所归纳的法则加深理解，对法则赋予实际意义，解释法则的合理性等.

(2) 基于 SOLO 分类理论开展课堂教学并实施评价

SOLO 分类理论既关注总结性评价，又注重形成性评价，主张在教学过程中实施评价，其目的在于诊断问题，促进学习；有别于传统的具有"筛子"作用的评价方式．SOLO 分类理论是一种关注评价与教学的标准参照评价，既关心学生"学得多少"，又关心学生"学得多好"．形成性评价有助于及时诊断学生对有理数运算的理解程度．本章所研究的评价，既包括教师对学生实施的评价，还包括学生对自己的学习实施评价，使自主评价成为学生学习的内部动力之一．

(3) 基于 SOLO 分类理论开展个别诊断性教学

面对班级整体授课，或者学生小组、学生个人，教师都可以及时对学生进行个别诊断性教学．这个思想贯穿于课堂和课后．学生思维水平的差异，使得在大班教学的环境下，关注个别化的学习需要是很有必要的，但这需要教师具备更高的教学专业技能．

(4) 利用 LPQ 调查，了解学生的学习方式，帮助学生形成深层式的学习方式

学习过程问卷(learning process questionaire，简称 LPQ)是比格斯教授的研究团队在进行了大样本的、多学科的教学实践后设计的，是了解初中学生学习过程的问卷．全卷共 36 个题项，包括表层式动机及策略、深层式动机及策略、成就式动机及策略 6 个因素，每个因素各 6 个题项．问卷中指出：学习方式 = 学习动机 + 学习策略．

表层式学习方式指学生为应付检查或考试及格而进行应付性的、肤浅消极、被动的学习方式．深层式学习方式指学生受到兴趣驱动，为掌握和理解知识而进行钻研性的、探索性的、积极主动的学习方式．成就式学习方式指学生为获得高分、荣誉，为超越目标中的人或物而采取老师或家长所推崇的学习方式．

7．研究思路

(1) 问题 1 的研究思路

以"1.3 有理数的加减法(第一课时)"为例，依据 SOLO 分类理论研究采用的教学模型(图 2-1)进行教学设计．

为了解教师意向和学生意向，需要进行师生访谈，在访谈过程中记录并整理材料，为了解更详细的意向，本章采用了追问的技巧．针对教师的访谈主要了解以下四方面的内容：①有理数运算教学为什么重要？②有理数运算教学的难点是什么及如何突破？③如何培养学生的运算能力？④如何使学生的数学思维能力获得提升？针对学生的访谈主要了解学生是否在心理上做好了学习的准备，访谈主要希望了解以下问题：①有理数运算与小学学过的运算有什么不同？②自己最擅长和最不擅长的运算是什么？③怎样才能提高运算能力？④你准备如何开展学习或你在老师教学之前已经做了哪些准备？

教师在分析学生的原有知识和理解水平时,可以通过设计相关测试,收集并整理数据,为后续的学习评价提供过程性的数据支撑.

分析学习内容,搜集学习素材,设计教学目标、教学流程、教学活动,预设教学实施的过程中出现的情况及相应的评价,预设学习指导策略,激励学生形成深层式学习方式.

在强调理解、应用与问题解决的数学教学中,教师要更加注重知识的生成及理解,而不能仅仅提供大量的计算练习以促进学生"算得快,算得准",帮助学生专注运算,保证适量的运算练习固然必要,但加深学生的理解,促进学生在关联结构水平和抽象扩展结构水平上的跃升更加重要.

(2)问题 2 的研究思路

基于 SOLO 分类理论开展课堂教学并实施评价.新课标的理念,要求教师了解自身教学的经验和问题,分析、反思教学过程中影响学生能力发展和素质提高的原因,以适当的方式,将学生一些积极的变化及时反馈给学生.

本问题的研究采用行动研究法和课堂观察法.

1)行动研究法.

运用 SOLO 分类理论的教学模型进行课堂教学,同时实施教学评价.通过统计数据及个人的资料,如教学手记、谈话录音、照片等对自己的实践进行批判性反思.在行动中进行反思时,思考紧紧围绕有理数运算的教学,并将所有的决定转化为行动,在行动中推进自己对有理数运算教学的探究.

2)课堂观察法.

以观察学生有理数运算的学习为目的、通过拍摄有理数运算的教学录像、访谈学生并录制访谈音频、听课等方式直接或间接(主要是直接)地从课堂情境中收集资料,并依据资料作相应研究.课堂观察后以"1.4 有理数的乘除法(第一课时)"为例,进行资料的分析并形成对应的课堂实录.

在真实的课堂里、教师的教和学生的学是相互交织在一起的.学生通过倾听、陈述、对话、交流表达,外显自己的学习.通过学习行为的改善,获得新的认知与情感体验.教师的课堂行为、学生的学习习惯及课堂环境都在影响学生的学习.

本章关注学生如何学习以及学得怎样.教师参与课堂观察始终指向学生学习的改善,在教学实践和教学理论之间架起一座桥梁,帮助教师调整反思,进而提高教师的整体教学质量.

(3)问题 3 的研究思路

基于 SOLO 分类理论开展个别诊断性教学.个别化的教学情境,如班级教学中与个别学生的交流、个别指导、当面批阅学生的练习等个别诊断性教学能有效地指导学生.

本章主要采用行动研究法，记录整理个别诊断性教学的实例，重点剖析法则理解不够或错误理解导致的运算错误．通过有针对性的个别诊断性教学，促进学生的学习改进和思维跃升．

(4)问题 4 的研究思路

利用 LPQ 调查，了解学生的学习方式，帮助学生形成深层式的学习方式．本问题的研究方法主要采用问卷调查法、访谈法、行动研究法．

1)问卷调查法．

学生完成了有理数的全章学习后，在七年级学生大约经历两个月的学习的时间后，在初一(7)班(63 人)、初一(27)班(54 人)发放《初中生学习过程问卷》(见附录 2)，了解这两个班级学生的学习方式．因为本章没有采用实验研究法，所以该问卷调查不是一次严谨的定性分析．初一(7)班的有理数全章的教学基本在 SOLO 分类理论指导下进行教学设计，并参照该理论的教学模型开展教学．初一(27)班基本是采用传统的教学设计，课堂教学中更多采用教师讲授学生听讲的传统模式．学生的年龄特点和小学学段的学习方式影响较大、有理数全章教学时间较短、班级任课教师教龄等因素，在一定程度上影响了教学效果．

本章对初一(7)班(63 人)发放了"有理数的运算"调查问卷(见附录 1)，主要了解学生在全章学习结束后，对有理数算法规则、运算程序、运算意义、运算算理的理解情况．

2)访谈法．

为了了解学生较为隐性的、真实的思维过程，教师对学生采取访谈法，采取在课后和问卷调查后两种形式．课后访谈的内容涉及学生对某个具体问题应答的进一步追问，对某些重要问题的理解，在学习中所表现的学习动机和学习策略，对教师教学的要求等．问卷后的访谈是在查看了问卷后，对部分学生实施的进一步问答交流．

3)行动研究法．

行动研究法了解学生的学习方式并帮助学生形成深层式的学习方式而进行的研究．根据"有理数的运算"调查问卷的统计数据，参考 LPQ 问卷调查的结果，分析学生的学习方式，帮助学生形成深层式的学习方式．教师采用行动研究法，对学生采取有针对性的学习指导策略．在学习动机上鼓励学生积极主动地专注于学习，在学习策略上指导学生积极思考，主动质疑，反思和改进自己的学习．

第二节　基于 SOLO 分类理论教学模型的学与教

数学教育的目的包括实用性目的、应用性目的、可迁移性目的、美学目的、认识目的．数学教学需要为实现一些长期的目标而努力：为学生奠定数学技能和知识方面的基础，使他们能自信地处理日常生活中及成年后在社会和工作场合中遇到的数学运算问题；使学生认识到数学对其他领域学习的重要性；提高学生的数学素养；使学生对数学学习持积极态度；让学生认识到不同文化对数学发展的影响……本章以有理数运算教学的研究为切入点，关注学生较高思维水平的形成，帮助学生形成深层式的学习方式.

SOLO 分类理论研究采用的教学模型(图 2-1)能够帮助教师在评价、课程、教学三者间建立紧密联系. 学生意向、原有知识是教学设计的出发点. 根据学习材料、教学问题等确定学习目标、教学步骤、教学活动、教学策略；预设教学过程中可能出现的情况；分析学生的应答表现和学习结果，据此评价学生在某一具体学习任务中是否达成预设的目标. 教师指导学生对自己的学习作出评价. 学生的学习成果受个人才智、方法因素、教学过程等的影响. 在学习态度和学习行为的相互作用下，学习过程影响了学习成果的质量. 师生依据课堂学与教的体验进行教学反思，调整教学，不仅追求课堂任务的完成，还要保证学生检测的正确率. 通过促进学生对有理数算法规则、运算程序、运算意义、运算算理的理解，使学生运算能力获得提高.

1. 学生意向和教师意向

(1)学生意向

学生对于一阶段的学习意向及学习态度，决定着学生是否愿意积极参与到学习活动中去，当学生的学习意向与教师的教学意向相一致时，学生将期望教师帮助其提高，并在学习后获得相应思维水平的跃升.

学生的学习意向将决定学生对学习方式的选择：对知识采取机械性记忆还是采取理解性记忆. SOLO 分类理论的相关研究指出，那些喜欢熟记事实细节并使用机械学习策略的学生在传统的测试中获得了高分，但他们却可能同时获得很低的 SOLO 思维等级. 因此，学生需要主动加强对有理数运算的法则、运算律的理解，并主动运用生活情境、数学情境解释相关的法则和运算律，主动增强数学符号意识，把现实问题抽象成数学问题，采用符号化的方式解决问题. 学生本人如果认同了有理数运算的概念、原理的重要性，认同了掌握有理数运算的心智技能、心智过程的重要性，学生的学习动机会被更大地激发，学生便会积极主动地掌握有理数运算的方法、算理[4].

学生对自己掌握有理数运算能力的自我认同也非常重要，学生第二学段的学习成就感将影响其在第三学段初期的信心表现. 所以在第三学段初期，保护、激发学生的学习信心、兴趣非常重要. 当学生个人认为自己有能力掌握新知识时，信念将驱动其主动思考，不惧困难. 积极的学习情感体验是促进学习动机和改进努力的心理动力来源.

(2)教师意向

教师是学习的最大影响因素之一，教师的教学意向影响着教师能否以学生的学为出发点. 在教学实际中，教师不能仅仅关心工具性教学，而且应当关注学生对算理的理解，促使学生的思维水平向关联结构水平或者抽象扩展结构水平跃升. 教师先前的教学经验、专业分析决定了教学设计和教学实施的合理性. 教师要有专业能力对学生作出有意义的、适当的评价和反馈，才能使学生能够跟随课程水平的提高而逐渐进步.

教学实践中，教师往往忽视知识的生成过程，重视进行习题运算的操练. 学生对知识的记忆不深，在学习初期往往能准确运算，但随着学习时间的推移、知识的抽象性增加，学生运算的准确性会因为概念印象模糊而下降，这些是初学时理解的思维水平较低所造成的."大多数算术和代数中的程序性知识很长时间被当成数学课程的重点但现在可以用掌上计算器来进行计算. 因而，我们更应该重视数学概念的理解和解决问题的模式化". [5,6]

有的数学教师受毕业与升学考试制度、过重的教学负担、过大的班级容量等因素的制约，缺乏用研究的眼光看待教学，缺乏学习指导、评价的研究，教学设计往往过度借鉴现有素材.

本章笔者所在学校的备课组，考虑到有理数运算的重要性，同时希望完成小升初的学习衔接，如表 2-1 所示，在教时的安排上，比教材建议的教时数更充裕.

表 2-1　学校 2015—2016 学年第一学期初中七年级数学科教学进度表

周次	日期	教学内容（章、节、课题）	教时	单元测验、作业
1	8 月 30 日—9 月 5 日	1.1　正数和负数 1.2　有理数(课时 1—2)	1 2	
2	9 月 6 日—9 月 12 日	1.2　有理数(课时 3—5) 1.3　有理数的加减法(课时 1—4)	3 4	1.1—1.3 测验(姚)
3	9 月 13 日—9 月 19 日	1.3　有理数的加减法(课时 5) 习题课、1.1—1.3 测验、评讲 1.4　有理数的乘除法(课时 1—2)	1 3 2	第一章单元测验(迎)
4	9 月 20 日—9 月 26 日	1.4　有理数的乘除法(课时 3—5) 1.5　有理数的乘方(课时 1—3)	3 3	
5	9 月 27 日—10 月 9 日	1.5　有理数的乘方(课时 4) 习题课	1 1	
6	10 月 10 日—10 月 16 日	单元小结、章测验、评讲 2.1　整式 2.2　整式的加减(课时 1)	3 2 1	第二章单元测验(宋)

访谈中发现有不少教师压缩新课教授时间. 例如，有理数加减法运算安排了 5 课时，有教师把新授课压缩在 1 课时内完成，余下 4 课时做习题操练；新课只列举一两个生活情境，就让学生记忆法则.

这些教师认为："学生不可能理解运算的承袭性原理，告诉学生，学生也不懂，不如不说. 这部分的内容，中考时也很少单独考，多数考查方程、函数的运算. 学生最差的是涉及分数的计算，从小学到初中，学生都是在分数运算上失分. 让学生记下法则，弄懂符号和绝对值就可以了……"

从表 2-1 也可以看到，没有安排教学活动的时间．对于如何将有理数运算运用于生活，比如关于"家庭收支记录"的活动教学直接删除．

多数教师认为没有必要开设活动课，"类似让学生用扑克牌玩 24 点的游戏，让学生记录生活开支之类的活动，对运算能力的提升没有太大的帮助．课时很紧张，一学期教学周次大约 20 周，除去放假、期中、期末考试等冲掉的教学时间，上课时间太少了……"

教师的意识决定其教学行为，教师没有意识到这样的"简约"，会造成学生运用数学知识解决实际问题的草率．仅注重训练学生运算的准确性、技巧性和速度，通过增加不同形式的"测试"检验学生对有理数运算的掌握程度，学生的运算在短时间内会表现不错，可是这对于培养学生高水平的思维能力没有帮助．当然，我们不回避学生需要适当运算量的练习，需要专注地投入运算，但要基于理解的基础上，而且学生形成解决问题的方法比学生准确运算更重要．

卡彭特曾指出："理解性学习的最主要特征就是这种学习具有生成性．当学生理解时，他们才能灵活运用这些知识去解决新的不熟悉的问题，用这些知识去学习新的内容，教学的目的就是要让学生学会如何学习新的技能和知识，并且要让他们准备应用这些所学知识去解决新问题．只有当学生的知识是通过理解性学习获得的，才能对学生的进一步学习有促进作用．"[7]

有理数运算的教学，重要性体现在学习内容本身和学习衔接的时机性．从学习内容看，数的扩充本身就是数学发展的重要成果，不妨为学生介绍数的发展，培养学生的学习兴趣和数学素养．因数的扩充而引起的运算的承袭性，其运算法则、运算律的理解是学习中的难点，但不必回避难点的教学．教学中，保护、激发学生对数学学习的兴趣十分关键．在学习方法上帮助学生适应中学更为抽象的学习，帮助学生在学习动机和学习策略上向深层式的方式提升．

1) 教师主动整理学习素材．

为学生介绍数的发展，培养学生的数学兴趣和素养．例如，通过为学生介绍《九章算术》，使学生感受中国古代数学成就，体会负数运算是数的发展的需要．

2) 教师正视教学难点的突破．

直面学生的疑惑，不必含糊回避．教师需要直面学生的疑惑，有充足的知识储备和心理准备回应学生的提问．解决问题的策略是多元的，许多时候不是学生不能理解，而是教师没有为学生呈现丰富的学习素材．

比如，学生对"负负得正"产生疑问．教师可以为学生呈现不同版本教科书的解释方法．人教版教科书采用不完全归纳法，通过合情推理的方式来引入新知．教师可以进行延拓，符号法则 $(-1) \times (-1) = 1$ 是一种数学创造，为的是在保持算术运算律的条件下使运算能顺利进行，向学生渗透"承袭性原则"．

又如，学生对"减去一个数，等于加上这个数的相反数"产生疑问．教师不妨在解决学生疑惑的过程中渗透转化的数学思想．有理数的加法与减法、乘法与除法互为逆运算，加减运算可以统一为加法，乘除运算可以统一为乘法．

3) 主动成为专家型的教师

SOLO 分类理论在一定程度上鼓励教师成为一位对教学热忱的教师；从学生的视角看待学习，理解学生学习的起点，使学生在实现目标过程中取得螺旋上升的进步；支持学生的针对性练习，为学生的错误方向提供反馈；使学生能够分享教师对学习材料的专业分析. 教师有效的教学手段，可以在有限的课堂教学时间内，使学生在获得知识与技能的同时提高对数学的兴趣和信心，增加学生的学习成就感. SOLO 分类理论鼓励教师成为专家型的教师，并指出专家型教师与经验型、非专家型教师的主要差异在于以下三方面：决策教学关键问题时的态度和期望；对教师自身对自己教学过程和影响的理解；培养学生深层水平的理解. [8]

2. 原有知识和教学分析

(1) 原有知识

奥苏伯尔(Ausubel)指出："影响学生学习的唯一最重要的因素是学习者已经知道了什么. 要先探明这一点，然后再进行相应的教学."

学生的原有知识必然会对后续的概念学习产生重要的影响. 学生前期的相关学习会影响自己的学习兴趣；影响教师的选择任务(选择学生可能已掌握的内容作为教学的起始状态)；影响教师的教学过程和教学方法；影响学生的学习过程，尤其是对学生的有意义学习影响明显等.

以"有理数乘法运算"为例，教师在分析学生的原有知识和理解水平时，可以通过设计表 2-2，记录应答表现，为后续的学习评价提供过程性的数据支撑.

表 2-2　"有理数乘法运算"学生原有知识思维水平层级表

核心问题	原有知识思维水平	应答表现	应答表现人数	理解层次
在□中填上适当的数使得等式成立，请详细书写解题过程，并请详细口述解题思路：$(42 \div 21) \times 7 = (42 \times 7) \div (\square \times 7)$	前结构水平(P)	完全不理解题意、不感兴趣、不作答	3个	无
	单点结构水平(U)	学生能完成一些特定题目，像只需要一步计算就能得出答案或等式两边的变化幅度非常小的习题	8人	浅层次
	多点结构水平(M)	学生能采取一系列运算减少等式的复杂程度，但不能整体把握这一系列运算之间的关系，能够使用题中包含的几个独立信息，但对问题的整体结构缺乏整合能力	16人	较浅层次
	关联结构水平(R)	学生会通过综合运用一系列计算过程得出正确答案	31人	较深层次
	抽象扩展结构水平(E)	学生对等式中的数字算式的关系有整体的认识，能够把问题归类到分配的一类问题上，能寻找出一般规律，从而能迅速解决问题	5个	深层次

利用表 2-2，教师从学生的书面应答和口头应答情况，发现学生关于非负有理数的乘除法运算不理想，这与学生处理非负有理数除法运算理解不够有关. 约 42.9%的学生不能通过运算、推理得到准确的结果，这些学生在后续的学习中需要得到教师更多的帮助. 例如，处于前结构水平的 3 位学生，需要教师为其提供更多的，与其生活情境相关的例子，通过这些例子获得有理数乘法运算法则的理解. 数据显示，约 57.1%的学生在具体的问题中获得较深层次的理解，更有 5 位学生能够将问题抽象为 $\frac{a}{b} \times y = \frac{a \times y}{b}$，对于能够获得较深层次理解的学生需要在课堂上获得相对更高思维层次的学习任务.

(2)教学分析

本章主要基于义务教育教科书《数学》七年级上册(人民教育出版社)的"1.3 有理数的加减法""1.4 有理数的乘法"为学习材料进行教学分析.

1)学习材料分析.

利用日常生活经验等，通过具体实例的归纳，将正数和负数之间的运算归结到正数之间的运算，定义有理数的运算，得出运算法则，并运用有理数的运算解决简单的问题. 例如，借助物体运动的直观、温差等，引入有理数的加法、减法运算，"某地一天的气温是−3～3℃，这天的温差(℃)就是3−(−3)"，引出正数与负数的减法等. 本内容的核心是让学生学会用运算法则进行运算，体会运算法则的逻辑相容性，从具体实例中归纳运算法则和运算律，帮助学生运用有理数知识解决实际问题. 例如，运用有理数的混合运算解决公司盈亏问题；让学生运用本章知识帮助家庭掌握生活收支情况等.

2)学习指导分析.

学生的已有经验包括：表示具有相反意义的量，非负数及其运算. 教师需要设计能帮助学生形成更高的思维水平的教学活动和学习问题. 把小学阶段对于正整数、0、正分数等运算和运算律的认识经验，自然地延伸到有理数运算的学习中. 例如，教师通过让学生思考引入负数后加法的类型有哪几种而引出有理数的加法运算的类型问题. 通过提出问题："小学学过的加法交换律、结合律，在有理数的加法中还能否适用？"引出研究加法运算律的问题等.

在数系及其运算的扩充过程中，承袭性原则不能直接教给学生，但可向学生渗透数学思想方法. 例如，有理数运算法则的学习按正数、负数、0 三类分别研究；有理数加法法则可以利用数轴，运用数形结合的方法探究；有理数的减法可利用"相反数"这一概念转化为加法来运算，得到减法法则，使得加、减得到统一. 向学生渗透分类、数形结合、化归等思想.

引导学生的数学思维活动，使学生在掌握知识的过程中学习数学思考方法. 从学会思考走向学会学习，是教学要落实的主要任务. 传统教学在引入有理数运算法时则采用的方法较为单一,如有理数加法法则的引入,是通过物体在直线上运动的情境或者足球比赛的比分情境等较为有限的例子,进而让学生"归纳"加法法则,这样的"体验"不一定会引发学生学习的深刻性.

SOLO分类理论关注学生不同的学习需要. 例如,有的学生对生活情境的引入,理解得特别快;有的学生则不能理解为什么加法法则要处理符号和绝对值,这部分学生更喜欢用"抵消"的模型思考;有的学生具有较高的思维水平,其抽象思维能力较强,可以理解符号化的加法运算法则证明等. 也就是说,从学生的学习需要出发,教师要具备多元的眼光和策略帮助学生学会思考、学会学习.

3) 教学方法分析.

教师需要处理好学生学习适应性的衔接,学习心理的衔接,学习方法的衔接,以往算术知识、方法的衔接. 加强与两个学段的衔接,不仅有利于学生理解有理数运算的知识,也有利于发展学生的能力.

向学生渗透用字母表示数,用字母表示数是代数学习的基础. 在第三学段初期逐步引入字母表示数,使用归纳、类比思想帮助学生感知字母的真实含义,再将文字语言与符号语言进行转化. 用字母代替文字的过程,是具体数量符号化的过程.

"负数及负数运算的引入,竟不是某一个人自觉的逻辑思考的创造. 相反,它的缓慢的、有机的发展,是与事物广泛地打交道的结果……"[9]学生对负数及运算的认识不能一蹴而就. 有理数运算法则和运算律的理解,需要让学生慢慢地积累经验,给他们接受这些知识的时间. 教师在教学中要舍得花时间让学生进行"有声思维",即让学生口述,提供机会让学生表达并赋予有理数算式实际意义. 这样才有助于学生较高思维水平的形成. 教师不必在数字的复杂性、运算技巧、运算速度等方面提出过高要求.

教师需要加强运用有理数运算解决实际问题的教学. 课堂观察中,教师发现学生解决实际问题的能力有所欠缺. 学生对实际问题的表征不太理解,对于数学文本的阅读比较困难,尽管在一些涉及实际问题解决的习题中,对运算的要求并不高,但学生常因为没读懂问题的意思而无法作答. 帮助学生解决实际问题,可以帮助学生获得思维训练.

人教版教科书处理有理数的运算法则和运算律的教学,采用不完全归纳法,体现了以数学知识发生发展过程为载体,进行"思维的教学"这一核心任务. 这使学生不仅学会知识,而且受到研究问题的思想方法训练,从而培养学生的思维能力,逐步发展独立解决问题的能力;使学生有机会通过自己的类比、归纳而得出一般规律,获得对有理数及其运算的知识.

教材所设计的"综合与实践"是教师通过问题引领、学生全程参与、实践过程相对完整的学习活动. 发挥学生的自主性,让学生动脑、动手、动口,把数学内部知识间的、数学与生活实际、学科之间联系起来. 例如,开展"家庭收支账目"活动.

3. 教学设计

教学设计需要符合 SOLO 分类理论中，各个层级结构之间顺序发展，符合学生从一个阶段到下一阶段的认知发展过程.

（1）目标设计

让学生知道关于有理数运算的学习内容和达成目标的具体要求. 确定学生的学习现状（what）、学习目标（where），确定该如何帮助学生达成学习目标（how）. 教师和学生需要知道课堂学与教的具体任务，基于个人的想法或期望、达成目标的标准. 学生需要知道如何实现这些标准. 下一步的行动应当依据学生的已有知识和理解与达成目标之间的差距来制定[10]. 指导学生根据教师的评价发现自己学习中的不足，在后续的学习中调整自己的学习方向和学习目标.

透明的学习目标能让学生清楚地知道他们需要达到的表现类型或表现水平，让学生明白如何投入精力、选择策略和学会思考，通往成功学习的过程中自己身处何处. 透明的学习目标还可以提升师生之间的信任程度，有助于教师知道学生是否获得了有理数运算教学中的概念和理解. 例如，有理数乘法法则"负负得正"的教学，虽然在整数环的公理系统中可以严格地给出证明，但由于学生的认知发展水平较低，演绎证明是做不到的[11]. 因此教学的目标设定为："熟练地进行有理数乘法运算，对于一部分学生，能够结合例子或者模型来说明运算结果的合理性."

（2）问题设计

学者 Brualdi 的研究指出，教师每天所提的大多数问题都是低水平认知性问题：60%是回忆事实，20%是程序性知识. 这些问题充其量在课堂教学中仅仅充当黏合剂的作用，促进和维持学生积极参与，激发兴趣，示范如何探究，便于教师确认"大多数"学生跟得上讲授的步伐.

教师通过让学生复述而展示记忆性的知识，对于学生理解了什么，理解了多少没有真正的涉及. 数学课堂教学中具有一定开放性的问题，有助于教师观察学生在多点结构水平以上的思维活动. 问题设计应当包括两个方面：一方面是教师设计的核心问题；另一方面是把学生向教师提出的问题当成难得的教学资源.

为了便于教师观察的开展，教师所设计的问题要便于观察学生的应答水平. 例如，问题 1：运用四则运算定义新运算，若等式 $(14 \circ 1) \circ a = 10 \circ 5$ 成立，请讨论。运算可能是四则运算的什么运算？此时 a 的值是什么？问题 2：运用四则运算定义新运算，若等式 $(4 * 2) \circ 3 = 2$ 成立，则 $* = ?$ ，$\circ = ?$[12]

教师呈现所设计的核心问题，通过有效提问，促进学生的思维活动. 根据 SOLO 分类理论对学生的应答进行思维水平分析，及时评价学生的学习并及时通过反馈指导学生的学习，分析学生的学习并获取学生学习的证据. 教师需要着重关注学生较高思维水平的应答，给出较高层次回答的学生将思维的重心放在得出结论所需要的不同运算上，他们能够将后续阶段的推理与前面的结论联系起来，即 SOLO 分类理论所描述的关联结构回答的本质特征. 以问题 2 的回答为例，给出较高层次回答的学生善于推理和系统地排除某种运算的可能性：因为某整数。3 = 2，所以。不是加法运算，也不是乘法运算，进而推断出∗ = ＋，。= ÷.

为了观察学生学习结构的复杂性，需要对学生的回答进行"怎样和为什么"的追问. 根据对学生的了解和教学的连贯性，教师有意识地选择展示或回答的学生，将选择回答的学生进行排序. 让全班同学倾听同伴的回答，积极讨论，促进自己更深刻地思考，将知识容量最大化.

教师需要为学生营造一种安全的学习氛围，鼓励学生提出问题，学生提出的问题是十分宝贵的教学资源. 学生提问本身不仅仅是阐述疑问，求助解答的过程. 这是非常难得的师生交流的学习方式，也是学生认识自己学习中的错误并解决错误的最好的方式. 教师更清晰地听见学生有代表性的声音，是学习需要的所在. 教师能够从学生所提出的问题判断学生所处的思维水平. 鼓励学生刨根问底，帮助学生认识到提出问题不是能力不足的表现，而是学习欲望的反映. 师生间的问答交流能促进学生批判性思考和独立思考. 鼓励学生提出问题的这种交流方式，有助于外显学生认知和思维等隐性的学习情况.

(3) 学习氛围设计

鼓励学生成为促进同伴学习的资源，让学生接纳"只有帮助别人也学会了才是真正意义上的理解". 教师要事先设计如何为学生营造良好的合作学习氛围，让学生能够主动地互相帮助，从而激发其相互间的学习兴趣，以及提高学习效率. 学生的集体感会促进其获得更多的学习机会. 例如，在寻找教师帮忙前，先向三位同伴寻求帮助；同学之间相互批改作业；展示作业中存在的问题，大家来帮忙解决；以小组为单位展示课堂学习收获和困惑；错误归类等.

(4) 教学流程设计

清楚经过教学之后，学生能够做什么、理解什么. 教师让学生清楚课堂学习的目标和达成目标的具体表现，形成学生对学习任务的投入和参与，向学生呈现所准备的教学设计. 对于知识的引入及运算法则的生成，示范性地总结运算法则及示范性地赋予算式实际意义. 通过问答，聆听学生的应答，分析学生理解的程度. 学生在展示活动后给予及时的、能促进下阶段学习的反馈. 指导学生运用所学法则运算并解决一些实际问题，对学生的错误及时提出修正指导，帮助学生从错误中获得提升. 帮助学生总结课堂上所学到的知识，帮助学生运用"思维导图"等多种方式将新学知识与原有知识连贯成一张图景，巩固知识，消除疑难，强化学习要点. 值得注意的是，我们不否认专注的、必要量的练习，适量的练习对于巩固学生的学习很有帮助，但是要基于学习的理解之上.

4. 学习过程和教学过程

(1) 学习过程

新课标注重数学学习的过程与方法. 有理数运算的学习, 要关注学习过程中数学知识产生发展的规律和一般方法. 正确理解运算法则的学习, 通过合情推理强化算理的理解, 并应用这些规律和方法解决其他问题.

有理数运算的法则、公式、规律的得出, 均借助了实际生活的问题背景, 并通过解决问题的过程, 归纳出算法和算理. 比如, 加法法则的得出, 人教版教材采用数轴直观解释, 北师大版教材采用了"正负相抵"的图反映加法的特殊规律. 通过特殊到一般的合情推理得到两数相加的基本规律.

学生经历"分析—比较—归纳"的思维过程, 需要学会用数学的眼光看待生活中的现象, 运用数学的思维方法解决实际问题. 学生在教师的引导下, 学习多方面、多角度地看待和解决问题.

指导学生总结出一种适合自己的学习方法, 提出适合自己的学习要求. SOLO 分类理论具有激励学生采用深层探究式学习策略的功能. 比格斯认为学生学习方式可以分成三种, 包括浅层式学习、深层式学习、成就式学习. 其中的深层式和成就式学习方式有利于学生的思维的发展. 而学生的学习方式主要是学习动机与策略结合在一起的产物. 激发学生的内在动机, 提供有效的学习策略是必要的.

学生在课堂上积极参与教学活动, 通过回应教师的提问, 表达自己的想法和解法, 在学生之间进行有意义的讨论, 和教师积极互动, 均有助于学生对运算法则、运算律形成深刻的思考和理解.

(2) 教学过程

实施教学的过程中所布置的数学任务、提问、讨论要给学生留有足够的思考空间, 并围绕学生的困难展开. 将先前准备的教学材料和设定的教学任务通过恰当的方式开展, 如教师精讲、学生讨论; 任务布置、学生探究等. 教师需要通过课堂观察了解学生学习的过程与学习态度.

教师通过观察学生的活动表现和应答情况, 记录学生的 SOLO 应答水平, 关于学生的活动情况的想法, 也应尽量记录. 应用 SOLO 分类法对学生反应进行分析, 有助于帮助观察学生的学习困难的成因: 有的学生是因为日常语言习惯导致分不清"−"是运算符号还是性质符号; 有的学生是因为对法则的理解有误; 有的学生是因为先前知识和经验的影响等, 这些基于学生应答水平的判断, 能有助于教师改进教学. [13]

在课堂教学中通过倾听学生的语言表达进行教学诊断. 语言包括口头语言和书面语言, 使学生形成良好的语言表达能力是提高思维能力的关键. 通过问题的提出、习题的设计、学习任务的安排、学生间交流的组织等形式为学生创设充分的说与写的机会.

在教学或课堂讨论中,给学生创设独立自主地发现问题、提出问题的机会,并重视学生书写的规范性、陈述的准确性、提问的概括性. 通过 SOLO 分类理论,判断学生回答的水平层次,及时指导学生纠正错误并引导学生向更高的水平层次努力. 比如对概念、推理、问题解决的清晰阐述和指导就显得相当关键,因为这是提高学生思维能力的重要手段之一.

教师需要重视学生的应答情况,了解学生基础知识与基本技能掌握的情况,了解学生独立思考的习惯和合作交流的意识,记录学生的发展变化,例如:对学生进行编码,2015 指入读七年级的年份,可指所在班级,03 指该生学号.

学生 20150703 能完整复述运算法则,但从她的语言表达可知,她所掌握的知识是零散的、缺乏系统性的,经不起教师的追问也不能提出问题,主要依靠记忆来维系知识间的联系;在学习过程中缺乏对知识及时概括的能力,在解决数学问题时,不能够举一反三,在解决变式问题时,无法把问题归纳到有关类型上. 只有通过反复练习才能把所学技能系统化模块化,做完题目以后对具体材料和数字都记得比较好,但是对题目的类型特点却记得不怎么好,甚至是完全不记得.

学生 20150716 遇到数学问题时只是关注一些孤立的、无关的具体数据,没有感知到题目信息中的问题,缺少整体认知,不知道解决问题需要什么条件,在教师的帮助下也很难理解题目材料. 达到一种理解水平需要相当多的练习巩固,在解题之后即使在别人的额外辅导下进行分析比较,也很难把问题归入共同的类型进行概括理解以缩短推理计算过程. 对于一个问题一旦好像找到了一种解决方案,就不能再转向另一种思考方式,哪怕找到的解决方案是错误的. 一个问题看了多遍还是不能记住题目中的所叙述的信息,无论这种信息是具体化的数字还是一般化的数学材料.

学生 20150745 的理解达到了真正理解的层次,不但对法则能牢固记忆,对知识能按照逻辑顺序形成网络,能对所要解决的问题有自己的分析,形成自己的思路,也能发现自己在解题中及问题推导中所出现的纰漏,会设法修补自己的纰漏. 解题过程中会不自觉地运用到波利亚的解题方式,先弄清楚题意,再思考解题方案,然后执行方案. 但是做完习题不习惯反思回顾.

5. 评价

推动学生沿着他们的学习轨迹,缩小他们目前所知道的、说的、做的和学习目标之间的差距. 过程中连续的、及时的评价与反馈,能促进师生之间、学生之间的互动与合作,有利于学生的发展.

本章着重关注形成性评价. 在教学过程中,学生对数学的思考是教师所必须收集并掌握的重要证据. 及时评价,及时给予反馈,从而促进学习的发生.

教师把课程标准的要求转换成课堂学习目标,设计评价;根据结果调整教学,给学生提供描述性的反馈，回应学生的学习需要，让学生参与到评价之中，使学生作出自我评价并追踪自己的学习进步，调整自己的学习计划，并使学生受学习评价结果的鼓励，坚信学习中的成功是可以取得的．评价时应注意记录、保留和分析学生在不同时期的学习表现和学业成就．评价方式多样化体现在多种评价方法的运用，包括书面测验、口头测验、开放式问题、活动报告、课堂观察、课后访谈、课内外作业等．评价结果的呈现和利用应有利于增强学生学习数学的信心和兴趣，使学生养成良好的学习习惯，促进学生的发展．

评价以课堂教学活动为中心．学生展示其知识、理解力或技能的任务、问题．学生的回答或行为被观察和解释，并得到关于如何改进学习的意见．师生的反思、对话和判断等均可被认为是评价，这些评价是日常课堂活动的基本部分．

教师需要规划评价、观察学习行为、分析和解释学习结果、向学生反馈信息、帮助学生自我评价．鼓励性的、有建设性的评语能培养学习动机．通过学生自主的、自我指导的评价方法来维持或提高学生的学习动机水平．[14]

学生参与制定学习目标和确认评价进步的标准有利于形成学习意志．学生需要信息和指导，以规划下一阶段学习．教师应该明确指出学生的长处和建议如何进一步发展；明确、建设性地提出弱点并告知如何改进，向学生提供加以改进的机会．评价应该认可所有学生的所有方面的表现和成绩．[15]

评价要关注学生是否独立思考、善于思考、坚持思考并不断地改进思考的方法与过程；是否积极主动地参与数学学习活动，是否愿意和能够与同伴交流数学学习的体会、与他人合作探究数学问题；能否从实际情境中抽象出数学知识以及能否应用数学知识解决问题；能否理解并有条理地表达数学内容；能否不断反思自己的数学学习过程，并改进学习方法．[16]

一些有效措施如下．

(1) 师生对话

师生间的对话活动是数学评价的一个重要实施策略，对于学生的回答，无论答案正确与否，尽量延伸师生对话，直到学生提出正确答案或确认学生理解为止．在师生对话的这个时刻，教师教学的方向取决于学生的回答，教师提供反馈以促使学生参与学习，提供思考时间让学生改进学习并让学生成为彼此的学习资源．这样的师生对话对于纠正学生的错误理解，起着很好的作用．教师在正式讲课和学生练习时都能观察学生的语言使用，还可以观察学生对教学内容的反应及他们在小组活动中的参与度．通过这些观察，教师可以了解学生的学习进展，再以此为基础安排下一步的教学活动．

(2) 倾听学生

教师若能花时间去理解学生在想什么，便能进行有效的教学设计．倾听学生，才能帮助学生更多地聚焦于意义理解而非获得正确答案．让学生有机会暴露自己的思考过程，让教师的辅助真正建立在学生的认知上．

(3)学生展示

学生学习成果展示，向同学宣讲习题的解答，既有利于诊断学生存在的问题，更有利于学生在展示中获得成就感．学生们通过主动展示，分析数学问题的各种变式，对解法进行评判，教师从中可以掌握学生不同的思考路径，这可以促进学生成为教学进程中的一个活跃成员．

理解是以语言为媒介的，能否用语言正确表述概念和法则是衡量学生对数学知识理解程度的标志[3]．通过用自己的语言叙述解题原理、方法和解题过程，再通过教师和同学的追问，逐步达到深刻理解的层次．通过表述交流，学生可以进一步理解数学法则，纠正一些不正确的认识；还可以了解其他学生的理解方式，从中取长补短，有助于学生更好地理解数学法则．

通过学生展示，教师不但可以知道学生做了什么，还能了解他的每个步骤的思路；不但能发现学生错误理解的地方，还能知道产生这种错误的原因．这样的学生交流评价看起来会浪费很多时间，但是这个方法可以帮助学生形成正确的数学理解印象，让学生在不同概念之间获得联系，从而增加理解的广度和深度．这样做不但能激发和调动学生的学习积极性和主动性，还能促使他们亲身实践、积极交流、主动理解．教师从学生的表述中发现学生理解上的缺陷，了解学生在解题背后隐含的思维理解方式，知道学生理解的程度如何，给予学生有效的指导．学生在表述交流的过程中，重新加工、思考、内化知识，从而获得更深入的理解．

6. 调整

事实上，教师发现学生的学习往往只注重形式符号，忽略对概念问题内涵实质的把握和理解．如果没有真正理解而只是靠强化训练获得的运算能力往往会很快遗忘．仅仅记住事实和操作程序的学生是不知在什么时候，也不知如何应用他们所学的知识．

教师需要在教学的过程中不停地根据学生的学习情况和应答水平调整教学．在结束授课后，教师需要从反思中获得专业能力的提升．

"本节课中的教学活动实施效果如何？学生有没有出现意料之外的问题？学生特别有意思的想法是什么？教学活动中发生了哪些意外课堂事件？在教学中进行了哪些评价策略？若本次教学活动偏离了原定计划，改变的原因是什么？改变之后的结果达到目标了吗？这节课需要如何改进？学生的学习真正地发生了吗？"等问题，都是教师需要反思的问题．

对于学生而言，反思和自我管理能力的提高能鞭策学生不断进步．有独立意识的学生具有选择、获取新技能、新知识等的能力，他们能进行自我反思并确定下一步学习方案．希望学生经过课堂学习后，能把思考延续到随时随地．学生需要主动意识到专心于学习，投入精力进行有自我针对性的适量练习是十分有必要的．往往一节课的学习完结，并不是学习的结束，而是下一阶段学习的开始．[8]

第三节　基于 SOLO 分类理论的教学设计
——以"1.3 有理数的加法(第一课时)"为例

有理数的加法运算是初中代数的基础,直接关系到有理数、实数、代数式的运算、解方程等,本内容教学有助于培养学生的运算能力、数学意识,增强学生解决实际问题的能力.

1. 学生原有知识

经过第一学段的学习,学生能体会整数四则运算的意义,能运用数及运算解决生活中的简单问题,并对结果的实际意义进行解释. 经过第二学段的学习,会用负数表示日常生活中的一些量,在实际情境中理解比的含义. 学生在小学学段对负数的了解多数源于生活. 例如:地下车库的楼层在−1,−2,−3楼;用去的钱可用负数表示等. 小学阶段的运算基本没有涉及负数. 少数学生通过自主学习掌握了加数中有负整数的加法运算. 通过学生访谈,教师基本了解学生运算能力的起点. 学生的先前学习经验认为分数运算是难点,而不同版本的教科书,在有理数加法运算的引入时均采用整数的数学情境引入. 学生能接受由整数举例所归纳出的有理数加法法则,但并不代表学生真正地理解有理数加法法则.

教师的先前教学经验中,学生总无法准确运算类似 $\left(-\dfrac{1}{3}\right)+\dfrac{2}{5}$ 的问题. 在教学中,教师需要帮助学生解决这类问题.

如表 2-3 所示,通过学生原有知识思维水平记录表,记录应答表现及人数,有助于教师知道学生在第二学段对非负有理数运算的掌握情况,以便调整教学.

表2-3　"1.3 有理数的加法(第一课时)"的学生原有知识思维水平记录表

核心问题	原有知识思维水平	记录学生应答表现	人数
请详细书写计算过程,并请详细口述解题思路	前结构水平(P)		
$1\dfrac{1}{3}-\dfrac{7}{12}+\dfrac{9}{20}-\dfrac{11}{30}$	单点结构水平(U)		
	多点结构水平(M)		
	关联结构水平(R)		
	抽象扩展结构水平(E)		

教师要求学生工整地在练习本上详细写出计算过程,以便教师查看学生练习本的解题过程. 教师有针对性地追问一些同学,请他们口述解答过程. 当然,这个问题不能完全准确地判断学生的运算能力. 比如,获得前结构水平的学生是因为完全

不懂还是不屑于回答这个问题.这个数据能帮助教师对全班学生的大致运算能力有所了解.

2. 教师意向

　　教师的教学积累和学习经验帮助其意识到有理数的加法法则是教学的重点和难点.学生对于"绝对值不相等的异号两数相加"存在疑问,尤其对于为什么"既要考虑符号,又要考虑绝对值"相当困惑."为什么要取绝对值较大的加数的符号?""为什么要用较大的绝对值减去较小的绝对值?"

　　在引入有理数加法时,教师需要有多元的策略,因为学生理解的角度不同,帮助学生理解"绝对值不相等的异号两数相加"时,可用"抵消"模型.利用 ⊕ 表示+1,⊖ 表示–1,则 ⊕ ⊖ 表示 0,而 ⊖ ⊕ 也表示 0,⊕ ⊖ 或 ⊖ ⊕ 都表示"抵消",见图 2-2,则 $(-2) + 3 = 1$.

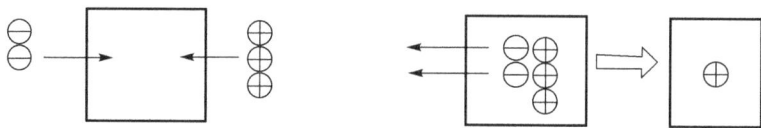

图 2-2　有理数加法运算的"抵消"模型

3. 学生意向

　　通过访谈,学生表示"可能初中的计算比小学复杂吧,小学时就经常算错数."学生没意识到初中有理数运算的学习和小学的非负数四则运算学习的区别.这些区别在于抽象性和承袭性.七年级的学生刚进入初中学习,对接下来的学习充满期待.这使得教师思考本内容的教学应当与学生原有的知识更紧密地联系,作为小学与初中的承接,教师需要在学习心理、知识经验、生活情境等方面进行衔接.[1]

4. 目标分析

　　知识与技能目标:让学生经历探索有理数加法法则的过程,理解有理数加法的意义.能够运用有理数加法法则熟练运算.

　　过程与方法目标:通过观察、对比,培养学生分类、归纳、概括能力,渗透由特殊到一般再到特殊的思想,体验知识产生的过程,解决实际问题.

　　情感态度与价值观目标:通过师生之间的对话交流,及时评价反馈,通过正面的指导性建议帮助学生树立进一步学习的信心.通过学生对具体问题的应答水平的分析,及时指引学生在更高的思维水平上获得跃升.

　　如表 2-4 所示,根据 SOLO 分类理论确立学习目标和成功标准,帮助教师客观地评价学生,也帮助学生自己清晰客观地评价自己的学习.

表 2-4　"有理数加法法则"的学习目标和成功标准

思维水平	学习目标	成功标准
单点结构水平(U)	结合物体在左右方向的运动理解同号两数相加	能列出算式、计算结果、用生活实例解释同号两数相加的意义
多点结构水平(M)	结合物体在左右方向的运动理解异号两数相加	能列出算式、计算结果、用生活实例解释异号两数相加的意义
关联结构水平(R)	总结出有理数加法法则	能口头表达有理数加法法则,进行三步以内的有理数加法运算
抽象扩展结构水平(E)	用符号表述有理数加法法则: 若 $a > b > 0$, 则 $(\pm a)+(\pm b)=\pm(a+b)$ $(\pm a)+(\mp b)=\pm(a-b),\ (\pm b)+(\mp a)=\mp(a-b)$ $0+a=a,\ 0+(-a)=-a$	能运用规范的数学语言抽象化地陈述有理数加法法则 受邀请的同学能"边算边讲"(边在黑板板演,边向同学陈述如何使用有理数的加法法则,能注意结果的符号和绝对值) 能帮助同学纠正错误,能运用有理数加法去解决实际问题

5. 教学过程和学习过程

(1) 引入

弗赖登塔尔(Freudenthal,1973)认为,教一个内容的最佳途径是联系学生的数学现实和生活现实,在将要传授的知识与学生已经在现实世界中积累的知识和经验之间、在将要传授的知识与已经教过的知识之间建立起紧密的联系. 在此以"情境数学化"方式引进有理数的加法运算法则,为学生创设熟悉并感兴趣的情境. 例如,规定向东为正,连续向东或向西是同号两数相加的模型,先向东(西)再向西(东)是异号两数相加的模型,这是难点. 让学生思考物体在数轴上运动的起点、终点、运动方向,请学生用图示表示每一个问题的结果,并根据所画运动示意图写出两数和的式子,以及两数和的结果,请学生根据图示,用自己的语言叙述这个过程并分小组讨论各自所发现的规律,归纳出有理数的加法法则.

(2) 活动

如表 2-5 所示,让学生完成"1.3 有理数的加法(第一课时)"运算法则的生成学习任务单,经历有理数加法运算法则的生成过程. 以小组合作的形式完成学习任务,经过小组合作学习后,各组选派代表陈述本组的见解. 教师通过聆听各组代表发言,了解学生对模型的理解情况;引导学生对自己的学习进行自我评价,同时及时给予教师评价;根据学生的应答分析学生的思维水平,给予进一步提高学习的建议. 通过活动,让学生自己总结出有理数加法法则.

表 2-5　"1.3 有理数的加法(第一课时)"运算法则的生成学习任务单

	学习任务	学生自我评价	教师评价
单点结构水平(U)	小学学过加法是正数与正数相加、正数与 0 相加,引入负数后,加法有哪几种情况		
多点结构水平(M)	观察物体在数轴上两次运动的模型,再把观察到的算式用自己的语言描述出该算式的意义: ① $(-5)+(-3)$;② $(-3)+5$; ③ $3+(-5)$;④ $5+(-5)$;⑤ $(-5)+0$		
关联结构水平(R)	请用数学语言归纳出有理数加法运算的运算法则		
抽象扩展结构水平(E)	请你再根据其他的情境,任意举一些例子,说明你对有理数加法运算法则的理解		

为了强化理解,教师让学生举例.学生结合支出与收入、赢利与亏损、上升与下降等情境解释法则的合理性.比如,以足球比赛净胜球的计算为例,若胜一球记作"+1",输一球记作"-1",则胜 2 球后又输 3 球,此队的净胜球数为 $(+2)+(-3)=-1$ 等.引导学生尽可能详尽地对"异号两数相加"加以解释,归纳法则:"同号两数相加,取相同的符号,并把绝对值相加;异号两数相加,取绝对值较大的加数的符号,并用较大的绝对值减去较小的绝对值;互为相反数的两数相加得零".

(3)评价

教师通过观察和提问,对班级整体和个别学生所处的思维阶段有了基本的了解和评价.客观、准确的评价,有助于引发学生进一步的思考.教师引导学生对自己的学习表现作出阶段性的评价,让学生对自己有更科学、系统和深刻的了解,有助于明确努力的方向,并在螺旋式的提高中获得深层式的学习方式.

(4)练习

以小组合作形式,讨论并解答下列问题.

问题 A(单点结构问题)　温度计读数显示我国某地今年 2 月份某天的最低气温是 -5℃,最高气温比最低气温高 12℃,那么这天的最高气温是_____℃.

问题 B(单点结构问题)　计算: $\dfrac{1}{2}+\left(-\dfrac{2}{3}\right)$.

问题 C(多点结构问题)　北京等 5 个城市的国际标准时间(单位:小时)在数轴上表示见图 2-3,如果将两地国际标准时间的差简称为时差,那么(　　).

　A. 首尔与纽约的时差为 13 小时　　　B. 首尔与多伦多的时差为 13 小时

　C. 北京与纽约的时差为 14 小时　　　D. 北京与多伦多的时差为 14 小时

图 2-3

问题 D（多点结构问题） 请你用生活实例解释 $5+(-3)=2$ 的意义.

问题 E（关联结构问题） 若 $|a|=2$，$|b|=3$，且 a 与 b 异号，求 $a+b$ 的值.

如表 2-6 所示，教师选择性地记录问题 B、问题 D、问题 E，着重记录单点结果水平、多点结构水平、关联结构水平上的学生应答. 通过学生阐述，在理解的基础上，帮助学生巩固理解性记忆，发展抽象性记忆. 鼓励学生在活动过程中反思，对自己的学习行为进行思考评价，使学习者可以很好地了解自己的优缺点及不足. 与他人分享自己的想法，同时得到他人对于同一问题的不同看法. 通过评价的及时反馈促进学生更好地感知、集中注意力、调控认知和元认知策略.

表 2-6 "1.3 有理数的加法（第一课时）"问题解决思维水平分析表

核心问题	思维水平	应答表现	应答表现人数	理解层次
问题 B 计算：$\dfrac{1}{2}+\left(-\dfrac{2}{3}\right)$	单点结构水平(U)			
问题 D 请你用生活实例解释 $5+(-3)=2$ 的意义	单点结构水平(U)			
	多点结构水平(M)			
问题 E 若 $|a|=2,|b|=3$，且 a 与 b 异号，求 $a+b$ 的值	单点结构水平(U)			
	多点结构水平(M)			
	关联结构水平(R)			

选择性练习（抽象扩展结构）：为学有余力的学生设计.

观察下列等式：$\dfrac{1}{1\times 2}=1-\dfrac{1}{2}$，$\dfrac{1}{2\times 3}=\dfrac{1}{2}-\dfrac{1}{3}$，$\dfrac{1}{3\times 4}=\dfrac{1}{3}-\dfrac{1}{4}$，将以上三个等式两边分别相加得 $\dfrac{1}{1\times 2}+\dfrac{1}{2\times 3}+\dfrac{1}{3\times 4}=1-\dfrac{1}{2}+\dfrac{1}{2}-\dfrac{1}{3}+\dfrac{1}{3}-\dfrac{1}{4}$.

猜想并写出：$\dfrac{1}{n(n+1)}=$＿＿＿＿＿＿＿＿.

直接写出下列各式的计算结果：

$\dfrac{1}{1\times 2}+\dfrac{1}{2\times 3}+\dfrac{1}{3\times 4}+\cdots+\dfrac{1}{2015\times 2016}=$＿＿＿＿＿＿＿＿.

$\dfrac{1}{1\times 2}+\dfrac{1}{2\times 3}+\dfrac{1}{3\times 4}+\cdots+\dfrac{1}{n(n+1)}=$＿＿＿＿＿＿＿＿.

探究并计算：$\dfrac{1}{2\times 4}+\dfrac{1}{4\times 6}+\dfrac{1}{6\times 8}+\cdots+\dfrac{1}{2014\times 2016}$.

6．学习成果

主要借助物体做左右方向的运动为模型，让学生体验知识的生成，当然教师提供的少量的生活背景难以帮助学生对有理数加法形成深刻的理解．教师通过鼓励学生，根据自己的理解举例，用例子说明有理数加法运算的意义．学生能够举出不少生活中例子，如以收入支出、球赛输赢球、温度计温度变化、学业成绩变化等为背景，陈述有理数加法的意义．学生通过陈述有理数加法法则，从不规范的口头语言表述开始，随着对法则的理解，能逐渐用规范的叙述语言表述加法法则．教师为学生设计了关联结构水平的作业练习．

7．作业设计（关联结构水平）

1）某出租车一天下午以鼓楼为出发地在东西方向营运，向东走为正，向西走为负，行车里程（单位：km）依先后次序记录如下：+9，−3，−5，+4，−8，+6，−3，−6，−4，+10，将最后一名乘客送到目的地，出租车离鼓楼出发点多远？在鼓楼的什么方向？

2）10 袋（单位：千克）小麦称后记录见图 2-4，10 袋小麦一共多少千克？如果每袋小麦以 90 千克为标准，10 袋小麦总计超过多少千克或不足多少千克？

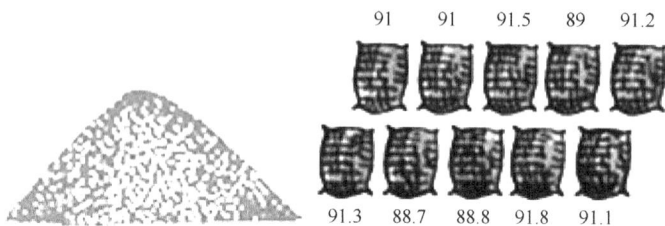

图 2-4

8．教师评价和学生评价

学习评价的主要目的是为了全面了解学生数学学习的过程和结果，激励学生学习和改进教师教学．评价既要关注学生学习的结果，又要重视学习的过程；既要关注学生数学学习的水平，又要重视学生在数学活动中所表现出来的情感态度，帮助学生认识自我、建立信心．

学生在数学学习过程中，知识技能、数学思考、问题解决和情感态度等方面的表现不是孤立的，这些方面的发展综合体现在数学学习过程之中．在评价学生每一个方面表现的同时，要注重对学生学习过程的整体评价，分析学生在不同阶段的发展变化．

9. 下阶段的教学和学习准备

通过学生对问题的应答情况，发现学生对于加法算式能够用法则进行计算，但是在关联结构水平和抽象扩展水平的问题应答上，表现不佳. 这说明教师应当进一步指导学生取得思维水平的跃升.

第四节　基于 SOLO 分类理论的课堂实录

——以"1.4 有理数的乘除法(第一课时)"为例

有理数乘法运算的理解包括对有理数乘法运算意义的理解，对有理数乘法运算算理、法则的理解. 学生遵循算法进行机械计算很容易，但理解其中的算理并不容易. 因此，在教学中教师注重使学生理解法则背后的数学道理.

1. 学生原有知识

(1)负数的引入，通过"相反意义的量"的表示引出负数概念

例：用+3 米表示向东 3 米，则-3 米表示向西 3 米.

(2)有理数加法的运算法则

例：$(-3)+(-3)=-6$，$(-3)+(-3)+(-3)+(-3)=-12$，$\left(-\dfrac{3}{4}\right)+\left(-\dfrac{3}{4}\right)+\left(-\dfrac{3}{4}\right)=-\dfrac{9}{4}$.

(3)非负数的加法和乘法的关系

一个数乘整数(正整数)，是求几个相同加数的和的简便运算；一个数乘分数(正分数)是求这个数的几分之几是多少？例：$3+3+3+3+3+3=3\times6=18$.

(4)非负数的乘法交换律、分配律

例：a,b,c 均为非负数，则 $(a+b)c=ac+bc$.

(5)课前的自主学习

学生课前自主学习课本"1.4 有理数的乘法(第一课时)"，教师通过表 2-7 初步分析学生对有理数乘法法则的学习情况.

表 2-7 "1.4 有理数的乘法(第一课时)"课前自主学习反馈表

学生姓名:　　　　　　　学生意向:

序号	核心问题	疑问
1	运算: (1) $6\times(-9)$;　(2) $(-4)\times6$;　(3) $(-6)\times(-1)$	
2	商店降价销售某种商品,每件降 5 元,售出 60 件后,与按原价销售同样数量的商品相比,销售额有什么变化?	
3	写出以下各数的倒数: (1) 5;　(2) -1;　(3) 0.25;　(4) -0.5	

2. 教师意向

希望学生获得体验,不代替学生思维,不代替学生成长. 为学生解决困惑,帮助学生形成对于有理数乘法运算法则的正确理解,帮助学生正确运用有理数乘法运算法则.

3. 学生意向

希望能解决预习中产生的疑问,希望获得教师的肯定并在课堂学习中有展示的机会,希望自己能够准确掌握有理数乘法法则并能准确运算.

4. 课程分析

(1)教学内容

人教版《数学》七年级上册"1.4 有理数的乘法(第一课时)".

(2)教学目标

知识与技能目标:理解有理数乘法法则,能利用有理数乘法法则计算两个数的乘法;能说出有理数乘法的符号法则,能用例子说明法则的合理性.

过程与方法目标:以有理数运算知识的发生发展过程为载体,通过观察、实验、比较、归纳、猜想、推理、反思等的数学思维活动过程,引导学生的思考、探究活动,在领悟有理数乘法运算法则内涵的过程中,体会从特殊到一般,从具体到抽象的研究过程和方法,既学会发现,又学会归纳、概括,从而逐步提高学生的思考力,培养用数学的思想和方法来思考和处理问题的习惯.

情感与态度目标:鼓励学生独立思考、自主探究,进而归纳有理数乘法法则;使学生理解有理数乘法运算来源于生活,并运用于生活实际.

(3)教学重点与难点

教学重点：两个有理数相乘的符号法则.

在数系及其运算的扩充过程中，核心的问题是在添加了一类"新数"后，所引进的新数之间的运算如何归结到原有的数之间的运算而定义运算法则，进而使原有的运算律在新的数系中得以保持.

教学难点：有理数乘法运算的理解.

在帮助学生接受有理数乘法运算法则合理性的同时，渗透"承袭性原则".

(4)教材地位

有理数的乘法是继有理数的加减法之后的又一种基本运算. 有理数乘法既是有理数运算的深入，又是进一步学习有理数的除法、乘方的基础，对后续代数学习是至关重要的.

与有理数加法法则类似，有理数乘法法则也是一种规定，给出这种规定要遵循的原则是"使原有的运算律保持不变". 本节课要在第二学段已掌握的乘法运算的基础上，通过合情推理的方式，得到"要使正数乘正数(或 0)的规律在负数乘正数、正数乘负数、负数乘负数时仍然成立，那么运算结果应该是什么"的结论，从而使学生体会乘法法则的合理性. 与加法法则一样，负数乘正数、正数乘负数、负数乘负数的法则，也要从符号和绝对值来分析. 由于绝对值相乘就是非负数相乘，因此，这里关键是要规定好含有负数的两数相乘之积的符号，这是有理数乘法的本质特征，也是乘法法则的核心.

5. 教学过程和学习过程

教师为学生营造安全的学习氛围，诚恳地激励学生，并作出准确的示范. 以对话交流的方式展开学习活动，让更多的学生获得展示、陈述的机会，让学生不要害怕将错误暴露出来. 通过学生的展示、陈述，外显学生的学习情况(T：表示教师的发问，S：表示学生的应答).

T(问题 1)：两个有理数的乘法运算会出现哪几种情况？

S1：正数×正数、正数×负数、负数×负数、0×任何数.

S2：正数×正数、正数×负数、负数×正数、负数×负数、0×有理数、有理数×0.

S3：正数×正数、正数×0、正数×负数；负数×正数、负数×0、负数×负数、0×正数、0×0、0×负数.

教师简短评价：三位同学都讲得非常好，S1 的分类很简练，S2，S3 两位同学的思考相当缜密，考虑到乘数和被乘数的情况不同，分类能做到不重不漏.

T(问题 2)：两个有理数的乘法运算的哪几种情况已经学过？

S4：正数×正数、正数×0、0×正数、0×0 已经学过.

T(问题 3)：本节课我们来探索余下几种情况，观察下面的乘法算式中的两个因数与积，你能发现什么规律？

$$3 \times 3 = 9, \quad 3 \times 2 = 6, \quad 3 \times 1 = 3, \quad 3 \times 0 = 0, \cdots$$

学生总结：前一因数是 3，后一因数逐次递减 1，积逐次递减 3.

T(问题 4)：要使这个规律在引入负数后仍然成立，那么 $3 \times (-1) = -3$，这是因为后一因数从 0 递减 1 就是–1，因此积应该从 0 递减 3 而得–3，根据这个规律，下面的两个积应该是什么？

$$3 \times (-2) = \underline{\hspace{2cm}}, \quad 3 \times (-3) = \underline{\hspace{2cm}}.$$

T(问题 5)：从符号和绝对值两个角度观察这些含正数乘负数的算式，你能说说它们的共性吗？

学生总结：正数乘负数，积都为负数，积的绝对值等于各乘数绝对值的积.

T(问题 6)：观察下面的乘法算式中的两个因数与积，你能发现什么规律？

$$3 \times 3 = 9, \quad 2 \times 3 = 6, \quad 1 \times 3 = 3, \quad 0 \times 3 = 0, \cdots$$

学生总结：前一因数逐次递减 1，后一因数是 3，积逐次递减 3.

T(问题 7)：要使这个规律在引入负数后仍然成立，那么 $(-1) \times 3 = -3$，这是因为后一乘数从 0 递减 1 就是–1，因此积应该从 0 递减 3 而得–3. 根据这个规律，下面的两个积应该是什么？

$$(-2) \times 3 = \underline{\hspace{2cm}}, \quad (-3) \times 3 = \underline{\hspace{2cm}}.$$

学生总结：负数乘正数，积都为负数，积的绝对值等于各乘数绝对值的积；异号两数相乘，积的符号为负，积的绝对值等于各乘数绝对值的积.

教师简短评价：大家能够迅速地发现规律. 但是一开始，大家尝试用语言表述这个规律的时候，并不顺利. 数学学习中将找到的规律口述出来，甚至用规范的语言表征出来，是一件相当了不起的事情. 在每一次的尝试，每一次更规范的努力中，大家相互补充，最后得到很精确的描述. 你们太棒了.

小组活动 1：利用上面归纳的结论，通过小组讨论，完成下面的算式并探究其中的规律.

$$(-3) \times 3 = \underline{\hspace{2cm}},$$
$$(-3) \times 2 = \underline{\hspace{2cm}},$$
$$(-3) \times 1 = \underline{\hspace{2cm}},$$
$$(-3) \times 0 = \underline{\hspace{2cm}}.$$
$$(-3) \times (-1) = \underline{\hspace{2cm}},$$
$$(-3) \times (-2) = \underline{\hspace{2cm}},$$
$$(-3) \times (-3) = \underline{\hspace{2cm}}.$$

学生总结：两个负数相乘，积的符号为正，积的绝对值等于各乘数绝对值的积.

综合以上各种情况，学生总结：两数相乘，同号得正，异号得负，并把绝对值相乘. 0 乘任何数都得 0.

　　小组活动 2：探究算式的意义并展示每组所编写的数学情境.

$$(-4)\times 6,\quad 4\times(-6),\quad (-4)\times(-6).$$

　　教师记录：学生在说明算式 $(-4)\times 6$，$4\times(-6)$ 的意义时，由于受第二学段经验影响，认为乘法满足交换律是自然而然的事情. 几乎所有的学生都把 $4\times(-6)$ 变成 $(-6)\times 4$，然后再来解释算式的意义(这可能就是克莱因(F.Klein)所说的"人们不由自主地在一般情况下使用某些规则，而不管这些规则是在特殊情况下得到的").

　　T：把 $4\times(-6)$ 解释成 -6 的 4 倍，-6 的 4 倍是什么意思？

　　S5：4 个 -6 相加的和.

　　T：能进一步解释一下吗？(教师运用了追问的技巧)

　　S5：可以，原来我们区分乘数和被乘数，现在不区分了，都叫做因数，都叫因数就平等了.

　　教师记录：在学生看来，都叫因数了，因数的地位就平等了，也就是默认了乘法交换律是成立的，很自然地，把以上式子交换过来进行解释. 这就把正数乘负数的问题转化为负数乘正数的问题. 常见的学生解释有三种：倍、和、现实情境. 用"倍"来解释：比如，$(-4)\times 6$ 表示 -4 的 6 倍是多少？结果是 -24. 用"和"来解释：比如，$4\times(-6)$ 就是 4 个 -6 相加是多少. 用现实情境解释：学生在使用现实情境解释的过程中，表述比较模糊.

　　教师记录：教师把学生关于 $(-4)\times(-6)$ 的理解详细记录.

　　S6：一天，有一只小蜗牛在桌子上爬，以每分钟 4 厘米的速度向左爬行，假设向右爬行为正，向左爬行为负，小蜗牛 6 分钟前距离原地多少米？

$$-4\times(-6)=24（米）.$$

　　答：因为小蜗牛走了 4 个 -6 米，所以距离原地 24 米.

　　S7：一只蚂蚁在数轴的原点上，向西为负，向东为正，蚂蚁向西走了 4 米，到了 -4，如果让它走 -6 个 -4，就会向东走，走至 24，所以负负得正.

　　S8：在一条东西走向的马路上，东正，西负，设一次可行走 4 米，向西走 -4 米就是向东走 4 米，向西走 -6 次就是向东走 6 次，所以 $-4\times(-6)=24$ 米，所以就是向西走 -6 次 -4 米为向东走 6 次 4 米.

　　S9：假设一个小女孩在游泳，设向前游为正，向后游为负，小女孩每分钟可游 6 米，她开始向前游，假设时光倒流，时间为负，小女孩虽然在往前游，但因为时间为负，她其实每分钟游了 -6 米，时光倒流 4 分钟后，小女孩距离原点 24 米，所以

$$(-6)\times(-4)=24（米）.$$

　　S10：有个人和朋友玩游戏：接豆子. 朋友抛 6 颗豆子，接到记 $+4$ 分，接不到记 -4 分. 而接到一颗豆子记 $+1$ 分，接不到一颗豆子记 -1 分. 朋友后来一颗豆子也没接到，求朋友一共被扣多少分？

$$(-6) \times (-4) = 24（分）.$$

学生 S6 未能很好区分"正数×负数"和"负数×负数"；学生 S7 对于"6 个"表示什么意思，未能解释清楚；学生 S8 在描述"向西走–6 次"时用了两个量：方向、次数；学生 S9 不知怎样进一步解释"时光倒流，时间为负，小女孩虽然在往前游，但因为时间为负，她其实每分钟游了–6 米"；学生 S10 的解释很有意思，但最后的描述是"朋友一共被扣 24 分"，相应的"朋友一共得多少分"意思则刚好相反了.

经过课堂学习，学生们经过陈述、调整，能表征结论：两数相乘，同号得正，异号得负，并把绝对值相乘；0 乘任何数都得 0. 但是学生没能很好地运用具体的数学情境，解释这一结论. 这个难点的突破，需要师生间进一步交流. 全班 63 位学生中，能准确作出描述的仅有 3 个学生. 为此，教师除了展示他们的学习成果，还请这几位学生作为示范，向其他学生解释，帮助其他同学修正他们的结论.

S11：设海平面以上为正数，以下为负数. 0℃以上为正数，0℃以下为负数. 若某地海平面的温度是 0℃，海平面每下降 1 米，温度下降 4℃，那么海平面以下 6 米与海平面的温差是多少？

S12：若用正负数来表示气温变化量与高低的量，升为正，下降为负. 登山队在一条小山道上，温度正好是 0℃，每登高 1 千米时，气温变化量为–4℃，则爬下 6 千米后，温度是多少呢？

S13：今天的气温为 0℃. 每天下降 6 度，记为–6，今天记为 0，昨天记为–1，前天记为–2，大前天记为–3，四天前记为–4，$(-6) \times (-4)$ 就是四天前的度数，就是 24℃.

为了拓宽学生的理解，教师有选择性地、不同角度地为学生展示了两种解释. 第一种：人教版教科书为教师选配的"水池中的水位的变化模型". 第二种：基于负数的性质展开的解释. 教师把第二种解释发放给学生，鼓励学生先阅读，告诉学生主动地进行数学文本的阅读，可以开阔视野. 教师鼓励学生利用网络资源、图书馆资源等搜索关于"负负得正"的解释，并把自己能够理解的解释向同伴分享.

借助负数的本质推导有理数乘法法则

著名数学家 R.柯朗及 H.罗宾在《什么是数学》中进一步解释道："引进了符号–1，–2，–3，…，以及对 $b < a$ 的情况，定义 $b - a = -(a - b)$，这保证了减法能在正整数和负整数范围内无限制地进行.

在有理数范围内，借助负数的本质，将有理数乘法转化为非负数乘法来讨论(但要事先规定：零乘任何数都等于零). 不妨用 a，b 表示任意两个正有理数，用–a，–b 表示任意两个负有理数. 对任意两个非零有理数相乘的情况有四种：

正数×正数，即 $ab = ba$；

正数×负数，$a \times (-b) = a \times (0 - b) = a \times 0 - a \times b = 0 - ab = -(ab - 0) = -ab$；

负数×正数，$(-a) \times b = (0 - a) \times b = 0 \times b - a \times b = 0 - ab = -(ab - 0) = -ab$；

负数×负数，$(-a)\times(-b)=(0-a)\times(-b)=0\times(-b)-a\times(-b)=0-a(-b)=-a(-b)$
$$=-(-ab)=-(0-ab)=ab-0=ab.$$

例 1　计算：$(-3)\times9$；$8\times(-1)$；$\left(-\dfrac{1}{2}\right)\times(-2)$.

S14 展示学习情况，该名学生在黑板上边板书边讲解，示范解题规范并征询同学是否有所质疑.

教师借助 $\left(-\dfrac{1}{2}\right)\times(-2)=1$，引出倒数的定义：一般地，在有理数中仍然有乘积是 1 的两个数互为倒数.

练习　写出以下各数的倒数：5；-1；$\dfrac{1}{3}$；$-\dfrac{2}{3}$.

全班 63 位学生，有 2 位学生混淆了倒数和相反数的概念，得到 5 的倒数为 "-5"；有 5 位学生因为不清楚 -1 的倒数是什么而放弃作答，18 位学生得到错误结论 "-1 的倒数是 1"，错误率约为 40%；认为 $-\dfrac{2}{3}$ 的倒数是 "$\dfrac{3}{2}$" 的有 12 位学生，错误率约为 19%.

相反数和倒数的知识容易引发混淆，以广东省 2014 年中考题为例：3 的倒数是（　　），全省有将近 5.8% 的考生答案为 "-3".

从全班学生完成负数的倒数的练习来看，错误率很高. 学生没有将本节新学内容学以致用，迁移到倒数的理解上. 既然 "乘积为 1 的两个数互为倒数"，则根据 "两数相乘，同号得正，异号得负，并把绝对值相乘" 的有理数乘法运算法则可知，正数的倒数应为正数，负数的倒数应为负数，0 没有倒数.

教师在教学中充分利用学生的错误，纠正理解的不足，帮助学生得到正确的理解. 教师通过数据，准确地知道学生的问题所在，有利于教师调整教学.

学生自主小结所学知识：两数相乘，同号得正，异号得负，并把绝对值相乘，0 乘任何数都得 0；乘积是 1 的两个数互为倒数.

6. 学习成果

学生在归纳运算法则时，能注重从符号和绝对值两个角度着手；在具体运算中，知道 "先确定符号，再算绝对值"；能明确 "与负数有关的运算，可以借助绝对值，将它们转化为正数之间的运算"；基本实现预设的教学目标，对有理数乘法的运算法则的错误理解得到一定程度的纠正. 学生在经历具体情境到总结规律的过程中，从不够流畅地表述乘法运算法则，到能够较准确地运用数学语言表征结论，这是可喜的成果.

学生在本节课的学习中独立思考，主动探索；通过积极主动地回答老师的问题，借助语言表征反映自己对问题的理解程度，使得教师及时发现错误成因并能和学生一起修正错误理解，最终形成对有理数乘法法则的正确理解.

7. 作业设计

教师为学生播放 BBC 纪录片《数学的故事(1)》，让学生在欣赏纪录片的过程中感受数学的发展史，激励学生获得积极的学习动机. 请学生在练习本上完成教科书的两道练习题，并请学生认真详细作答. 教师及时批阅并针对学生书面表达的情况对部分学生展开个别化的指导.

8. 教师评价和学生评价

仅仅考察学生的计算结果是否正确并不能检测学生是否理解了知识. 对学生数学学习的评价，要关注学习的结果，更要关注学习的过程. 在中学阶段中，受到学生的知识水平和理解水平的限制，教师不可能对运算法则做严格的演绎证明，但教师也不必刻意绕开. 教师不妨通过多元的角度，让学生获得有理数乘法法则合理解释的途径. 这有助于学生高水平思维的形成. 引导学生采用合情推理的方法探究发现数学结论，使他们在自己的认知和思维水平的范围内感受这些结论的合理性.

9. 下阶段的教学和学习准备

多个因数相乘及有理数乘法运算律是本节课的后续知识，师生在完成本节课的学习后积极准备后续内容的教学和学习.

第五节　基于 SOLO 分类理论开展教学访谈和调查

1. 师生访谈

有 6 年教龄的李老师表示："在自己的教学设计中，没有考虑这么多的因素. 主要的考虑仍是如何落实教科书要求的教学内容. 学生虽然经过两个学段的运算学习，但感觉学生使用计算器而导致笔算能力偏弱，教学中较多地围绕学生做错的题做更正. 看了 SOLO 分类理论下做的教学设计，得到启发，教师的备课要很充分，不仅要围绕教材的内容展开，为了加深学生的理解，还需要寻找更多的素材辅助教学. 这一点，是自己没考虑的."

刚参加工作的梁老师表示："自己在教学中很怕耽误时间，让学生去口述发现的规律，学生也讲得不够清楚. 让学生用生活情境解释有理数加法的算式还好，但在解释有理数乘法算式的合理性时，非常不顺利. 这样，让我很不放心. 耽误了那么多的时间，学生升上初中要学习的科目比小学多多了，学生的课后时间很少，课堂上的时间不敢浪费呀. 所以，没太让学生去表述."

一位高级教师表示："我教这么久，积累了不少学生的错题. 我把这些错题做在

PPT 上,上课的时候一题题地给学生过关,感觉这样学生的运算正确率会高一些. 我会不间断地提问学生,让他们回答运算法则. 学生的能力是练出来的. 现在的课标要求一味地降低难度,运算要求在三步以内,不采用复杂的数字. 如果课堂教学不高于这个要求,学生中考一定吃亏. 你看,去年的省中考题的运算量这么大,学生不从初一打下基础,他们怎么应付. 运算能力不是一下子说提高就提高得了的. 学生的运算技巧也要过关,不过关他们连怎样快速地检查自己有没有算错都不知道. 你看很多学生,在考试的时候就是查不出自己的错误,这就是不懂用多种方法多算一遍的结果. 总之,学生要结结实实地练,限时训练的效果是最好的."

年青教师李老师表示:"您说的 SOLO 分类理论,我们很陌生,也不太看得明白,但是感觉教学模型中提到的理念,和现在一些新的教学理念说法比较相似. 比如,学生的原有知识. 在《学习的本质》这本书上,我也看到了. 还有所说的评价,这是新课标特别要求的. 但是,我们怎样在课堂上实施评价,这要设计好多表格,长期这样做,教师在上课的时候还是很辛苦的."

教学组长鲍老师表示:"我们从 SOLO 教学模型中感受到最深的一点,关心学生怎样学. 不过,学生的学习真的不好观察,不好判断,挺内隐. 我们的确要更加关心学生在课堂上,真正的学习发生了没有. 感觉你的课堂,学生挺活跃的,就不知道活跃之下,学生的运算光说少动笔,能不能保证计算的正确率. 另外,老师准备的素材很丰富. 尤其在教有理数加法运算的时候,不仅仅用课本教材引入的处理方法,还为学生介绍了'抵消'的模型,我们感觉这样学生会明白一些."

参加全省青年数学教师优质课比赛获得特等奖的姚老师表示:"用 SOLO 分类理论去评价学生的应答水平,感觉可操作性比较大. 但是,有些应答,我们感觉不知道应该确认为哪个思维水平. 不过,这种评价方式还是值得我们好好学习的. 起码一点,作为教师,做教学设计不能光看知识点的落实,还要结合如何引发学生的学来做文章. 学生的学习动机是最重要的."

SOLO 分类理论,作为一种新的评价方式,其理论根植于多数学科大量的样本研究而形成,对教师的教学和学生的学习均有指导价值. 但是该理论还不能被广泛教师接触和学习,其普及性还有待大力推广. 其理论在评价学生的应答结构时的确会存在一些模棱两可之处,但是并不妨碍该理论被作为新的、形成性为主的评价手段而得到关注. 教师对该理论及该理论采用的教学模型比较认可,但是,在目前的教学考试氛围下,教师始终念念不忘让学生进行解题训练. "算得快,算得准"依然是非常看重的技能. 当然,SOLO 分类理论从不否认学生需要专注练习,但是一定要在理解的基础上. 纯粹的程序性运算不会带来学生高思维水平的提升.

学生 20150744 表示:"老师上课的方式很特别,很喜欢听我们说,还让我们去解释算式的合理性,这很不同,而且,老师总是鼓励我们问问题,不过有时,一些同学讲小话."

学生 20150739 表示:"我们觉得这样学习会开阔视野,我觉得老师能够解决我学习的疑难. 老师鼓励我们在完成全班学习任务的前提下,完成一些自主选择的习题."

学生 20150760 表示："老师在课堂上鼓励我们说，我们班有些同学很厉害，讲得很好，他们知道的也很多，感觉他们看了不少书，感觉自己要努力."

学生 20150708 表示："我们现在上课，不光是做题，而且老师给的学习任务也不简单，有时要很努力地想，感觉和小学很不同. 小学有时会做一些重复的练习，一些知识我们都懂了，老师还在让我们做."

学生 20150711 表示："我觉得做那种应用的题，不大擅长，要理解题目的意思，比如做那种有时差的题，我弄不明白两个地区，一个时间比另一个时间早是什么意思. 感觉上课时候要完成的习题，要认真想才行，好像做数学题还要知道很多东西."

学生们比较认可课堂鼓励思考的氛围，都表示课堂的练习不是一下子就能做出来的，而且，老师鼓励学生展示，鼓励学生说，鼓励学生提问，鼓励做得快的同学帮助想不明白的同学.

2. "有理数的运算"调查问卷分析

为了了解学生关于有理数运算的学习成果结构，编制了"有理数的运算"调查问卷，发放问卷 63 份，回收问卷 63 份，有效问卷为 63 份.

(1)运用四则运算定义新运算：若等式 $(14 * 1) * a = 10 * 5$ 成立，请讨论*运算可能是四则运算的什么运算？此时 a 的值是什么？

39 位学生通过详细的分类讨论，分别假设 "*" 运算是加法、减法、乘法、除法运算. 若 "*" 运算是加法运算，则 $a = 0$；若 "*" 运算是减法运算，则 $a = 8$；若 "*" 运算是乘法运算，则 $a = \dfrac{25}{7}$；若 "*" 运算是除法运算，则 $a = 7$. 其中有三位同学特别强调若 "*" 运算是除法运算，则 a 作为除数，a 不能为 0，对于计算结果 $a = 7$，这个结果是合理结果. 从学生的应答可以看到，这三位同学对除法运算的思考相当严密，关注到除数不能为 0 的要求. 同样是正确分类，正确作答，教师认为该三位学生的思维水平稍高于其余的同学. 这 39 位学生中，有 1 位学生认为："*运算除了可以单一地理解为加法、减法、乘法、除法运算外，*运算可能也是一个可以变化的运算，所以给出了第五种的分类讨论，并得出算式

$$(14 * 1) * a = (14 + 1) \div a = 10 - 5, \quad 此时 a = 3 .$$

教师通过和该生面谈，交流了大家对这个算式的看法，最后认为这种想法会妨碍我们对某一个符号进行定义的规则性，如果运算符号的定义随机变化，则无法顺利运算. 当然，教师认可学生跳开四则运算的框架，思考其他的运算的可能性的想法值得鼓励. 并且，就该生的理解能力，教师打破四则运算的框架，告知学生如果 "*" 运算表示的是乘方运算，可以得到算式

$$(14 * 1) * a = (14^1)^a = 10^5 .$$

该生虽然作了五种分类，但并未因此表现出其思维水平更高于其他的 37 位同学.

有 18 位同学，能分别假设"*"运算是加法、减法、乘法、除法运算，在对这四种分类进行计算时，出现一个或两个结果运算错误．其中 4 位学生加法运算出错，4 位学生减法运算出错，6 位学生乘法运算出错，6 位学生除法运算出错．

有 5 位学生放弃作答或者只作出一种讨论但计算出错，其中 1 位学生的应答为："将$(14*1)$看作一个整体 b，则 $b*a = 10*5$，则 $b = 10$，$a = 5$，$14*1 = 10$"，学生解释："我觉得这样会很快地得到结果．"学生在简单的理解水平上的迅速收敛，使得他没能表现出更高的思维水平，教师鼓励该生再细心思考，争取获得更高思维水平的跃升．通过个别化的交流指导，让学生理解字母可以代替一切数，$b*a = 10*5$，则 $b = 10$，$a = 5$的理解错误的原因需要回归到小学学段对分数的理解上．

有 1 位学生错看原题的数据(图 2-5)，所列算式成立，部分计算准确．对于该生的应答水平的确定，几位教师产生了分歧．

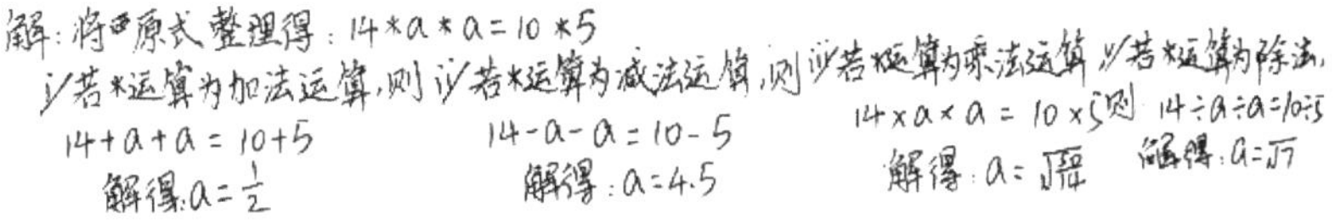

图 2-5

有教师认为该生的应答水平应该是单点结构水平，因为乘法运算和除法运算的结果均不准确．有教师认为该生的应答水平应该是多点结构水平，因为该生具备了分类讨论的能力，算式"$14 \times a \times a = 10 \times 5$，以及 $14 \div a \div a = 10 \div 5$"均涉及一元二次方程的运算，已经远远超越了七年级学生的思维水平，运算的不准确是合理的．尽管教师之间对该生的思维水平划分存在分歧，但达成共识：在传统的评卷标准下，该生该问题的应答属于完全错误，但是在 SOLO 分类理论下，该生的应答应当获得部分得分．

综上，"有理数的运算"调查问卷 SOLO 水平(问题 1)分析表见表 2-8.

表 2-8　"有理数的运算"调查问卷 SOLO 水平(问题 1)分析表

问题	原有知识思维水平	应答表现	应答表现人数	理解层次
问题 1	前结构水平(P)	放弃作答，只作出一种讨论但计算出错	5 人	无
	单点结构水平(U)	作出一种讨论，计算正确；错看原题的数据，所列算式成立，部分计算准确	1 人	浅层次
	多点结构水平(M)	作出少于四种情况的讨论，计算正确；作出了四种情况的讨论但计算中出现了运算错误	18 人	较浅层次
	关联结构水平(R)	作出四种情况的讨论，计算正确；作出了少于四种情况的讨论但对*运算可能是复合运算作了合理的解释	39 人	较深层次

(2)请你先计算$(-2) \times (-3)$，然后用尽可能多的方法，如文字解释、画直观图、算式表示等说明你的答案是正确的，说明得越详细越好

错误的解释举例：学生尝试用绝对值、长方形面积、相反数、加法描述乘法、生

活情境等方式表示，只能采取牵强的方式表达，说明学生对"负负得正"的理解相当困难，尽管放弃计算或错误计算$(-2)\times(-3)$的学生是 9 人，但更多的学生是能够通过记忆记住"负负得正"，机械地使用这一工具得到正确的答案为 6，在传统的评卷方式下，学生不理解"负负得正"但不妨碍他们的得分.

1) 因为$|-2|\times|-3|=6$，所以$(-2)\times(-3)=|-2|\times|-3|=6$.

2) 如图 2-6，在平面直角坐标系中，直线$x=-3$，直线$y=-2$，这两条直线和坐标轴所围成的四边形的面积为 6.

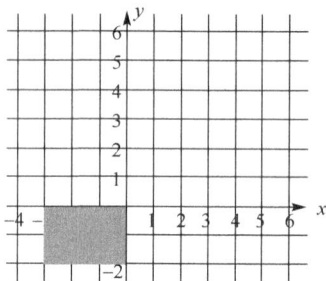

图 2-6

3) -2 个(-3)相加，等于 2 个(-3)相加的相反数为 6.

4) $(-2)\times(-1)=0-(-2)=2$，$(-2)\times(-2)=0-(-2)-(-2)=4$，

$(-2)\times(-3)=0-(-2)-(-2)-(-2)=6$.

5) 某人汽车速度为每小时走 2 单位长度，三小时前他开始向西骑行，向西骑行记为负，现在他距离原点$(-2)\times(-3)$米，即 6 米.

合理的解释举例：全班 63 位学生中，没有人能给出超过两种的合理解释，仅有 4 位学生给出两种合理解释，12 位学生给出一种合理解释，学生在进行问卷的答卷时表示对于这题："不知道怎么说."

1) 默认多项式乘多项式的运算：$(-2)\times(-3)=(1-3)\times(1-4)=1-4-3+12=6$.

2) 默认乘法分配律：

$$(-2)\times(-3)=(0-2)\times(0-3)$$
$$=0\times(0-3)-2\times(0-3)$$
$$=-2\times(0-3)$$
$$=-(2\times0-2\times3)$$
$$=6.$$

3) 不完全归纳法：

$$(-2)\times3=-6,\quad(-2)\times2=-4,\quad(-2)\times1=-2,\quad(-2)\times0=0,$$
$$(-2)\times(-1)=2,\quad(-2)\times(-2)=4,\quad(-2)\times(-3)=6.$$

4) 一次函数的图象：在平面直角坐标系中描出点$O(0,0)$，$A(1,-2)$，连接O，A两点得到直线$y=-2x$，过$(-3,0)$作x轴的垂线$x=-3$，直线$y=-2x$与直线$x=-3$相

交于第二象限，交点的坐标为 $(-3,6)$ ，则 $-2×(-3)=6$.

5) 相反数模型：$(-2)×(-3)=-[2×(-3)]=-[-(2×3)]=6$.

6) 车在东西方向的公路上行驶模型：一辆汽车在一条东西走向的公路上行驶，车速为每分钟 2 千米，车从收费站开始往东行驶记作正，往西行驶记作负，现在汽车从收费站开始往西行驶，则 3 分钟前,汽车在什么位置？答案是收费站以东 6 千米.

不严谨的解释举例：

1) -2 为 2 的相反数，-3 为 3 的相反数，$(-2)×(-3)$ 可以理解为 $2×3$ 的积的相反数的相反数.

2) $(-2)×(-3)=(-1)×2×(-1)×3=(-1)×(-1)×2×3=1×6=6$.

3) 构造除法运算，因为 $6÷2=3$ ，所以 $6÷(-2)$ 不可能是 3，商只能是 -3 ，则 $6÷(-2)=-3$ 成立，反过来就有 $(-2)×(-3)=6$.

综上，"有理数的运算"调查问卷 SOLO 水平(问题 2)分析情况见表 2-9.

表 2-9　"有理数的运算"调查问卷 SOLO 水平(问题 2)分析表

问题	原有知识思维水平	应答表现	应答表现人数	理解层次
问题 2	前结构水平(P)	放弃作答，只进行运算但结果出错	9 人	无
	单点结构水平(U)	算出正确结果，进行了同义反复的解释或错误解释	38 人	浅层次
	多点结构水平(M)	算出正确结果，给出一个合理的解释	12 人	较浅层次
	关联结构水平(R)	算出正确结果，给出两个合理的解释	4 人	较深层次
	抽象扩展结构水平(E)	算出正确结果，给出多于两个的合理解释	0 人	深层次

(3) 计算(请写出计算过程) $-3\dfrac{1}{2}-\left(-2\dfrac{1}{3}\right)+\left(-\dfrac{1}{6}\right)-\dfrac{1}{12}$

通过本题考查学生对有理数加减混合运算的学习情况，从学生的应答水平看，不能准确通分是运算出错的主要原因，能准确通分的学生中有 4 位不能运用有理数加法运算计算绝对值不相等的异号两数相加的问题.多数学生倾向于直接运算，而采用把带分数化为整数和分数两部分的学生不多，访谈中学生表示："计算并不难，认为没必要使用技巧，把带分数化为整数和分数两部分反而更容易导致符号出错."本题调查问卷 SOLO 水平分析情况见表 2-10.

表 2-10　"有理数的运算"调查问卷 SOLO 水平(问题 3)分析表

问题	原有知识思维水平	应答表现	应答表现人数	理解层次
问题 3	前结构水平(P)	放弃作答或不能准确把有理数加减混合运算写成去掉括号的代数和形式	4 人	无
	单点结构水平(U)	不能准确计算，但能把有理数加减混合运算写成去掉括号的代数和形式，通分出错	6 人	浅层次
	多点结构水平(M)	不能准确计算，但能把有理数加减混合运算写成去掉括号的代数和形式，通分正确	4 人	较浅层次
	关联结构水平(R)	通分正确并能准确进行加减混合运算	49 人	较深层次

(4)计算(请写出计算过程)$1+\dfrac{1}{1+2}+\dfrac{1}{1+2+3}+\dfrac{1}{1+2+3+4}$

本题完全放弃作答的学生有 9 位,教师询问几位放弃作答的学生,其中有两位学生表示:"我以为这题很难,其实这题我应该可以作答的." 还有一位学生表示:"一看就是奥数题,我一看到这种题就晕了."

有 5 位学生采用了简便运算的方法:

$$
\begin{aligned}
& 1+\frac{1}{1+2}+\frac{1}{1+2+3}+\frac{1}{1+2+3+4} \\
={} & 1+\frac{1}{3}+\frac{1}{6}+\frac{1}{10} \\
={} & 2\times\left(1-\frac{1}{2}+\frac{1}{2}-\frac{1}{3}+\frac{1}{3}-\frac{1}{4}+\frac{1}{4}-\frac{1}{5}\right) \\
={} & 2\times\left(1-\frac{1}{5}\right) \\
={} & \frac{8}{5}.
\end{aligned}
$$

教师和这 5 位学生交流,这 5 位学生表示已经自主学习了全章的内容,并且额外学习难度更大的拓展课程.

另外有两位学生运用高斯的计算方法,$1+2+3+\cdots+n=\dfrac{n(n+1)}{2}$,则

$$
\frac{1}{1+2+3+\cdots+n}=\frac{2}{n(n+1)}=2\left(\frac{1}{n}-\frac{1}{n+1}\right),
$$

则原式$=2\left(1-\dfrac{1}{n+1}\right)=2\times\left(1-\dfrac{1}{5}\right)=\dfrac{8}{5}$.

这两位学生对数学学习有很高的成就感,非常喜欢钻研数学,对于这道习题,在小学时就能驾轻就熟,对于其他同学表示的:"这样做是在将简单问题复杂化",他们表示并不在意,他们认为做一道数学的习题,应该能拓展,能将一道习题变式,能从中找到更为一般化的规律. 能将具体数字化的问题直接抽象成符号化的问题的学生并不多.

综上,本题调查问卷 SOLO 水平分析表见表 2-11.

表 2-11　"有理数的运算"调查问卷 SOLO 水平(问题 4)分析表

问题	原有知识思维水平	应答表现	应答表现人数	理解层次
问题 4	前结构水平(P)	放弃作答,仅能化简算式或将算式裂项错误	12 人	无
	单点结构水平(U)	能化简算式并能准确计算进一步的分数	2 人	浅层次
	多点结构水平(M)	能通分并准确计算,但没有任何计算技巧	42 人	较浅层次
	关联结构水平(R)	能准确计算,并通过对分数进行裂项来简便运算	5 人	较深层次
	抽象扩展结构水平(E)	能准确计算,能找出算式的一般规律,用字母抽象出一般规律,能对习题自行拓展为任意项的运算	2 人	深层次

(5) a, b 为有理数，且 $|a+b| = a-b$，试求 ab 的值

选择这道习题，教师希望观察学生对绝对值的理解情况，因为等式中没有具体的数字，63 位学生中有 21 位学生直接放弃作答此题或直接认定 $a=0$ 或者 $b=0$，或者 a，b 同时为零．有 8 位学生直接去掉绝对值而获得等式 $a+b = a-b$．6 位同学进行了不必要的分类，既考虑 a，b 的大小关系，又考虑 $a+b$ 的分类，处于模棱两可的状态．在被观察为多点结构水平的 27 份应答问卷中，有 21 位学生是认定了条件中的等式如果成立，则 $a \geqslant b$ 时等式才有意义，因此只需要考虑 $a+b$ 的分类即可．全班学生中有 7 位学生能超前地使用完全平方公式便捷地解答此题，这 7 位学生对问题的应答体现了他们的学习的主动性，这些学生的学习方式已经处于成就式的学习方式中，教师需要对这些学生作出指导，引导他们更为自主地独立学习相互交流，详见表 2-12．

表 2-12　"有理数的运算"调查问卷 SOLO 水平（问题 5）分析表

问题	原有知识思维水平	应答表现	应答表现人数	理解层次
问题 5	前结构水平(P)	放弃作答，直接认为 $a=0$，$b=0$	21 人	无
	单点结构水平(U)	将算式化为 $a+b = a-b$，得到 $ab=0$	8 人	浅层次
	多点结构水平(M)	进行相互重叠的分类但能够作出正确推断，或者对 $a+b$ 作非负数和负数两种分类能得到正确的推断	27 人	较浅层次
	关联结构水平(R)	对等式两边进行平方，使用完全平方公式展开并化简，直接得到 $ab=0$	7 人	较深层次

教师通过学生的总体应答表现观察到，刚刚进入初中学习的七年级学生，对于含有字母的等式的认知相对陌生，对这些问题的解答存在不自觉的抗拒，从 $\frac{1}{3}$ 的学生人数放弃作答或迅速收敛看出，需要进一步为学生提供"字母表示一切数"的学习，这样的学习与学生的原有知识有一定距离，其抽象性会为学生带来理解的困难．

(6) 求 $|x+2| + |x-4|$ 的最小值

此题的设计，对学生的要求偏高，不作为要求学生掌握的内容，但希望借助此题学生的应答水平观察学生对绝对值的代数意义和几何意义的理解．结果发现，即使在关联结构水平上的学生，有 17 位是采用代数意义，通过分类讨论、化简绝对值并计算出结果，仅有 5 位学生能将绝对值理解为"数轴上表示两个数的点之间的距离．"为此，教师把此题两种不同化简方法的应答详细过程设计为阅读理解材料，帮助学生理解，拓宽学生思维．避免在简单重复中进行太多操练式的运算，详见表 2-13．

表 2-13　"有理数的运算"调查问卷 SOLO 水平（问题 6）分析表

问题	原有知识思维水平	应答表现	应答表现人数	理解层次
问题 6	前结构水平(P)	放弃作答	19 人	无
	单点结构水平(U)	计算出 x 的值 -2，4，知道要进行绝对值的分类，但分类不完全，化简结果有误	9 人	浅层次

续表

问题	原有知识思维水平	应答表现	应答表现人数	理解层次
问题 6	多点结构水平(M)	计算出 x 的值-2, 4, 知道要进行绝对值的分类, 但分类不完全, 化简结果正确	12 人	较浅层次
	关联结构水平(R)	能根据绝对值的代数意义或几何意义, 采用其中一种方式化简, 并得出正确结果	22 人	较深层次
	抽象扩展结构水平(E)	能根据绝对值的代数意义和几何意义作出两种不同角度的化简并得出正确结果	1 人	深层次

(7)表 2-14 列出了世界几个城市与北京的时差(正数、负数表示比北京早或晚)

表 2-14 世界部分城市与北京的时差表

城市	东京	温哥华	纽约	巴黎	德黑兰	喀布尔
时差	+1	-16	-13	-7	-4	-3

如果现在北京时间是 8:00, 那么此时纽约时间是几点? 世界杯女排赛在东京举行, 中国队与日本队的比赛是当地时间 20:00 开始, 你应在北京时间几点收看电视直播?

此题的设计希望通过学生的应答观察学生将有理数的运算知识运用到生活实际的能力, 有学生在作答此题时表示:"数学习题怎么要运用地理的知识了?"本题涉及的运算不多, 但是学生欠缺理解"甲地区的时间比乙地区的时间早"的生活经验, 不知道该用加法运算作答还是该用减法运算作答. 教学中的确需要选择一些素材以帮助学生运用数学知识解决实际问题. 这样的目的不是追求熟能生巧地提高学生的运算能力, 而是关注学生能否在数学学习中形成解决问题的思想方法, 详见表 2-15.

表 2-15 "有理数的运算"调查问卷 SOLO 水平(问题 7)分析表

问题	原有知识思维水平	应答表现	应答表现人数	理解层次
问题 7	前结构水平(P)	放弃作答, 或完全不理解题目	15 人	无
	单点结构水平(U)	能正确解答其中一个问题	23 人	浅层次
	多点结构水平(M)	能正确解答两个问题	25 人	较浅层次

3.《初中生学习过程问卷》分析

在研究的过程中, 初一(7)班采用 SOLO 教学模型进行教学, 初一(27)班以传统方式进行常规教学. 本节并没有采用规范的实验研究法进行对比实验. 所进行的初中生学习过程问卷调查, 其目的在于借助问卷, 让学生反思自己的学习方式, 帮助学生体会形成深层式的学习方式的重要性. 理论上, 运用 SOLO 分类理论研究采用的教学模型, 关注学生的学习过程, 也关注学生的学习方式, 对形成浅水平的学习方式不存在太大优势, 但在形成高水平的学习方式上, 如深层式、成就式学习方式, 作用是比较明显的. 传统教学中以教师的传授为主, SOLO 教学模型中希望将学生隐性的学习外显，更关心学生在课堂中真正的学习是否发生．传统教学的集中讲授，教师调控有利于教师把所设计的教学内容如期完成教学．SOLO 分类模型教学中因为鼓励学生展示、陈述，增加师生间的对话交流，鼓励学生提问，这些教学环节往往需要更多的时间倾听学生，因此教学设计中需要考虑减少一些低水平思维层次的提问，避免在低效问答中简单重复，以保证在多点结构水平以上的问题中，学生有充足的思考和表述的时间．遗憾的是有时为了控制时间，不得不中断学生仍想表达的诉求；或者不得不提示学生尽可能围绕所讨论的问题，请学生别展开太多．教师的确要在学生展示和完成既定教学内容之间寻求平衡．

从表 2-16 中发现表层式学习方式的得分初一(27)班高于初一(7)班，说明采用SOLO 教学模型进行教学，对于形成表层式学习方式没有作用，有助于帮助学生形成深层式或成就式学习方式，初一(7)班的平均分比初一(27)班高了 4.82 分．开展教学的时间约为七年级最初期的 1.5 个月，问卷完成的时间约为七年级最初期的 2 个月，学生受原有学习方式的影响大，尽管是平均得分 4.82 分的差值，本章笔者也从中获得鼓舞．

表 2-16　初一(7)班与初一(27)班学生的学习过程问卷等级分数

班级	学生人数	平均数								
		表层式			深层式			成就式		
		动机	策略	方式	动机	策略	方式	动机	策略	方式
初一(27)班	54	15.55	22.66	38.21	21.34	14.39	35.73	23.16	23.18	46.35
初一(7)班	63	13.49	23.45	36.94	21.06	13.25	34.31	26.27	26.33	52.59

因为在研究中，仅仅希望让学生在完成此问卷后，用问卷的数据鼓励学生进一步积极思考，在学习动机方面善于自我激励，在学习策略上更主动思考，主动发问，没有进行严谨的实验研究．

本节就有理数运算所进行的教学尝试，为时尚短，需要教师在往后的研究中坚持完善教学设计，完善课堂教学．作为评价学生的学习过程的工具，SOLO 分类理论对教师提出了更专业化的要求．每一份教学设计都需要关注到学生知识的出发点，需要教师搜集整理教学内容，以及为教学内容服务的延拓性素材，需要教师具备引导不同层次学生学习的多元策略．对于学生而言，该理论始终在帮助学生获得相对自己原有思维水平而言更高层次的思维水平．教师为学生营造安全的氛围，帮助学生质疑和提问，总是努力让学生获得学习的动力和正面积极的鼓励．教师也努力引导学生自己评价自己的学习，鼓励学生向同伴学习，欣赏同伴并与同伴分享．

第六节　基于 SOLO 分类理论的个别诊断性教学

SOLO 分类理论要求教学的开展要以学生的原有知识为起点，根据学生在学习前对相关知识的思维水平的不同，建议教师对不同的学生有不同的教学设计，鼓励开展个别诊断性教学.

1. 个别诊断性教学

有理数运算的教学，根据不同学生的理解方式不同，教师要有多元的策略为学生解释知识的生成.

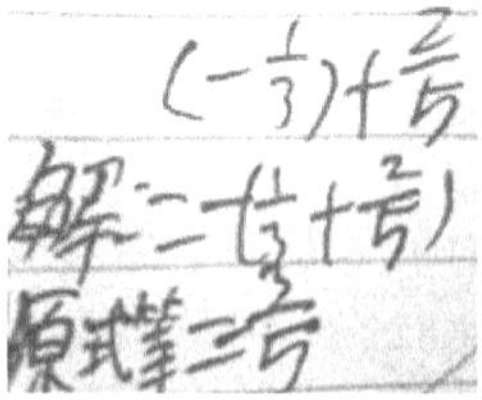

例如，图 2-7，某学生在计算 $\left(-\dfrac{1}{3}\right)+\dfrac{2}{5}$ 时，得到错误的答案 $-\dfrac{3}{5}$，教师与该生个别交流时，该生无法流利陈述异号两数相加的法则. 该生翻看人教版课本第 18 页阅读"绝对值不相等的异号两数相加，取绝对值较大的加数的符号，并用较大的绝对值减去较小的绝对值"，不能理解这句话的意思. 学生请教师再帮助解释这个法则是如何得到的，教师引导学生阅读课本第 16，17 页的"物体向左右运动"的模型后，该生表示能理解课本的引入，可是课本所举的例子是以整数为例的，对于加数是分数的问题，不知道如何理解. 学生的疑问让教师反思课堂教学中，许多的引入举例都是在不自觉地使用整数模型(事实上，课本的引入所举例子均为整数).学生在几则举例的学习下得到的运算法则，是浅表的理解，当将运算法则运用到分数运算上时，学生的不理解就呈现了. 于是教师还是利用"物体向左右运动"的模型，借助数轴，为学生讲解："物体先向左运动 $\dfrac{1}{3}$ 米 $\left(\text{相当于} \dfrac{5}{15} \text{米}\right)$，再向右运动了 $\dfrac{2}{5}$ 米 $\left(\text{相当于} \dfrac{6}{15} \text{米}\right)$，那么两次运动的最后结果用算式表示为 $\left(-\dfrac{1}{3}\right)+\dfrac{2}{5}=\dfrac{1}{15}$，详细的计算过程应为 $\left(-\dfrac{1}{3}\right)+\dfrac{2}{5}=\left(-\dfrac{5}{15}\right)+\dfrac{6}{15}=-\left(\dfrac{6}{15}-\dfrac{5}{15}\right)=\dfrac{1}{15}$." 教师一边讲解，一边为学生画数轴，从学生的表情看，学生是似懂非懂的. 当教师要求学生把教师教授他的过程复述一遍的时候，学生艰难地画出数轴，运用分数的通分，依次在数轴上标上" $-\dfrac{6}{15}$，$-\dfrac{5}{15}$，$-\dfrac{4}{15}$，$-\dfrac{3}{15}$，$-\dfrac{2}{15}$，$-\dfrac{1}{15}$，0，$\dfrac{1}{15}$，$\dfrac{2}{15}$"，再把物体看成在数轴上从原点开始向左运动到表示 $-\dfrac{5}{15}$ 的点，再从表示 $-\dfrac{5}{15}$ 的点向右运动 $\dfrac{6}{15}$ 到表示 $\dfrac{1}{15}$ 的点，物体最后在数轴的正半轴，并且到原点的距离是 $\dfrac{1}{15}$，整个过程学生很艰难地操作完成. 可见，当学生面对一个算式时，如果总是运用直观模型，具体情境的确不容易找，这就需要学生能够接受加法的运算法则，并将抽象的运算法则运用到所有的有理数中. 学生的疑惑让

图 2-7

教师明白, 此处的讲解依旧运用"物体向左右运动"的模型, 并非是最好的解释办法, 告知学生:"课本中所举的例子, 换成分数也合理."但是学生无法获得很好的理解. 为了进一步加深学生的理解, 教师尝试为学生使用"抵消"的观点解释本题: $\left(-\dfrac{1}{3}\right)+\dfrac{2}{5}=\left(-\dfrac{5}{15}\right)+\dfrac{6}{15}=\left(-\dfrac{5}{15}\right)+\dfrac{5}{15}+\dfrac{1}{15}=\dfrac{1}{15}$, 学生很欢迎这种方式, 但是, 很明显, 这种方式是默认了加法结合律的前提下操作的.

又如, 有理数的乘法法则, 不同版本的教科书引入知识的方式不同, 各有长处. 旧人教版教材创设的是"蜗牛爬行"的情境, 让学生根据生活经验推断: 如果蜗牛一直以每分钟 2 厘米的速度向右/左爬行, 3 分钟后/前它在什么位置? 在此情境中, "被乘数""乘数"和"积"涉及 3 个物理量(速度、时间和位移), 每个量有 3 个基准(基准点 O、约定正方向和负方向). 新人教版从"正数×正数"出发的归纳模型, 让学生在计算 $(-3)\times 3=-9$, $(-3)\times 2=-6$, $(-3)\times 1=-3$, $(-3)\times 0=0$ 的基础上, 猜想 $(-3)\times(-1)=?$, $(-3)\times(-2)=?$, $(-3)\times(-3)=?$ 等算式的结果, 进而归纳出有理数乘法法则. 华东师大版教材则采用了相反数模型, 即从算式 $3\times 2=6$ 和 $(-3)\times 2=-6$ 出发, 得到结论:"两个数相乘, 把一个因数换成它的相反数, 所得的积是原来积的相反数", 用结论计算 $3\times(-2)=?$ 和 $(-3)\times(-2)=?$ 进而概括出有理数乘法法则. 苏教版中采用乘法和加法的联系引出新知识: 首先把两个正有理数及一个正有理数和负有理数的乘法看成几个相同因数的和, 并用数轴直观表示运算的过程和结果, 由此引入两个正有理数及一个正有理数和一个负有理数相乘的方法, 再由现实问题情境直观得出两个负有理数相乘的方法.

适合于开展个别诊断性教学的常用策略有课堂观察、面批作业、一对一指导、小组指导、师生对话等, 这样的个别诊断性教学更有针对性地帮助学生获得正确的理解, 获得更有针对性的提高. 对一些具有成就式学习方式的学生而言, 传统、大班教学中, 这些资优生往往"吃不饱". SOLO 分类理论采用的教学模型则鼓励教师关注学生不同的学习需要, 对于这些学生, 教师可以与之探讨更抽象的问题. 例如, 有理数乘法法则的引入, 教师可以为这些资优生提供素材, 让其了解到不同的证明方法, 还可以为其更深入地介绍符号法则, $(-1)\times(-1)=1$ 在保持算术运算律的条件下使运算有承袭性的价值等, 可以从负数的来源角度、相反数模型角度等多种策略探究有理数乘法运算中的"负负得正". 教师为这些学生介绍适合他们阅读的数学读本, 如张景中院士组织编写的系列数学科普读物获得了这些学生的青睐.

2. 有理数运算的学习错误剖析

英国数学家 R.L.Schwarzenberger 在《错误的重要性》中提到: 错误在数学中和正确答案一样重要, 错误帮助了数学的发展; 错误帮助我们了解数学的来龙去脉. 数学错误的出现与教师的教、学生的学有很大的关系. 研究数学错误对教师而言, 可以将学生的错误作为检查学生知识掌握情况的一种工具, 由此了解学生的想法和知识结构, 从而使学生的错误得到纠正. 错误的纠正是一种重要的学习方式. 学生从中不仅了解自己所犯的错误, 更认识到自己犯这个错误的原因, 这对进一步提高学习质量有很大的帮助.

SOLO 分类理论在教学评价中具有过程评价和诊断评价的功能, 教师通过学生对问题的回答, 评价学生理解有理数运算的发展阶段, 帮助学生发现错误, 引导学生正确归因, 并纠正错误, 从而提升学生的运算能力, 帮助学生进一步形成深层式的学习方式. 通过要求学生建立个性化的"错题集"收集整理自己的错题, 并在错题旁边标注错误原因, 来引起重视, 加深理解, 养成数学学习的良好习惯.

学生在解答有理数的加减混合运算时, 常出现的错误主要是: 把减法运算转化为加法运算时, 在"相反数"上出错; 在交换加数的位置时, 忽视了要连同加数前面的符号一起交换. 在两个有理数的乘(除)法运算中, 不能正确地确定符号: 首先要确定符号, 再计算大小, 在确定符号时, 应根据"两数相乘或除, 同号得正, 异号得负"的原则确定. 学生往往会混淆有理数的乘法法则和加法法则, 把"两数相乘, 同号得正, 异号得负"错误地理解为"同号两数相加, 取相同的符号". 在利用乘法对加法的分配律时, 常出现的问题有: 忘记用括号外面的项去乘括号内的每一项, 符号出错. 在进行有理数的混合运算时, 有时出现运算顺序不对的情况. 在加、减、乘、除、乘方组成的混合运算中, 应先进行第三级运算, 再进行第二级运算, 最后进行第一级运算. 对于同一级运算, 按照从左到右的顺序进行这一法则.

(1) 有理数加法(减法)运算的单点结构水平习题

学生在运算时出现的问题较多集中在: 没能准确区分性质符号和运算符号, 算式中出现连续两个符号, 如图 2-8 "$-26 + (-15)$"; 对于减法运算, 不能准确理解"减去一个数, 等于加上这个数的相反数"的意义和由来. 对于绝对值不相等的异号两数相加, 不理解为什么要"取绝对值较大的加数的符号, 并用较大的绝对值减去较小的绝对值", 如图 2-9, 学生将"符号相同的两数相加"问题错误理解为"绝对值不等的异号两数相加"的问题, 造成错用运算法则的情形. 对于加数中有负数的有理数加法(减法)运算理解不够, 提示教师在教学时要注意加强学生对负数运算问题的深层理解.

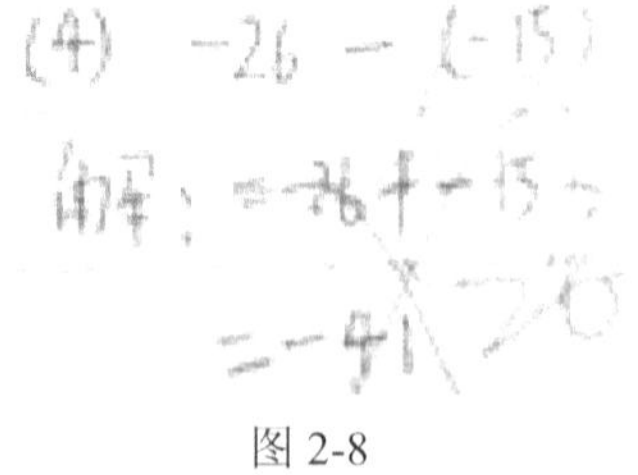

图 2-8   图 2-9

(2) 有理数加法(减法)运算的多点结构水平习题

学生在理解有理数加法和有理数减法运算可以统一成"代数和运算"上有困难,

学生对于有理数的加法运算，较多地使用模式化解决问题的策略，仅通过记忆"同号两数相加，取相同的符号并把绝对值相加""互为相反数的两个数，相加的和为零"，缺乏深入理解. 如图 2-10 所示，图中的两道运算题，在新课讲授的时候，学生能正确作答，但是到期末复习的时候，同样的练习题，学生的错误率非常高. 学生的机械记忆使学生获得瞬时的解题能力，但随着时间的推移，出错的可能性将会增加. 学生缺乏对运算法则的理解，造成学生不能自如地使用运算技巧.

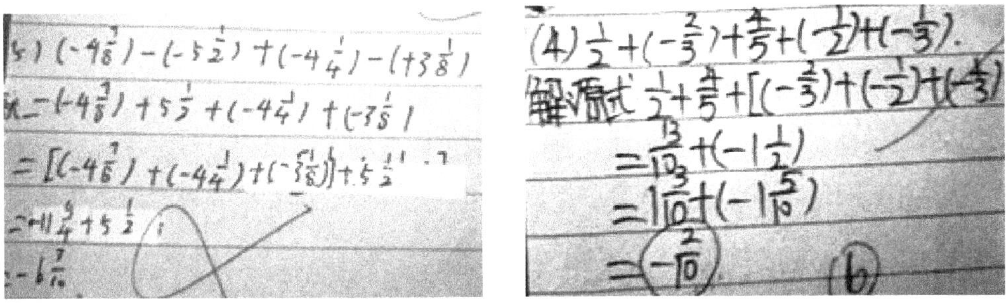

图 2-10

(3) 有理数乘法(除法)运算的单点结构水平习题

学生能很快地记住有理数乘法法则，"两数相乘，同号得正，异号得负，并把绝对值相乘"，但在运算中会出现不理解为什么"负负得正"但能运算正确的问题. 也有学生错误地认为有理数运算中，一旦有负因数，则运算结果是负数. 还有相当数量的学生，尽管运算结果正确无误，可是运算过程依旧停留在小学阶段，即过程中没有考虑负数的因素，只在结果体现了正负性，可见理解的浅表造成了学生有理数乘法(除法)运算的种种错误(图 2-11).

(4) 有理数乘法(除法)运算的多点结构水平习题

不少学生不能理解"除以一个数等于乘以这个数的倒数"，从而把除法运算归结为乘法运算(图 2-12)，即便是有多个因数相乘的有理数乘法运算，学生也常常机械地记忆"奇数个负因数相乘，积为负；偶数个负因数相乘，积为正".

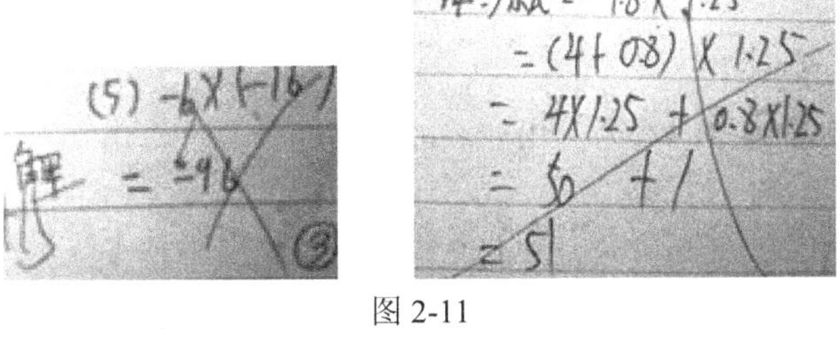

图 2-11

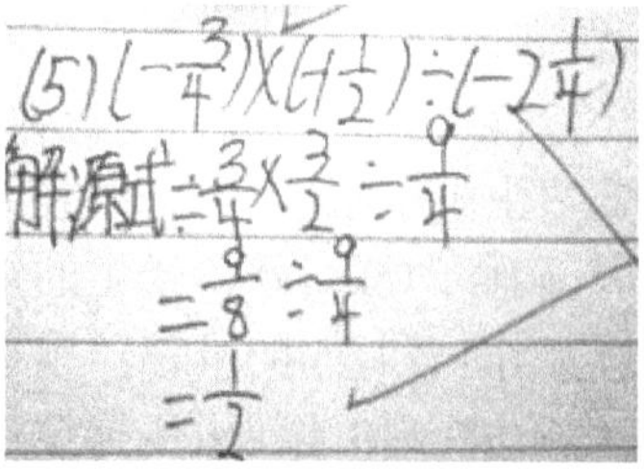

图 2-12

(5)有理数混合运算的多点结构水平习题

学生对有理数加法法则、乘法法则的理解不够透彻，当遇到混合运算时等同于把问题叠加(图 2-13)．再加上对运算顺序的规定存在疑惑，混合运算对一些学生而言，是很难突破的．

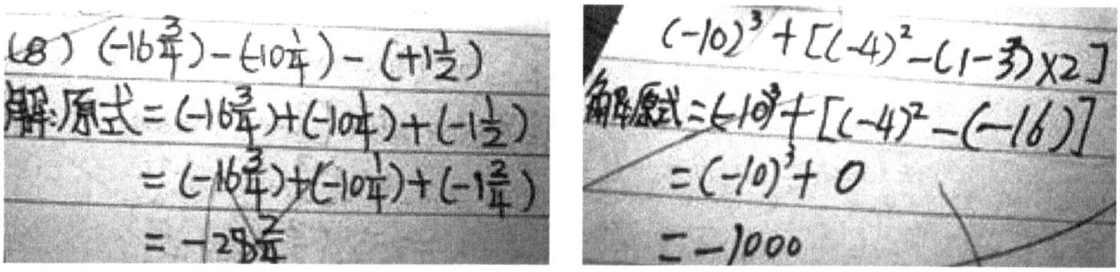

图 2-13

基于学生在有理数运算中存在的种种问题，学生的错误成为教学中的一种资源，教师保护好学生的自尊心而又合理使用这些错误资源，对指导学生从错误中获得纠正并得到正确的理解是非常有针对性的．学习是一个过程，错误仅仅是通向获得正确理解的一个途径．师生间的信任关系一旦形成，会有助于学生敢于将错误显露出来，接受来自同伴和教师的帮助．

对于学生出现的错误，教师需要客观地评价学生的错误原因，不能仅仅因为学生结果的错误而全盘否定了学生正确理解的部分．这需要教师基于 SOLO 分类理论，对学生的书面或口头的应答作出客观的评价．

如图 2-14 所示，对学生 20150709 所做习题的评价，如果仅仅注重运算结果，则显得评价不够客观．依照 SOLO 分类理论对学生的评价，以图中学生的解答为例，学生能把算式看成 $-\dfrac{1}{4}$，$\dfrac{5}{6}$，$\dfrac{2}{3}$，$-\dfrac{1}{2}$ 的代数和，能准确区分性质符号和运算符号，能运用计算技巧把相同符号的数分类相加，能准确通分并计算出 $-\dfrac{1}{4}$ 与 $-\dfrac{1}{2}$ 的和为 $-\dfrac{3}{4}$，$\dfrac{5}{6}$ 与 $\dfrac{2}{3}$ 的和为 $\dfrac{3}{2}$，学生在计算 $-\dfrac{3}{4}$ 与 $\dfrac{3}{2}$ 的和时出错，说明学生对"异号两数相加"的运算不够熟练，尽管学生最后的运算结果有误，但是学生对这个具体问题的思维水平应该处于多点结构水平，不应该因为最终的运算结果出错而否定了该生的学习结果.

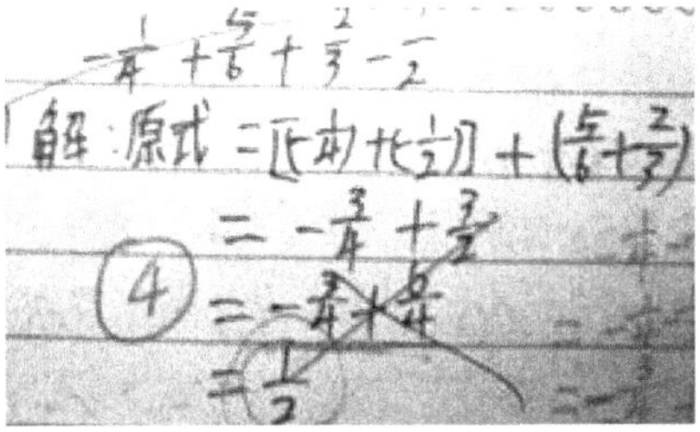

图 2-14

如图 2-15 所示，从学生 20150737 的习题运算和自我改错上看，该生对自己初次运算的错误采取了自我否定，对初次运算中的好的做法也一并否定了. 初次运算时学生能准确运用加法交换律和加法结合律，能准确计算 $\frac{5}{6}$ 与 $\frac{2}{3}$ 的和为 $\frac{9}{6}$，初次运算的问题出在 $-\frac{1}{4}$ 与 $-\frac{1}{2}$ 的和运算及"异号两数相加"的运算上，该生初次对这个具体问题的思维水平应该处于单点结构水平上. 该生对自己的错误结果作了自我修正，同样是使用了加法交换律和加法结合律，但是在运算 $-\frac{1}{4}-\frac{1}{2}+\frac{3}{2}$ 时放弃先运算 $-\frac{1}{4}$ 与 $-\frac{1}{2}$ 的和，或者选择利用加法结合律先运算 $-\frac{1}{2}+\frac{3}{2}$. 而是再次利用加法交换律得出下一步的算式 $-\frac{1}{4}+\frac{3}{2}-\frac{1}{2}$，在没有进一步运算的情况下直接得到运算结果 $\frac{3}{4}$. 学生最终的答案是正确了，可是并没有因此而体现出思维水平的跃升. 在后续的访谈中，学生解释："我看到同桌的结果是 $\frac{3}{4}$，老师打勾，所以在更正的时候没有仔细想自己之前的问题出在哪里." 从学生的学习过程看，该生缺乏自信，对知识的掌握不够牢固，教师需要对该生进行必要的鼓励，同时给予他积极有效的学习建议.

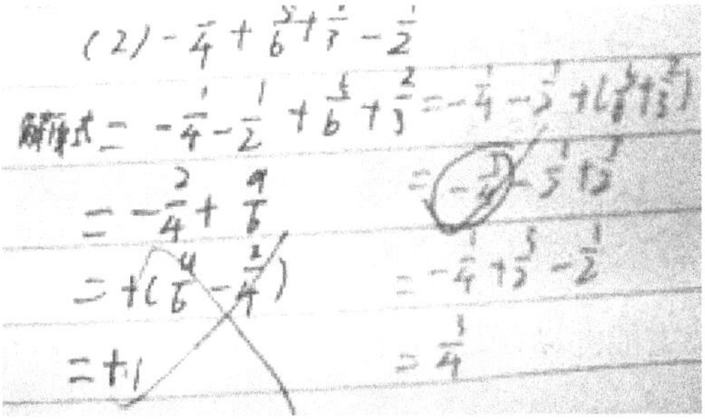

图 2-15

运用 SOLO 分类理论，有助于教师了解班级中学生对某个具体问题的总体思维水平，也有助于了解学生个体的思维水平，基于数据上分析作出的判断，比直觉更加客观. 学生的思维方式不同，造成同一个问题运算出错的原因不同，出错的步骤不同. 教师通过客观判断，及时反馈指导建议，不仅可以及时指出学生需要更正的具体步骤，还通过亲身示范，告诉学生自己查找自己错误的方法，自己评价自己的具体策略. 长期而言，这有助于培养学生良好的学习策略.

例如，计算 $1\frac{1}{24}-\left(\frac{3}{8}+\frac{1}{6}-\frac{3}{4}\right)\times24$，学生的反应主要有以下三种水平.

前结构水平：不予以作答，访谈中学生表示"完全不理解题意"或"没有时间完成"，表示"没有时间完成"的学生实际上没有完成此运算的意愿，答案完全错误. 如图 2-16 所示，学生完全不理解有理数的乘法分配律及有理数的混合运算方法.

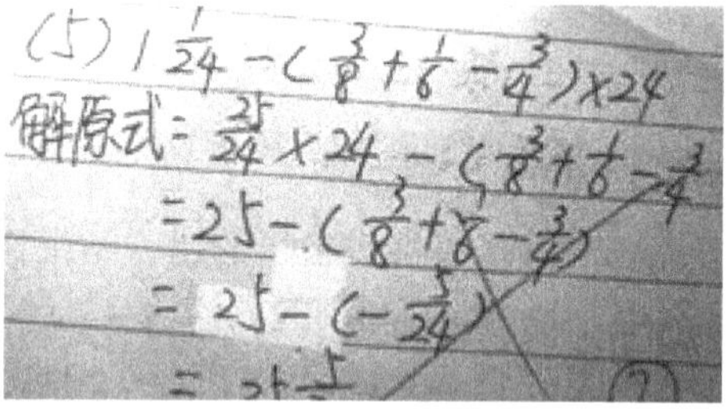

图 2-16

单点结构水平：如图 2-17 所示，学生有完成运算的意愿，并能准确运用有理数的乘法分配律，但学生不能准确地进行分数的乘法运算，不能准确处理带分数和整数的减法运算. 本运算可以回避去括号问题，但学生因为没有掌握运算技巧而采取去括号，在去括号问题上出现错误.

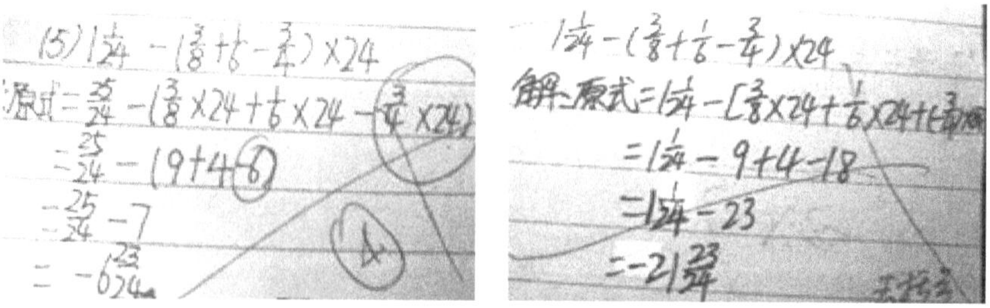

图 2-17

多点结构水平：学生能够准确运用有理数的乘法分配律，准确地进行带分数和整数的减法运算.

教师需要在数学课堂上给予学生时间思考，让学生在出错纠错中探索出正确的结论．只有通过学生自己独立思考的知识才算是学生真理解所学知识了，才能最终变成学生掌握的．自我纠错、自我内化知识的过程能让学生对所学知识印象深刻．

第七节 本 章 总 结

1. 研究结论

运用 SOLO 教学模型进行教学设计，将学生学习的意向、原有知识作为教学设计的起点，能够促进学生的学习，促使教师获得专业提升．

教师用研究的态度开展教学分析，为学生提供更丰富的学习素材、更多元的解答方法，帮助学生真正的理解．以"1.3 有理数的加减法(第一课时)""1.4 有理数的乘除法(第一课时)"为例进行教学设计，并形成课堂实录．教学中将运算法则的推导当成发展学生思维能力的重要教学课题．为了搜集学生学习的证据，教师设计一系列的分析表，对学生参与具体学习任务和解答具体问题的情况作记录、追问、数据整理分析．用数据支撑教学的改进，避免了主观臆断．

研究中发现，学生的准确运算并不代表真正理解．学生获得测试的高分并不代表形成了深层的思维水平．过度的运算操练，只能促成学生记忆运算法则，工具性地使用法则，这对学生思维水平的提高帮助不大．将 SOLO 分类理论应用到教学中，有助于改善"过度操练，理解不足"的问题．根据系统的教学设计和充分的教学准备，教师避免了教学的简单重复，更充分地考虑学生的学习需要．因为教师准备了丰富的学习素材，所以优秀生的思维获得拓展．因为教师具备相应的观察能力，所以当发现学生无法理解时，变换另一种学生可以理解的方式进行讲解．

通过提供机会，让学生在活动参与、交流陈述、展示质疑中外显自己的学习，便于教师评价、同学互评、学生自评．基于 SOLO 分类理论开展评价，促进教学与评价的融合，能实现对学生的学习质量的质性评价．这样的形成性评价是教学的一个部分，与教学密切相关，其结果指向有理数运算的内涵理解．

基于 SOLO 分类理论开展个别诊断性教学，促进每个学生在原有基础上的发展．教师采用作业面批、交流对话等方式对学生进行指导，使学生获得有针对性的帮助．这样的个别诊断性教学，促使形成融洽的师生关系，进一步帮助教师更准确地评价学生．

运用 SOLO 分类理论评价学生的学习，能够避免教师的主观臆断．例如，尽管一些学生在测试中获得低分，但这些学生并非对所学知识一无所知，他们知道单点知识，但因为对某些知识理解有误，而在测试中获得低分．在教师的指导下，这些学生解决了疑难问题的关键点，就能触类旁通地掌握类似的相关知识．

个别化诊断性教学指导在大班额的教学环境下显得十分必要．在学生的学习疑难处、需要点拨处给予及时指导的做法，受到学生的认可．当然，教师凭借个人的力量个别化指导学生，稍显力不从心．研究中，借助优秀学生的资源，鼓励学生间同伴互助、有疑难的大胆发问、有能力的认真答疑的班级学习氛围．

LPQ(B)检测结果表明，SOLO 分类理论指导下的教学在一定程度上影响学生的学习方式，使其更倾向于深层式或成就式的学习方式．课堂教学中，学生得到更多表达的机会，促进学生的口头表达和书面表达的能力．这样的"有声思维"和工整书写，促进了学生的学习动机，学生表现得更为积极主动、专注，从而愿意提出问题．刨根问底式的学习能够使学生的思维水平得到提高，从而形成深层式的学习方式．尽管具有成就式的学习方式的学生，与其性格特质更为相关，这些学生更希望获得成就、荣誉和老师家长的肯定，但课堂中及时的评价反馈，提供机会让他们指导其他学生学习，更能够促进成就式学习方式的产生．采用 SOLO 教学模型进行教学的初一(7)班学生，更倾向于采取深层式或成就式的学习方式，LPQ(B)检测数据显示，深层式和成就式学习方式的得分为 86.90 分，远高于表层式学习方式的 36.94 分．

"有理数运算"的调查问卷分析显示，学生在不同的问题中的表现不同．清晰的数据分析，出现了让教师意外的结果．例如，学生运用有理数运算的知识解决实际问题的能力相当欠缺，尽管解答这些实际问题所涉及的运算十分简单，尽管教师主观判断这样的问题对学生而言十分简单．但事实上并非如此，如表 2-15 数据显示，处于前结构水平的学生人数有 15 人，占全班人数 23.8%，这说明学生欠缺数学文本的阅读能力，欠缺实际情境的理解能力，欠缺将数理知识运用到问题解决中的策略．数据告诉教师，学生在纯粹的运算解答任务上，计算的正确率很高，但学生在解决实际问题的任务上表现不理想，形成抽象扩展思维水平的学生非常少．因此，有理数运算的有价值教学点，应当在理解和应用上，而不是在过度的计算操练上．

SOLO 分类理论指导有理数运算的教学比较符合初一学生的认知发展．在提高学生认知水平的同时也提高了对数学的学习兴趣以及积极性，学生的数学思维得到提升．评价功能从注重甄别与选拔转向激励、反馈与调整．通过教师对学生回答的判断能够得知学生的思维发展情况，告诉学生当前的思维水平，并提出合理的切合学生的思维提高方法，注重学生的发展并促进学生努力发展．在根据 SOLO 分类理论实践研究的过程中得到以下启示．

(1)对于教师教学的启示

教师要努力获得专业能力的提升，这是更好地教学的前提．在教学中要合理创设情境，引导学生进行探究，促进学生的思维向关联结构水平和抽象扩展结构水平跃升．教师在评价中应该想方设法给予学生更多的帮助和鼓励，给学生学习方法上的指导，指明学生发展的途径和方法．

学生的思维结构水平由单点结构水平发展到多点结构水平是量的变化过程，解决方法是增加量的积累，通过问题解答，帮助学生加深数学概念、方法的印象，掌握运算过程中所用的知识、方法和数学思想．学生的思维结构水平由多点结构水平发展到关联结构水平和抽象扩展结构水平的过程中，是质的变化过程，通过教学活动的实施，让学生找到不同数学概念之间的联系，总结分析数学问题的方法和思想，运用不同的方法解答问题，将数字化的具体情况抽象成符号化的一般情况. 在学生取得进步后赞赏学生，让学生也能够确实感受到自己的进步，从而在以后的学习中做出更大的努力.

(2) 对于学生学习的启示

学生在学习的过程中，应当注重自我的动机激励；要在学习的体验中总结学习的策略；要形成刨根问底的学习习惯；主动地改变自己的学习方式；当自己在学习的进步中获得赞赏后，会进一步促进自己的学习. 这样良好的学习循环是形成深层式学习方式的有效办法. 学生在课堂活动的参与中，不要羞于表达自己，要积极参与到课堂的问答、展示、讨论、提问中，把自己掌握的知识外化，呈现在老师和同学的面前，分享好的经验和好的想法，使同学间共同进步. 这是积极主动的学习态度. 教师的评价反馈固然重要，但自己的自我评价也很重要. 自己知道自己学得如何，才能调整自己下一步的学习. 通过 SOLO 分类理论，教师不仅引导学生解决了问题，而且学生在问题解决中思维能力也得到培养，训练了思维的准确性和灵活性，加强了逻辑思维的准确性和严密性，而概念整合联系的过程反过来还可以巩固概念，即巩固了多元认知结构水平，形成相互促进发展的结果. 数学解题思路灵活多变，解题方法繁多，但是初中数学内容是有限的，要提升思维和解决问题关键之一就是反思，反思是思维结构发生质的变化的关键.

2. 研究的创新点

SOLO 教学模型下的教学设计与传统教学设计的最大不同在于：教师需要知道学生知道、理解和能做什么？也就是说教师能否看到最有益的教学指导在哪里？教师如何做出教学决策？教学不仅仅是教，而且是基于研究的眼光指导学生学，把落脚点放在"如何关注学生的学？"之上. 这样的教学设计，其关心的内容超越了纯粹的知识教学.

本研究在新课改的大背景下，契合了新的评价理念，关注到学生知识技能的学习，也关注了学生的情感、态度、价值观. SOLO 分类理论，因其可操作性，具有广泛的实践经验支撑，该理论能实施质性评价、过程性评价，使评价渗透到教学中，促进学与教的相辅相成.

在教学实施的过程中，教师重视搜集学生的学习证据. 通过 SOLO 分析表，整理不同问题学生的应答表现和人数统计. 用数据支撑教学改进，更客观地分析教学的不足，也更客观地获悉学生的学习需要.

重视个别诊断性教学，能够促进每个学生获得超越原有水平的进步.

3. 研究的局限性

基于笔者的水平有限,对 SOLO 分类理论的研究尚待进一步学习.关于运用 SOLO 分类理论采用的教学模型进行教学设计,其设计的科学性、有效性需要进一步的优化. 在开展课堂教学的过程中,需要把握教学各环节的实效性,在鼓励学生展示与完成预设的教学内容之间取得平衡,避免过分的泛化.

在运用该理论进行过程性评价的过程中,教师需要及时地进行统计和基于数据进行分析,若仅仅利用常规的教学设备,较难完成数据的及时统计和分析. 不妨考虑使用信息技术手段辅助教学.

学生是否具备思考问题的方式远比学生掌握知识点的多少重要,当我们以 SOLO 分类理论的眼光看待学生的思维水平,将会引领学生改变他们的学习方式.

但是学习方式是较为隐性的,在研究的过程中对学生的学习方式的判断未必完全准确,这需要教师保持与学生之间的互动交流.

实施教学中,未能很好地发展学生的抽象扩展思维水平,这需要借助个别诊断性教学的补充,给予学生更多的帮助.

4. 研究展望

随着 SOLO 分类理论本土化研究的深入,期望该理论在教学实践中会有更多的实践案例以资参考. 该理论要求教师通过自身审视,获得专业成长;学生通过积极思考、专注学习、刨根问底获得深层式的学习方式. 将 SOLO 分类理论应用于教学非常有意义,此研究值得投入更长的时间,进行更科学合理的设计,更广泛更深入地开展下去.其应用领域不仅限于教学设计、实施教学,还有评价和学习指导等方面.

2015 年,John Hattie 著的《可见的学习:最大程度地促进学习》由教育科学出版社出版,随即在我国引起广泛关注. 该书的重要理论依据即来自 SOLO 分类理论. 这从一个侧面说明 SOLO 分类理论关于学生学习过程的观察越来越备受重视. 将该理论运用到教学中,基于数据分析改进教学、完善质性评价和过程性评价,值得更为踏实地开展实践研究.

本章参考文献

[1] 张奠宙、李士锜、李俊. 数学教育学导论[M]. 北京: 高等教育出版社, 2003.

[2] 赵士果. 促进学习的课堂评价研究[D]. 上海: 华东师范大学, 2013.

[3] 蔡永红. SOLO 分类理论及其在教学中的应用 [J]. 教师教育研究, 2006, 18(1):34-40.

[4] 郭丽云. 关于初中生有理数算理理解的调查研究[D]. 上海: 华东师范大学, 2012.

[5] 巩子坤. 有理数运算的理解水平及其教与学的策略研究[D]. 重庆: 西南大学, 2006.

[6] 巩子坤、杨明歌. 论理解视域下的有理数运算[J]. 西南师范大学学报(自然科学版), 2009, 34(4):215-220.

[7] 闵艳. 普通初中学生数学理解性学习的研究[D]. 上海: 上海师范大学, 2009.

[8] 约翰・哈蒂. 可见的学习: 最大程度地促进学习 [M]. 金莺莲, 洪超, 裴新宁, 译. 北京: 教育科学出版社, 2015.

[9] 菲利克斯・克莱因. 高观点下的初等数学(第一卷)[M]. 舒湘芹, 陈义章, 杨钦樑, 译. 上海: 复旦大学出版社, 2008.

[10] 安德烈・焦尔当. 学习的本质[M]. 杭零, 译. 裴新宁, 审校. 上海: 华东师范大学出版社, 2015.

[11] 陈绮云, 何小亚. 摆脱法则的枷锁[J]. 数学教学通讯(教师版), 2010, (30): 24-25.

[12] 约翰 B. 彼格斯, 凯文 F. 科利斯. 学习质量评价: SOLO 分类理论(可观察的学习成果结构)[M]. 高凌飚, 张洪岩, 主译. 北京: 人民教育出版社, 2010.

[13] 方静. SOLO 理论在初一代数式教学中的应用[D]. 杭州: 杭州师范大学, 2016.

[14] 邢晓俊. 新时代自主学习工具——基于 SOLO 理论的认知工具分类研究[J]. 成人教育, 2015, (7): 19-23.

[15] 崔允漷. 基于标准的学生学业成就评价[M]. 上海: 华东师范大学出版社, 2008.

[16] 中华人民共和国教育部. 义务教育数学课程标准[S]. 北京: 人民教育出版社, 2011.

本 章 附 录

附录 1 "有理数的运算"调查问卷

亲爱的同学:

你好!

有理数的运算是衔接小学和初中非常重要的知识, 是初中数学后续学习的基础. 为了了解你关于有理数运算的学习成果结构, 我们编制了这份问卷, 本问卷只为科学研究之用, 不影响你的学业成绩. 请认真回答每个问题, 回答越能体现你的思维过程, 越详细越好. 谢谢你的配合.

学校_____年级_____班级_____性别____

1. 运用四则运算定义新运算: 若等式$(14*1)*a = 10*5$成立, 请讨论*运算可能是四则运算的什么运算? 此时 a 的值是什么?

2．请你先计算 $(-2)\times(-3)$，然后用尽可能多的方法，如文字解释、画直观图、算式表示等说明你的答案是正确的，说明得越详细越好．

3．计算．（请写出计算过程）

(1) $(-10.8)+(+10.7)$；

(2) $-3\dfrac{1}{2}-\left(-2\dfrac{1}{3}\right)+\left(-\dfrac{1}{6}\right)-\dfrac{1}{12}$；

(3) $\left(\dfrac{2}{3}\right)^2\div\left(\dfrac{1}{3}-\dfrac{1}{2}\right)^2\times\left(-\dfrac{1}{2}\right)^3$；

(4) $1+\dfrac{1}{1+2}+\dfrac{1}{1+2+3}+\dfrac{1}{1+2+3+4}$．

4．a，b 为有理数，且 $|a+b|=a-b$，试求 ab 的值．

5．求 $|x+2|+|x-4|$ 的最小值．

6．下表列出了世界几个城市与北京的时差．（正数、负数表示比北京早或晚）

城市	东京	温哥华	纽约	巴黎	德黑兰	喀布尔
时差	+1	−16	−13	−7	−4	−3

(1) 如果现在北京时间是 8：00，那么此时纽约时间是几点？

(2) 世界杯女排赛在东京举行，中国队与日本队的比赛是当地时间 20：00 开始，你应在北京时间几点收看电视直播？

附录 2　初中生学习过程问卷

请认真阅读下面的说明：

　　这一问卷的目的在于了解你对学习的感受和学习的方式．学习的方法很多，对每一个人来说，关键不在于方法是否"正确"，而在于它是否适合你的情况．因此，请你按自己真实的想法来回答，而不要管它是不是"正确"．如果你认为某一问题，对不同的科目会有不同的回答，那就按照你对自己觉得是最重要的科目的看法来回答．问卷的每一个问题都很重要，请你先认真地思考然后再回答．

　　这次调查完全是为了科研，不会对你产生任何不良的影响，请放心按照你的实际情况进行回答．对每一个问题都要依照自己的看法来回答，不用与其他人交换意见．如果你对题目的意思不清楚，请向老师提问．

怎样进行回答？

　　认真读每个问题，弄通问题的含义再进行回答．
　　在答卷卡上每题号之后都有一行从①到⑤的号码，每个号码代表的意思是：
　　① 这句话对我来说，完全不适合．
　　② 这句话对我来说，基本不合适，少数情况下适合．
　　③ 这句话对我来说，大概有一半合适，一半不适合．
　　④ 这句话对我来说，在多数情况下合适．
　　⑤ 这句话对我来说，完全合适．

请在答卷纸上你认为能反映你的看法的号码上打×或涂黑●. 想清楚了再填，填好后就不要改.

举例：

· 在温习时我喜欢开着收音机，这样温习效果最好.

　　如果你认为这句话对，完全合适，请选⑤.

　　如果你认为这句话在一半的时间，或对一半的学科是合适的，请选③.

　　如果你认为这句话基本不适合，只有在少数时候或学习少数内容时才适用，选②.

　　对每一个问题，要认真思考后再回答，但一经回答，一般就不要修改.

　　注意，你怎样想的就怎样回答，一定要如实.

　　下面正式开始回答问卷.

学习过程问卷（共 36 题）

1. 哪一学科对考试重要，我就多花些时间去学，不管这一学科是否有趣．

2. 上学读书给我内心带来一种好的感觉．

3. 我努力争取所有的学科都拿高分，因为我想胜过其他同学．

4. 我只做老师指定的功课，决不多读多做．

5. 学习时我会想想所学的东西在现实生活中到底有什么用处．

6. 我喜欢将课本、笔记以及其他课堂上要用的东西按自己的习惯摆放好，要用时很快就能找到．

7. 通常我都在测验前才努力学习，设法使自己能够过关．

8. 我觉得什么是对的就说什么，不会顾虑别人是否比我懂得更多．

9. 我很想在学习上胜过其他同学．

10. 我认为最好的学习方法是把所学的东西反复熟记．

11. 当我阅读新的课材时，会联想到已学过的内容，并从新的角度重新认识这些事物．

12. 我很认真地制订学习计划，确保自己能够拿到最好的成绩．

13. 促使我来读书的最重要原因，是为了将来能找到一份好的工作．

14. 在学习时，我常常发觉许多学科都是很有趣的．

15. 我希望测验后能公布全班的成绩，这样就可以知道自己胜过班里多少同学．

16. 我宁愿多知道一些事实和细节，而不愿多费神去思考和理解．

17. 学习时我喜欢钻研问题，直到得出自己的见解为止．

18. 老师一布置作业，我立刻动手去完成．

19. 尽管已用功学习，在测验前我还是经常担心自己会考不好．

20. 我觉得有些功课很有意思，学起来很有劲．

21. 学习成绩的好坏是最重要的，能否与同学们相处得来还在其次．

22. 对于大部分学科，我都只求及格．

23. 我努力将在某一学科学到的知识，跟其他学科中所学的知识联系起来．

24. 我一放学就温书，确保真正明白老师讲授的内容．

25. 老师不该期望我们去学习考试范围以外的东西．

26. 生活中有些事情是不正确的，也许有一天我能够改变它们．

27. 对任何学科我都会努力去争取高分，不论我是否喜欢它．

28. 我擅长于了解具体的事实和细节，不善于理解从普遍现象中概括出来的观点．

29. 我觉得学校里教的新东西多数都很有趣，愿意额外花时间去加深对它们的认识．

30. 测验卷发回来以后，我会改正所有的错误并试图弄清出错的原因．

31. 一旦有条件离开学校，我一定不会再多待一天．

32. 我相信上学可以使我学会用自己的观点去看问题．

33. 我将学习的好坏视为一种竞赛，决心争取获胜．

34. 我不会花时间去学那些明知是与考试无关的内容．

35. 课堂上讲的一些问题很有趣，课余我会多花时间去加深对这些问题的认识．

36. 老师认为应该读的东西，我都会尽力将它们读完．

问题到此结束，谢谢．

附录 3　学习过程问卷答卷卡

在正式回答问卷之前，请填好如下几个栏目．填写的目的是进行分类研究和对比，对个人没有任何其他影响，请不要漏填．

学校：　　　　　　　班级：　　　　　学习成绩等级：

姓名：　　　　　　　学号：　　　　　性别：　①男　　②女

题号	不适合	有时适合	一半适合	多数适合	完全适合	题号	不适合	有时适合	一半适合	多数适合	完全适合
1	①	②	③	④	⑤	16	①	②	③	④	⑤
2	①	②	③	④	⑤	17	①	②	③	④	⑤
3	①	②	③	④	⑤	18	①	②	③	④	⑤
4	①	②	③	④	⑤	19	①	②	③	④	⑤
5	①	②	③	④	⑤	20	①	②	③	④	⑤
6	①	②	③	④	⑤	21	①	②	③	④	⑤
7	①	②	③	④	⑤	22	①	②	③	④	⑤
8	①	②	③	④	⑤	23	①	②	③	④	⑤
9	①	②	③	④	⑤	24	①	②	③	④	⑤
10	①	②	③	④	⑤	25	①	②	③	④	⑤
11	①	②	③	④	⑤	26	①	②	③	④	⑤
12	①	②	③	④	⑤	27	①	②	③	④	⑤
13	①	②	③	④	⑤	28	①	②	③	④	⑤
14	①	②	③	④	⑤	29	①	②	③	④	⑤
15	①	②	③	④	⑤	30	①	②	③	④	⑤

题号	不适合	有时适合	一半适合	多数适合	完全适合	题号	不适合	有时适合	一半适合	多数适合	完全适合
31	①	②	③	④	⑤	34	①	②	③	④	⑤
32	①	②	③	④	⑤	35	①	②	③	④	⑤
33	①	②	③	④	⑤	36	①	②	③	④	⑤

学习过程问卷量表

表层式学习动机：1，7，13，19，25，31(6 项)

深层式学习动机：2，8，14，20，26，32(6 项)

成就式学习动机：3，9，15，21，27，33(6 项)

表层式学习策略：4，10，16，22，28，34(6 项)

深层式学习策略：5，11，17，23，29，35(6 项)

成就式学习策略：6，12，18，24，30，36(6 项)

学习方式 = 学习动机 + 学习策略

第三章 运用 SOLO 分类法开展初中生
函数概念理解水平的调查研究

函数是中学数学的核心知识，它贯穿于中学数学学习的始终，其思想和方法辐射广泛．函数概念作为中学数学中最为重要的概念之一，学好它是学好中学数学的关键．而初中生对函数概念的理解水平和发展规律是函数概念的教和学的理论基础和实践依据．

目前 SOLO 分类法被认为是评价学习质量的一种更为有效的方法，它使教育评价的触角深入质的层面，体现出很大的优越性．将 SOLO 分类法运用到函数概念的研究中，是否会有新的收获呢？本章运用 SOLO 分类法，将函数概念的理解水平划分为五个层次，研究初中生对函数概念中的变量与函数定义、三种表示方法(解析法、列表法、图象法)、综合应用三方面内容的理解水平，以及他们对函数概念的理解在不同表示方法、不同年级和不同性别下的表现差异，并进一步探究初中生对函数概念的错误理解及原因．

第一节 函数概念理解水平的研究价值

1. 函数概念的发展

函数概念的发展经历了漫长的历史进程，众多数学家历经坎坷才得出现行使用的函数概念．从不同角度不断赋予函数新的思想也带动了整个数学的发展．

1637 年，法国数学家笛卡儿(R.Descartes)最先提出了"变量"的概念，他在《几何学》中不仅引入了坐标，而且实际上也引入了变量，他在指出 x, y 是变量的同时，还注意到 y 依赖于 x 而变化，这正是函数思想的萌芽．牛顿(Newton)创立微积分的时候，用流数(fluxion)一词表示变量间的关系．而最早提出"函数"概念的是莱布尼茨(Leibniz)在 1673 年用"function"一词表示变化的量．最初他用"函数"一词来表示幂，后来他又用函数来表示在直角坐标系中曲线上一个点的横坐标、纵坐标等[1]．当时，绝大部分函数只是被当作曲线来研究的，使用范围比较狭窄．

1718 年，伯努利(Bernoulli)给出了函数的解析定义：函数就是由变量 x 和常数组成的式子．之后，数学家欧拉(Euler)、达朗贝尔(d'Alembert)等进一步刻画了函数的解析定义：函数是指一个变量与一些常量通过任何方式(有限的或无限的)形成的解析表达式．1755 年，欧拉进一步给出了函数的变量说定义："如果某个变量以如下方式依赖于另一个变量, 即当后者变化时, 前者本身也发生变化, 则称前一个变量是后一个变量的函数". 同时, 沿用至今的函数符号 $f(x)$ 也是欧拉给出的. [2]

随着人们对函数概念认识的深入, 函数概念又经过了柯西(Cauchy)、罗巴切夫斯基(Lobachevsky)、狄利克雷(Dirichlet)、黎曼(Riemann)等的扩充发展. 狄利克雷给出函数的定义是: 如果对于 x 的每一个值, y 总有一个完全确定的值与之对应, 则 y 是 x 的函数. 此定义, 成功地引进了 "单值对应" 这个概念, 巧妙地避免了过去函数定义中的不明确的 "依赖关系" 的描述, 以清晰完美的方式表达了变量间的依赖关系. 按照这个定义可以清楚地解释函数:

$$f(x) = \begin{cases} 1, & x\text{为有理数}, \\ 0, & x\text{为无理数}. \end{cases}$$

同时, 在这个定义中涉及了取值的概念, 因此, 容易定义函数的定义域和值域. 用这个定义就容易解释上面的两个函数是等价的. [3]

1851 年, 黎曼给出的函数定义是: 我们假定 Z 是一个变量, 它可以逐次取所有可能的实数值, 若对它的每一个值, 都有定量为 W 的唯一的一个值与之对应, 则称 W 为 Z 的函数. 此时的函数概念是对数集上对应关系的概括, 也是至今中学函数概念的基本内容.

生产实践和科学实践的进一步发展又引起了函数概念的发展. 19 世纪末, 康托尔(Cantor)的集合论的产生对函数概念的研究也突破了 "数" 的界限. 维布伦(Veblen)给出了近代函数定义: 在变量 y 的集合与另一个变量 x 集合之间, 如果存在着对于 x 的每一个值, y 有确定的值与之对应这样的关系, 那么变量 y 叫做变量 x 的函数. 这里涉及的变元 x, y 既可以是数, 也可以是点、线段、区间……它被称为函数概念的近代定义. 显然这个定义具有广泛性, 揭示了函数概念的实质. [3]

用集合和对应的概念来定义函数, 这个定义已经完善了. 但后来数学家注意到概念中 "对应" 一词的意义不够明确. 1939 年, 布尔巴基(N. Bourbaki)学派的数学家认为函数的定义应该强调关系, 于是, 将函数定义为

若 X, Y 是两个集合, 二者的笛卡儿积是指 $\{(x,y) \mid x \in X, y \in Y\}$, $X \times Y$ 中的任何子集 S 称为 x 与 y 之间的一种关系. 如果关系 F 满足: 对于每一个 $x \in X$, 都存在唯一的一个 y, 使得 $(x,y) \in F$, 则称关系 F 是一个函数. [2]

函数概念的定义经过 300 多年的锤炼、变革, 形成了函数的现代定义形式, 但这并不意味着函数概念发展的历史终结, 因此, 随着以数学为基础的其他学科的发展, 函数的概念还会继续发展.

我国 "函数" 一词最早出现在 1859 年, 是由清代数学家李善兰创用的, 他与英国来华传教士伟烈亚力(A. Wylie)合译《代微积拾级》时, 将其中 "function" 译为 "函数".

2. 函数在中学数学课程中的核心地位

1904 年，克莱因在哥廷根大学演讲，主张中学数学教学应"以函数为中心". 1905 年，他起草的米兰大纲中的要点之一强调："应将养成函数思想和空间观察能力为数学教学基础." 另外，在他的名著《高观点下的初等数学》中强调用近代数学的观点来改造传统的中学数学内容，主张加强函数和微积分的教学，改革和充实代数的内容. 在他的大力推动下，函数进入了中学数学课程，并作为中学数学课程中的核心内容，渗透到数学的各部分内容中，体现出极其重要的地位，也得到各国教育组织的广泛重视.[2]

目前，函数在很多国家的数学课程标准和教材中都有所体现. 美国《中小学数学课程标准》对于函数有着这样的要求：①理解各种类型的模式和函数关系；②使用符号形式表示和分析数学情形和结构；③应用数学模型以及分析在实际和抽象的背景下的数学模型变化[4]. 英国的中学也是比较重视函数，函数内容贯穿整个数学教学内容.

法国、德国、日本、新加坡等国家和中国香港、中国台湾等地区从课程标准上看都比较重视函数内容.

我国在新一轮的课程改革中更加重视函数内容，函数是贯穿整个中学数学课程的一条主线，不仅重视函数概念、函数的性质、函数的应用，而且重视函数与其他数学知识的联系. 如在方程、不等式等内容中都突出体现了函数及其思想方法.

从现行的义务教育阶段的教材来看，函数知识基本都是安排在八年级和九年级阶段，内容包括变量、函数的概念和表示方法、一次函数（正比例函数）、反比例函数、二次函数. 每一种函数的知识又都和其他知识有着千丝万缕的联系. 其中一次函数与一元一次方程、一元一次不等式有着密切的联系，二次函数与一元二次方程以及高中要学的一元二次不等式有着密切的联系，反比例函数体现的是乘积为定值的两个实数之间的变化规律.

3. 函数概念——初中生学习的难点

由于函数概念的复杂性等，学生对函数概念的理解并不理想. 我国中学的函数概念教学，在初中采用"变量说"，在高中采用"对应说"，这种安排基本上是遵循函数概念历史发展的本来顺序，也符合人们对于函数概念认识过程上的发展性、阶段性，但即便如此，学生形成和理解函数概念的水平仍旧很低. 大量的教学实践表明，函数概念是学生数学学习中感觉最困难的概念之一. 这是因为，一方面，函数概念是抽象的数学概念，是学生在数学学习过程中接触的第一个非常量意义的概念. 学生理解函数不仅要理解常量、变量的概念，而且要理解"变化过程"和变量之间的关系. 同时函数表示方法的多样性，要求学生在符号语言、图形语言和文字语言之间进行灵活地转换，使抽象思维和形象思维结合起来，这对学生而言，是一种思维上的挑战. 另一方面，初级中学阶段，学生的思维发展水平从具体形象思维逐步过渡到抽象逻辑思维，思维还是以经验型的逻辑思维为主，学会了对一些事物进行浅层次的抽象，但还无法上升到辩证逻辑思维阶段[5]．中学生这种认知发展的阶段性特点，往往限制了他们对于抽象函数概念的理解和把握，从而导致了在学习函数时对函数对应变化的相依关系深感困难．

4．研究的意义

　　函数是贯穿中学数学内容的一根主线，函数与代数式、方程、不等式、三角、几何、数列、复数、排列组合、极限和微积分等内容联系非常密切，贯穿整个数学课程，因而函数概念是初中数学的主要概念之一．函数作为描述运动、变化的基本概念，与我们的工作生活密切相关．虽然大多数人也许并没有意识到，但每天充斥在我们周围的股市行情、气温变化、食品价格的涨落、红绿灯时间的设置等无不与函数相关，生活中人们经常自觉不自觉地运用着函数．理解函数概念，树立函数意识，有助于人们思考解决一些实际问题．

　　然而，实践表明函数概念是中学生数学学习中感到最困难的概念之一，中学生对函数概念的理解往往含糊不清．学生对初中的函数概念的理解掌握直接影响到高中阶段的函数学习，因而初中函数概念的学习非常重要．在初中阶段作为学生数学学习过程中接触的第一个非常量意义的概念，函数概念使学生的研究对象从常量转到变量，从"不变"到"变"，是学生数学认知发展中的一次飞跃，能否实现这一飞跃对学生今后的函数学习和数学发展都至关重要．同时，函数表示方法的多样性，要求学生在符号语言、图形语言和文字语言之间进行灵活转换，这对学生的思维发展来讲也是一次飞跃．因此，了解现阶段初中生对函数概念的理解状况，能够为函数概念的教学开展提供参考，以便更好地促进学生对函数概念的学习．

　　李士锜先生说过："大家都在讲理解，并且普遍认为，只有理解才算学好数学"，[6] 可见重视学生对数学的理解现已成为数学教育的一个共识．事实上，我们对学生就某个数学知识能够达到怎样的理解水平缺乏清楚的认识．而一个人在某个概念上何时能达到怎样的层次，却因人而异，这主要取决于他先天和后天的条件．教师的任务就在于帮助每个学生去达到他能达到的理解水平，并提供达到这个理解水平的途径．而 SOLO 分类法为评价学习质量提供了一种更为有效的方法，它使教育评价的触角深入质的层面，为师生提供了有关教学质量的有效信息，具有帮助教师改进教学和激励学生探究学习的双重功能．[3]本研究的一个重要目的就是借助 SOLO 分类法划分函数概念的理解水平，了解初中生在每个水平上的思维特点和具体表现，并初步提出提高函数概念教学质量的教学建议．

第二节　初中生函数概念理解水平的研究内容

1. 初中函数概念的理解

李士錡先生认为：学习一个数学概念、原理、法则，如果在心理上能组织起适当的有效的认知结构，并使之成为个人内部知识网络的一部分，那么才说明是理解了。这种观点都强调了概念的"网络"含义，突出了一种知识整体的观念。[6]

初中数学教科书中关于函数概念的定义是这样描述的：

设在一个变化过程中有两个变量 x 与 y，如果对于 x 的每一个值，y 都有唯一的值与它对应，那么就说 x 是自变量，y 是 x 的函数。

这个定义和狄利克雷等对函数概念的定义几乎是相同的，对初中生(12 岁—14 岁)函数概念理解是有益的，不引入现代数学的某些术语如集合、对应、关系、法则等便于初中生对函数概念的认识，应该是一个好的认知根源。已有研究也说明，将函数作为过程来理解的想法可以作为形式概念合适的认知根源。而这样的表述是将函数作为过程来认识。[3]

从以上函数概念的定义也可以看出，变量是函数的基础，对变量的认识是理解函数的重要前提。

《全日制义务教育数学课程标准》(2011 版)对函数的内容作出要求：[7]

1)探索简单实例中的数量关系和变化规律，了解常量、变量的意义。

2)结合实例，了解函数的概念和三种表示法，能举出函数的实例。

3)能结合图象对简单实际问题中的函数关系进行分析。

4)能确定简单实际问题中函数自变量的取值范围，并会求出函数值。

5)能用适当的函数表示法刻画简单实际问题中变量之间的关系。

6)结合对函数关系的分析，能对变量的变化情况进行初步讨论。

2. 初中生函数概念理解水平的研究问题

学生在初中阶段对函数概念的理解掌握程度直接影响着高中阶段对函数概念的理解，甚至影响着以后许多相关知识的学习，所以我们非常有必要搞清楚初中生的函数概念的认知水平、具体表现等，本章从以下三个主要问题展开研究。

1)初中生函数概念理解水平是怎样的？具体表现如何？

2)初中生函数概念理解水平在不同表示方法、不同年级和不同性别下是否存在差异？

3)初中生对函数概念的理解存在哪些常见错误及成因是什么？对教学有何启示？

对函数概念理解情况的考查，笔者从"层"和"面"两个维度进行。[8]

从"面"上看,即函数概念的理解内容,我认为它包括变量与函数定义、表示方法(解析法、列表法、图象法)及综合应用三方面的内容.

首先,函数概念的抽象性体现在它是学生接触的第一个非常量意义的概念上,学生不仅要理解常量、变量的概念,而且要理解"变化过程"和"变量"之间的关系,学生对变量的理解困难会制约他对函数概念的理解,因而对函数概念的考查首先应当对变量进行考查.此外函数定义中"函数值唯一"这个必备条件,是函数最重要的特征,这是判断一个对象是不是函数的关键所在.

其次,函数具有多种表示方法,对函数概念的理解与否,要看学生是否能够正确地表示函数,是否能够在函数的多种表示方法之间进行灵活地转换.本研究要考查学生对函数多种表示方法的理解,了解学生在判断一个对象为函数时是否能将函数概念的多种表示方法统一起来,从而真正理解函数的本质.

再次,对函数概念的学习,最终要落实到应用上,应用水平的高低可用来检验学生是否真正理解和掌握了函数概念.

将 SOLO 分类法作为对函数学习不同结果评价的理论基础,这将会强化研究结果的科学性和合理性.本研究的内容是运用 SOLO 分类法,通过调查东莞市某中学的学生,研究初中生对函数概念中的变量与函数定义、三种表示方法(解析法、列表法、图象法)、综合应用三方面内容的理解水平,以及他们对函数概念理解在不同表示方法、不同年级和不同性别下的表现差异,并进一步探究初中生对函数概念的错误理解类型及成因,为教学提供建议.

3. 初中生函数概念理解水平的界定

本研究关注的是学生对函数概念所表现出的不同理解水平,因此在这里我们将 SOLO 分类理论作为研究的理论基础.依据 SOLO 分类理论,结合课程标准的要求对初中生函数概念理解水平界定如表 3-1 所示.

表 3-1 初中生函数概念思维表现与 SOLO 水平对照表

思维表现	SOLO 水平
(1)完全不了解变量、函数定义,比如误认为函数就是一种数 (2)不能接受函数的多种表示方法,误认为表格不可能表示函数等 (3)将完全无关或不合逻辑的信息甚至空白作为问题的回答	前结构水平
(1)在日常生活问题或简单数学模型中,能区分常量与变量 (2)能列举日常生活中一些简单的函数例子 (3)能理解解析式表达的函数,并能熟练进行求自变量的取值范围、求函数值等计算 (4)知道函数关系隐藏在变化过程中,误认为函数是两个变量之间的等量关系,含有 x, y 的等式都表示 y 是 x 的函数	单点结构水平
(1)了解变量与常量的意义,能描述函数定义的内容,知道函数是两变量间的一种对应关系 (2)能凭借经验和回忆识别一些常见的函数 (3)能理解函数表示方法的多样性,能用多种方法表示常见问题中的函数关系 (4)能运用学过的一次函数、二次函数、反比例函数解决常见的函数问题	多点结构水平

续表

思维表现	SOLO 水平
(1)基本能理解自变量与因变量之间的对应关系，能认识到函数值唯一性这一特征 (2)能根据不同需求选取恰当的函数表示方式，并能在不同方式之间进行转换 (3)对各种常用类型的函数(如常量函数、分段函数等)都有所认识，并能在具体或抽象的情境下进行应用	关联结构水平
(1)能清晰地理解函数概念的本质特征，并能依据函数的定义正确识别函数 (2)能将函数在不同表示方式间灵活转换，对用图象描述的实际问题中的函数关系也能很快领会，具有较强的识图、绘图能力 (3)具有一定的辩证思维能力，能运用函数知识解决复杂情形下的实际问题	抽象扩展结构水平

研究中，我们将参照以上的内容，对学生的测试结果进行水平划分.

第三节　初中生函数概念理解水平的调查分析

1. 研究的设计与方法

(1)研究的问题与步骤

本研究的主要问题是：

1)初中生函数概念理解水平是怎样的？具体表现如何？

2)初中生函数概念理解水平在不同表示方法、不同年级和不同性别下是否存在差异？

3)初中生对函数概念的理解存在哪些常见错误及成因是什么？对教学有何启示？

本研究主要采用问卷调查的研究方法，问卷调查是本研究最重要、最基本的部分，其主要目的是：考查初中生对函数概念的理解水平；考查初中生对函数概念的理解在各个水平上的具体表现.

在文献研究的基础上，进行实证研究的步骤如下：了解初中生函数概念学习的内容、特点和表现，确定函数概念理解的内容. 运用 SOLO 分类法，对函数概念理解的水平进行划分. 综合 1)，2)的结果，初步建立初中生函数概念理解水平测试卷. 进行预测，对上述调查测试卷进行修改，形成正式的测试卷(见附录). 对选取的被试展开正式问卷测试. 针对上述问卷的具体情况，对部分学生进行访谈. 对测试和访谈的结果进行统计、分析处理.

(2)被试的选择

由于研究的主要目的是考查初中生对函数概念的理解水平，被试必须是学习过函数概念的初中生，而人教版中"函数概念"的学习在八年级，故本研究只选取东莞市某中学八年级和九年级的学生作为测试对象.

研究中学校、学生的选择直接影响研究的结果，事实上东莞市该中学没有重点和非重点之分，一般都是分区域招生，本次调查笔者所选的一所普通中学，它较具有一般性，在该校八年级和九年级中随机选取两个班的学生作为测试对象．参加测试的学生共 195 人，其中八年级 96 人，九年级 99 人；男生 106 人，女生 89 人．具体学生分布情况如表 3-2 所示．

表 3-2　被试的情况统计表

年级	八年级			九年级			总计
班别	218 班	211 班	合计	308 班	302 班	合计	
男生人数	27	26	53	29	24	53	106
女生人数	22	21	43	20	26	46	89
总人数	49	47	96	49	50	99	195

(3) 测试卷的编制

本问卷调查的主要目的是对函数概念理解情况的考查，鉴于函数概念的复杂性，我从"层"和"面"两个维度编制题目．测试题目在三个内容领域上按照学生的思维层次进行设计，"层"的维度决定题目的难度，"面"的维度反映题目的广度．

从"面"上看，即函数概念的理解内容，它包括变量与函数定义、表示方法(解析法、列表法、图象法)及综合应用三个方面的内容．各内容在测试卷中的分布如表 3-3 所示．

表 3-3　测试卷的考查内容分布表

内容板块	具体内容	题号	分值
变量与函数的定义	变量	1	4
	函数的定义	2, 3	8
函数的表示方法	列表法	4	3
	解析法	5, 6	7
	图象法	7, 8, 9, 10	16
综合应用	函数的应用	11, 12, 13	12

从"层"上看，即函数概念的理解水平．本研究运用 SOLO 分类法将函数概念的理解水平分为五个层次：前结构水平(P)、单点结构水平(U)、多点结构水平(M)、关联结构水平(R)、抽象扩展结构水平(E)，因而测试的题目也是依照 SOLO 分类理论的基本思想编制而成的．

为了试题的顺利编制，笔者精心研读课程标准、教材内容、教学要求和考试说明等，结合多年教学经验，对每个问题学生可能做出的各种反应进行估计，反复斟酌，并按 SOLO 水平进行层次划分，然后依据这些信息编制出每一道相应的题目，最后还根据题目的试测结果，进一步修改，才确定了正式的测试卷．正式的测试卷中，除了第 4 题和第 6 题，每道题检测的最高思维层次均为抽象扩展结构水平．此外为了进一步的研究，还将学生的反应层次进行量化，并制定了详细的测试卷记分方式、评分标准和评价方法(在"数据的收集、处理和分析"一节中介绍).

测试卷的题目类型主要有解答题、画图题、填空题、判断题和选择题.

(4) 数据的收集、处理和分析

实施过程. 测试卷编制完后，先在测试学校八、九年级中各随机抽取一个班的 15 名学生进行测试，然后根据测试反馈的信息对测试试题的难易程度、表述方式、测试时间等进行进一步的修改，正式测试是在 2013 年 5 月份对四个被试班级进行，此时每个年级的学生都学完了课程中阶段函数的内容，甚至该年级全部的课程，他们能更好地代表本年级的水平. 测试安排在数学自习课上，共发出问卷 195 份，收回 195 份，全部有效.

对学生的编码. 我用 A1-11-1 的形式对每个测试的学生进行编码，"A1-11-1"代表"班级-序号-性别". 四个班级分别对应四个代号"B1""B2""J1""J2"，如"B1"代表八年级第 1 个班(218 班)，"J2"代表九年级第 2 个班(302 班)；性别为"1"代表"男生"，为"2"代表"女生"；如：学生 B2-03-2，它代表八年级第 2 个班(即 211 班)序号为 3 号的学生，是一位女生.

记分方式. 本研究采用 SOLO 分类法作为标记学生理解水平的模型，根据这一模型，学生对题目的回答由低到高的层次被标记为前结构水平(P)、单点结构水平(U)、多点结构水平(M)、关联结构水平(R)、抽象扩展结构水平(E)五种，测试卷的评价中依次记 0, 1, 2, 3, 4 分. 如测试卷中第 10 题：画函数 $y = |x+3|$ 的图象，若学生留空白或是任意地将图象作成抛物线等曲线，则判定为前结构水平，记为 0 分；若学生画出直线或正确描出一系列点，则判定为单点结构水平，记为 1 分；若学生能正确画出函数 $y = x+3$ 的图象，则判定为多点结构水平，记为 2 分；若学生在图象 $y = x+3$ 的基础上作出进一步的思考，比如能考虑到绝对值、非负性等，则判定为关联结构水平，记为 3 分；若学生能用描点法、对称性等方法正确画出图象，则判定为抽象扩展结构水平，记为 4 分.

评分标准. 本测试卷共 13 题，第 4 题、第 6 题满分为 3 分，其他的满分均为 4 分，总分为 50 分.

第 1 题为填空题，仅填对 1 个或 2 个空且未能完整答对(1), (2), (3)中任何一小题，记为 1 分；答对一小题，记为 2 分；答对两小题或答对 4 个空，记为 3 分；答对三小题，记为 4 分.

第 2 题为简答题，第(1)小题的判断题不单独给分，结合第(2)小题综合记分. 若在描述定义时能指出"变化过程""两个变量""对应""函数值唯一"等关键词中的 1 个，或作出 2 个正确判断，记为 1 分；能指出 2,3 个关键词的回答，记为 2 分；大致能描述定义的回答记为 3 分；能较清楚描述定义并作出正确判断的答案，记为 4 分.

第 3 题以判断题为主，答案的内容包括四次判断和理由说明五个答题点，答对 1 点，记为 1 分；答对 2 点，记为 2 分；答对 3 点或 4 点，记为 3 分，答对 5 点，记为 4 分.

第 4 题为判断题，答对一题，记为 2 分；答对两题，记为 3 分.

第 5，7 题也是判断题，每题包括 8 小题，共答对 1—3 小题，记为 1 分；答对 4 小题，记为 2 分；答对 5，6 小题，记为 3 分；答对 7，8 小题，记为 4 分.

第 6 题为解答题，仅能求出 y_1 或 y_2 的值，记为 1 分；能求出 y 的值或写出函数解析式，记为 2 分；能求出 y 的值且写出函数解析式，记为 3 分.

第 8 题为选择题，正确选项是 D. 选 A，记为 1 分；选 C，记为 2 分；选 B，记为 3 分；选 D，记为 4 分.

第 9 题为画图题，该题中的变化过程可细分为 6 个阶段，与题目几乎无关或是仅能正确完成 1 个阶段的答案，记为 0 分；正确完成 2，3 个阶段的答案，记为 1 分；正确完成 4 个阶段的答案，记为 2 分；正确完成 5 个阶段，记为 3 分；能准确完整画出图象，则记为 4 分.

第 10 题也是画图题，若空白或是任意地将图象作成抛物线等曲线，则记为 0 分；画出直线或正确描出一系列点，记为 1 分；能正确画出函数 $y = x + 3$ 的图象，记为 2 分；若在图象 $y = x + 3$ 的基础上作出进一步的思考，比如能考虑到绝对值、非负性等，则记为 3 分；若学生能用描点法、对称性等方法正确画出图象，则记为 4 分.

第 11 题为填空题，四个空的得分依次为 1 分、2 分、3 分、4 分；四个空中的最高得分为该题得分.

第 12 题为解答题，写出与题目相关的代数式，如 $2.5x$，$x - 3$，$2.5x + 8$ 等，记为 1 分；写出式子 $y = 2.5x + 0.5$ 或 $y = 8 + 2.5(x - 3)$，记为 2 分；能对 x 的取值分情况讨论，完整完成第 (1) 题，记为 3 分；全部答对，记为 4 分.

第 13 题为解答题，能分上坡、下坡写出一些有关路程、时间、速度等信息，记为 1—2 分；能正确求出上下坡的速度，记为 3 分；能将返程分为上坡、下坡分别计算时间，无论计算是否正确，均记为 4 分.

以上各题，空白的回答、完全无关的回答、不合逻辑的回答等，均被记为 0 分.

评价方法. 我们将学生在每类测试题的得分取出平均值，也即平均分，作为对此类问题理解水平的评价依据，表 3-4 是平均分与 SOLO 水平对照表（A 表示平均分）.

表 3-4　平均分与 SOLO 水平对照表

平均分	SOLO 水平
0 分 $\leqslant A < 0.5$ 分	前结构水平 (P)
0.5 分 $\leqslant A < 1.5$ 分	单点结构水平 (U)
1.5 分 $\leqslant A < 2.5$ 分	多点结构水平 (M)
2.5 分 $\leqslant A < 3.5$ 分	关联结构水平 (R)
3.5 分 $\leqslant A \leqslant 4$ 分	抽象扩展结构水平 (E)

例如，某学生在"变量与函数定义"各题的平均分为 3.07 分，则该学生对变量与函数定义的理解处于关联结构水平(R)；又如，九年级学生在"函数表示方法"各题的平均分为 2.34 分，则九年级学生对函数表示方法的理解处于多点结构水平(M)的高层次.

2. 结果统计与分布

(1)结果的统计

我们对测试卷中学生的回答给予评价和水平判定.

如第 12 题：某市出租车收费标准为：3 千米内收费 8 元，以后每增加 1 千米加收 2.5 元. ①求应付的车费 y(元)与乘车路程 x(千米，x 为正整数)的函数关系式；②小李有 20 元，他乘出租车最远能走多少千米？我们对学生的回答是这样评价的：

a)给出完全无关的信息或留空白，我们将其归为前结构水平的回答.

b)写出与题目相关的代数式，如 $2.5x$，$x-3$，$2.5x+8$ 等，被判定为单点结构水平的回答.

c)写出式子 $y=2.5x+0.5$ 或 $y=8+2.5(x-3)$，则可视为多点结构水平的回答.

d)能对 x 的取值分情况讨论，准确写出函数关系式，写出的答案如

$$y=\begin{cases}8, & 0<x\leqslant 3, \\ 2.5x+0.5, & x>3\end{cases}$$

或当 $x\leqslant 3$ 时，$y=8$；当 $x>3$ 时，$y=2.5x+0.5$. 另一种情况，学生不通过函数关系式仅根据实际经验求解第②小题，如由 $(20-8)\div 2.5+3=7.8$，得能走 7 千米，这是关联结构水平的回答.

e)能理解①的意义，抽象概括得出第②小题的一般解法，顺利运用已知一变量求另一变量的方法求解. 如：当 $y=20$ 时，有 $2.5x+0.5=20$……这被判定为抽象扩展结构水平的回答.

学生的回答和评价结果举例：

单点结构水平的回答　　　　　　　　　多点结构水平的回答

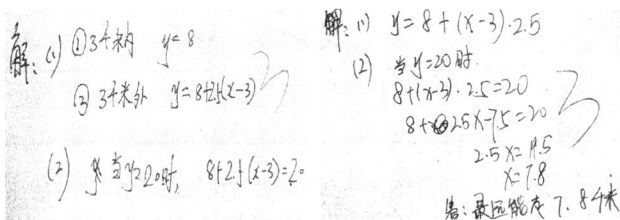

关联结构水平的回答

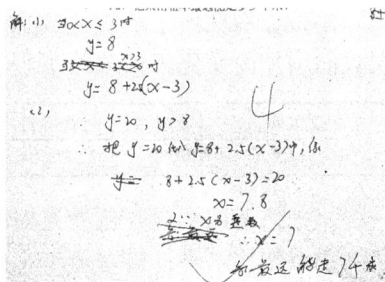

抽象扩展结构水平的回答

又如，第 10 题：画出函数 $y = |x+3|$ 的图象．我们对学生的回答是这样评价的：

a) 留空白或是任意地将图象作成抛物线等曲线，是前结构水平的回答．

b) 画出直线或正确描出一系列点，是单点结构水平的回答．

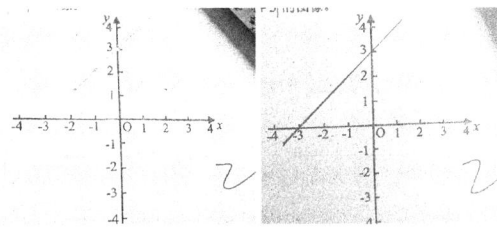

c) 画出函数 $y = x+3$ 的图象，是多点结构水平的回答．

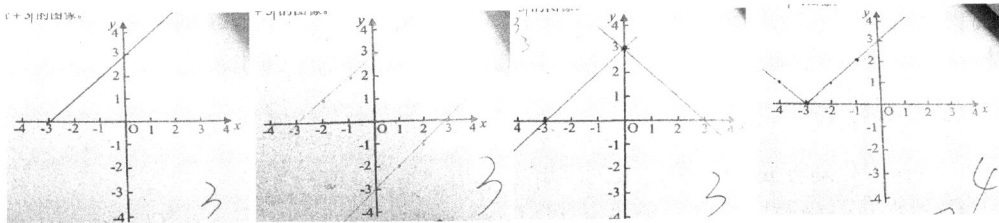

d) 在图象 $y = x+3$ 的基础上作出进一步的思考，比如能考虑到绝对值、非负性等，这是关联结构水平的回答．

e) 用描点法、对称性等方法正确画出图象，这是抽象扩展结构水平的回答．

学生的回答和评价结果举例：

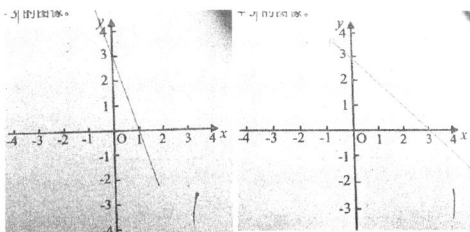

单点结构水平的回答

多点结构水平的回答

关联结构水平的回答

抽象扩展结构水平的回答

又如，填空题第 11 题：对于圆柱形的物体，常按如右图所示放置，物体的总数随着层数的增加而变化，请填写下表：

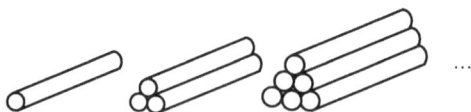

层数 n	1	2	3	4	...		...	n
物体总数 y	1	3			...	21	...	

本题需要四个问题依次是对四个思维层次的衡量，答对第一个问题，就被判定为达到单点结构水平；答对第二个问题就达到多点结构水平；答对第三个问题就达到关联结构水平；答对第四个问题就达到抽象扩展结构水平.

而选择题、判断题的评价标准也有别于传统试题，我们是这样评价的：

如判断题第 5，7 题，我们认定多点结构水平应能作出 4 个正确判断，而正确判断个数少于 4 时被判定为单点结构水平，正确判断超过 6 个可判定为抽象扩展结构水平. 特别指出的是，当学生的判断全部为"否"时，视为不合逻辑的答案，判定为前结构水平.

又如，选择题第 8 题，此题正确选项是 D. 选 D 被判定为达到抽象扩展结构水平，而其他三个选项按照它所反映的思维的复杂程度依次都判定为 A——单点结构水平，C——多点结构水平，B——关联结构水平. 与传统试题的不同之处明显在于：选错了选项仍可以得分.

学生的回答和评价结果举例：

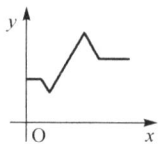

A	C	B	D
单点结构水平的回答	多点结构水平的回答	关联结构水平的回答	抽象扩展结构水平的回答

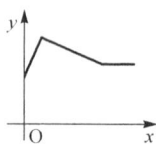

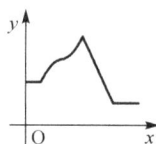

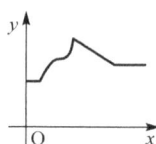

我们对每一个测试学生对每道题的回答作出评价，并按照 SOLO 水平从低到高的顺序分别记为 0，1，2，3，4 分(第四章有详细说明)，得出每位学生在每道题的得分，用平均得分代表学生的平均水平. 在此基础上，我们用统计软件 SPSS 对数据进行统计分析，主要进行了 t 检验等，衡量学生对函数概念的理解水平和比较差异.

(2)结果的分析

（Ⅰ）初中生对变量与函数定义的理解的分析

(i)对变量与函数定义的理解水平

第 1—3 题主要考查学生对变量与函数定义的理解情况. 在"数据的收集、处理和分析"一节中我们介绍过，学生在每道题中的得分代表着他的 SOLO 水平，表 3-5

将第 1 题的不同水平上的学生人数占本年级总人数的百分比列表，加以分析.

表 3-5　学生解决第 1 题所表现出的 SOLO 水平　　（单位：%）

	P 水平(0 分)	U 水平(1 分)	M 水平(2 分)	R 水平(3 分)	E 水平(4 分)
八年级	11.5	46.9	13.5	13.5	14.6
九年级	2.0	33.3	15.2	39.4	10.1

由表 3-5 看来,学生对常量与变量的理解水平随着年级的增长明显提高,大约 50%的九年级学生达到 R 水平以上,大约 50%的八年级学生仅能达到 U 水平. 由学生的答卷可发现,学生的错误集中表现为：①未能指出问题中所有的变量,比如仅能指出两个变量中的一个；②未能理解问题中的变化规律,认为"自变量增加多少,函数值也增加多少",可见学生对变量的理解不够深刻.

表 3-6 将第 2 题的不同水平上的学生人数占本年级总人数的百分比列表,加以分析.

表 3-6　学生解决第 2 题所表现出的 SOLO 水平　　（单位：%）

	P 水平(0 分)	U 水平(1 分)	M 水平(2 分)	R 水平(3 分)	E 水平(4 分)
八年级	0	9.4	42.7	36.5	11.5
九年级	0	11.1	28.3	38.4	22.2

本题要求学生描述函数的定义,90%左右的学生达到 M 水平以上,说明他们基本能说出"变化过程""变量""对应关系""函数值唯一"等关键词,大致描述定义,对定义的掌握达到很好的熟记效果.

第 3 题主要以不同的形式呈现函数关系,有实际问题的,有方程形式的,有等式、图形、表格等,让学生加以识别和解释（表 3-7）.

表 3-7　学生解决第 3 题所表现出的 SOLO 水平　　（单位：%）

	P 水平(0 分)	U 水平(1 分)	M 水平(2 分)	R 水平(3 分)	E 水平(4 分)
八年级	9.4	24.0	34.4	24.0	8.3
九年级	3.0	7.1	56.6	20.2	13.1

由表 3-7 可看出大部分学生达到 M 水平,下面进一步对每一小题具体分析,如图 3-1 所示.

80%左右的学生能顺利识别第(1)小题,可见学生对以生活实际为背景的问题有较好的理解. 两个年级在第(2)小题有较大的差异,八年级明显偏差,这说明九年级学生对自变量和因变量有更好的理解,对式子的变形也更熟练些. 而两个年级对第(3),(4)小题的回答都很糟糕,可见学生对图象、表格表示函数印象不深,个别学生持完全否认的态度,然而这两道题恰好选自于课本,它们是课本中引入函数概念时采用的例子,由此可知,教师在教学中对它们未给予足够的重视,从而导致学生的理解困难.

图 3-2 显示各年级在第 1,2,3 题中平均得分的情况.

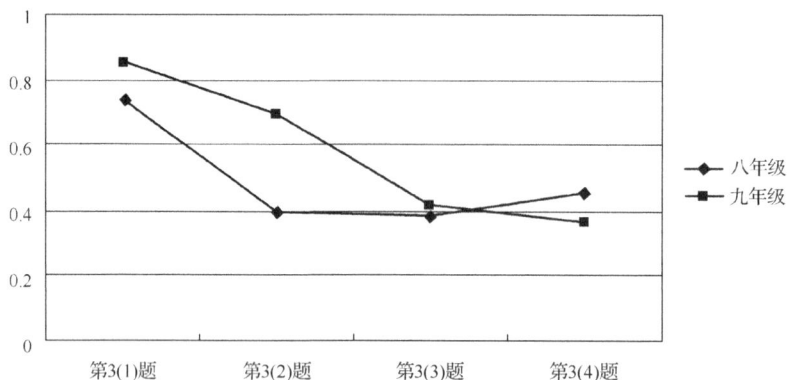

图 3-1　第 3 题各小题正确率的直观图

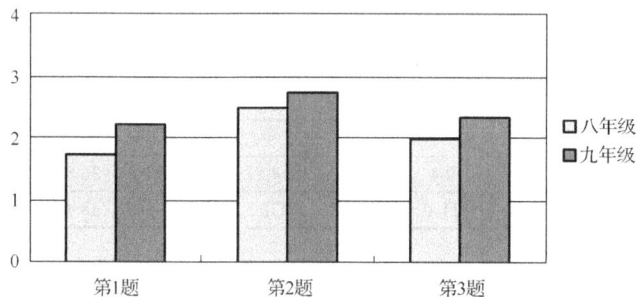

图 3-2　"变量与函数定义"中各题平均得分的直观图

从结果来看，三道题的平均得分都在 2 分左右，九年级比八年级略高一些.

(ii) 对变量与函数定义的理解差异

下面对三道题的平均分进行进一步的检验，分析不同年级、不同性别的学生在"变量与函数定义"上的理解差异.

1) 八、九年级学生"变量与函数定义"测试结果的 t 检验(表 3-8).

表 3-8　组统计量

	年级	N	均值	标准差	均值的标准误
变量与函数定义	八年级	96	2.0694	0.69403	0.07083
	九年级	99	2.4242	0.54672	0.05495

独立样本检验

		方差方程的 Levene 检验		均值方程的 t 检验					差分的 95% 置信区间	
		F	Sig.	t	df	Sig.(双侧)	均值差值	标准误差值	下限	上限
变量与函数定义	假设方差相等	6.042	0.015	−3.972	193	0.000	−0.35480	0.08932	−0.53097	−0.17862
	假设方差不相等			−3.958	180.406	0.000	−0.35480	0.08965	−0.53169	−0.17790

该检验的结果分为两部分：第一部分为方差齐性检验，用于判断两组样本方差是否齐性，这里的检验的结果为 $F = 6.042$，$p = 0.015 < 0.05$，可见在本例中样本方差不齐；第二部分则分别给出所在样本方差齐和不齐时的 t 检验结果，由于前面的方差齐性检验结果为方差不齐，第二部分就应选用方差不齐时的 t 检验结果，即下面一行列出的 $t = -3.958$，$df = 180.406$，$p = 0.000 < 0.01$. 从而最终的统计结论为按 $a = 0.01$ 水准，接受 H_0，认为九年级学生对变量与函数定义的理解极其显著地优于八年级.

2）男女学生"变量与函数定义"测试结果的 t 检验（表 3-9）.

表 3-9 组统计量

	性别	N	均值	标准差	均值的标准误
变量与函数定义	男	106	2.2516	0.64703	0.06285
	女	89	2.2472	0.65042	0.06894

独立样本检验

		方差方程的 Levene 检验		均值方程的 t 检验					差分的 95%置信区间	
		F	Sig.	t	df	Sig.（双侧）	均值差值	标准误差值	下限	上限
变量与函数定义	假设方差相等	0.048	0.827	0.047	193	0.963	0.00438	0.09325	-0.17953	0.18829
	假设方差不相等			0.047	186.868	0.963	0.00438	0.09329	-0.17965	0.18842

由表 3-8 可看出，方差齐性检验的结果为 $F = 0.048$，$p = 0.827 > 0.05$，可见在本例中样本方差齐. t 检验结果显示：方差齐时，$t = 0.047$，$df = 193$，$p = 0.963 > 0.05$. 从而最终的统计结论为按 $a = 0.05$ 水准，拒绝 H_0，认为男生和女生对变量与函数定义的理解没有显著性差异.

(iii) 小结

通过对"变量与函数定义"测试结果的分析，初步得出以下结论.

a）八年级的平均分为 2.07 分，九年级的平均分为 2.42 分，九年级比八年级略高一些，也就是说初中生对变量与函数定义的理解处于多点结构水平（M），而且九年级学生对变量与函数定义的理解极其显著地优于八年级.

b）男生和女生的平均分均为 2.25 分，他们对变量与函数定义的理解没有显著性差异.

c）具体来说，学生对常量与变量概念的理解非常肤浅，尤其是八年级学生对辨别问题中的变量和理解变化规律感到非常困难；九年级学生对自变量和因变量有较好的理解；学生对函数定义的掌握能达到很好的熟记效果，但对函数的本质特征理解不够深刻，比如不能理解"多对一"的情形.

（Ⅱ）初中生对函数表示方法的理解的分析

（i）对函数表示方法的理解水平

第 4—10 题主要考查学生对函数表示方法的理解情况．同上，我们将不同水平上的学生人数占本年级总人数的百分比列表，从表格、解析式、图象三种表示方法加以分析．

1）对表格表示函数的理解（表 3-10、表 3-11）．

表 3-10　学生解决第 4 题所表现出的 SOLO 水平　　　　　　　　（单位：%）

	P 水平(0 分)	U 水平(1 分)	M 水平(2 分)	R 水平(3 分)
八年级	12.5	\	83.3	4.2
九年级	12.1	\	76.8	11.1

表 3-11　学生解决第 4 题的正确人数及百分率

	八年级(共 96 人)		九年级(共 99 人)	
	正确的人数	百分率/%	正确的人数	百分率/%
第 4(1)题	44	45.8	40	40.4
第 4(2)题	44	45.8	58	58.6

本题侧重于对"函数值唯一性"这一本质属性的考查，两小题都呈现了"多对一"的情形，学生普遍感到混乱．而第(2)小题跟二次函数的知识联系密切，九年级学生应接触过，他们的正确率为 58.6%，八年级仅为 45.8%．可见学生在本题中表现出非常低的 SOLO 水平，达到 R 水平的八年级学生不足 5%．

2）对解析式表示函数的理解．

第 5 题要求学生判断所给的式子是否表示 y 是 x 的函数，选择的数学符号比较广泛，有一次函数、二次函数、反比例函数、常值函数、分段函数，有方程形式的式子，有自变量受限制的等，共有 8 个问题：(1) $y = x^2 + 3x$；(2) $y = 5 - x(-1 < x \leqslant 1)$；(3) $xy = 5$；(4) $y = \pm x$；(5) $y^2 = 2x$；(6) $y = \begin{cases} 1, & x \geqslant 0, \\ -1, & x < 0; \end{cases}$ (7) $x = 1$；(8) $y = 4$．

从表 3-12 可见，学生表现出了较高的 SOLO 水平，八、九年级分别约有 52%，67% 的学生达到 R 水平和 E 水平．这充分说明学生对解析式表示函数的理解较好．表 3-13 是对每一小题回答正确的人数及百分率的统计，并绘制成图(图 3-3)．

表 3-12　学生解决第 5 题所表现出的 SOLO 水平　　　　　　　　（单位：%）

	P 水平(0 分)	U 水平(1 分)	M 水平(2 分)	R 水平(3 分)	E 水平(4 分)
八年级	0	14.6	33.3	46.9	5.2
九年级	0	8.1	24.2	63.7	4.0

表 3-13　第 5 题正确率统计表

	八年级(共 96 人)		九年级(共 99 人)	
	正确的人数	百分率/%	正确的人数	百分率/%
第 5(1)题	43	44.8	86	86.9
第 5(2)题	68	70.8	80	80.8
第 5(3)题	66	68.8	75	75.8
第 5(4)题	70	72.9	64	64.6
第 5(5)题	47	49.0	54	54.5
第 5(6)题	35	36.5	17	17.2
第 5(7)题	84	87.5	93	93.9
第 5(8)题	24	25	13	13.1

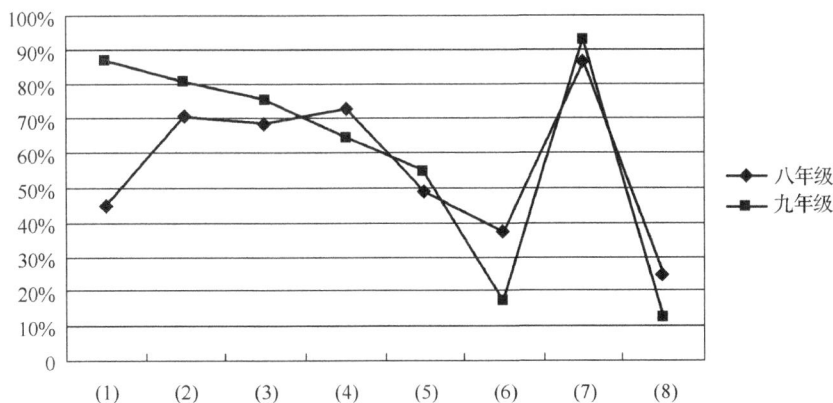

图 3-3　第 5 题各小题正确率的直观图

从总体上来看,对学过的一次函数、反比例函数等的判断正确率较高,比如第(2),(3)小题;而对常值函数、分段函数等特殊函数的判断正确率非常低,如第(6),(8)小题.

第(1)小题表达的是二次函数关系,此时九年级的正确率达到 86.9%,远远高于八年级,可以看出,学生对函数符号是否学过直接影响他们的认知.对于陌生的形式如第(4)小题中的 $y = \pm x$,又如第(6),(8)小题,九年级回答的情况反而比八年级糟糕,这又可得知,学生作出判断依靠的是自己的经验而并非函数的定义这一基本依据,这种现象在九年级甚至更严重些,他们运用函数定义识别函数解析式的能力并没有随着年级的增长而提高.

第(7)小题的正确率高达 90%,是回答得最好的一题,这出乎意料!访谈的结果令你恍然大悟,学生的判断依据竟然是"函数关系式中一定会有 x, y""不都含 x, y

的式子一定不是函数",尽管是歪打正着,可现在看来,本题越高的正确率恰恰体现学生犯错的程度越严重.

第 6 题考查学生对所给的函数解析式的理解程度以及求函数值的掌握情况(表 3-14).

表 3-14　学生解决第 6 题所表现出的 SOLO 水平　　　　　(单位:%)

	P 水平(0 分)	U 水平(1 分)	M 水平(2 分)	R 水平(3 分)
八年级	14.5	6.3	56.3	22.9
九年级	3.0	8.1	39.4	49.5

结果反映出学生对"等式""方程"形式的函数关系理解深刻,对求函数值的方法掌握非常好.

3)对图象表示函数的理解.

第 7 题要求学生对给出的图象判断是否表示 y 是 x 的函数,共有如下 8 个问题:

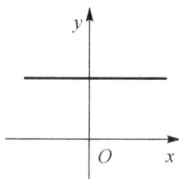
(1)

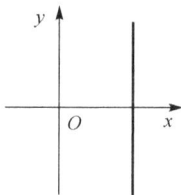
(2)

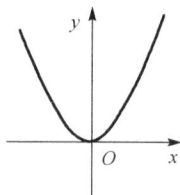
(3)

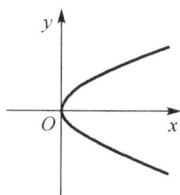
(4)

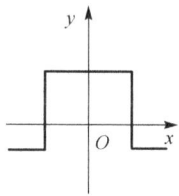
(5)

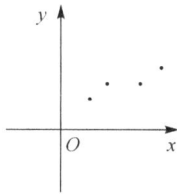
(6)

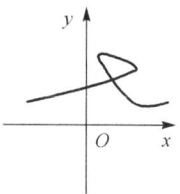
(7)

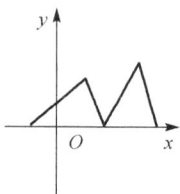
(8)

从表 3-15 可见,九年级学生表现出的 SOLO 水平较高些,约有 65%的学生达到 R 水平以上,而八年级有 46.9%的学生仅达到 M 水平.表 3-16 是对每一小题回答正确的人数及百分率的统计,并绘制成图(图 3-4).

表 3-15　学生解决第 7 题所表现出的 SOLO 水平　　　　　(单位:%)

	P 水平(0 分)	U 水平(1 分)	M 水平(2 分)	R 水平(3 分)	E 水平(4 分)
八年级	0	8.3	46.9	39.6	5.2
九年级	0	8.1	27.3	57.6	7.1

表 3-16　第 7 题正确率统计表

	八年级(共 96 人)		九年级(共 99 人)	
	正确的人数	百分率/%	正确的人数	百分率/%
第 7(1) 题	26	27.1	26	26.3
第 7(2) 题	75	78.1	80	80.8
第 7(3) 题	89	92.7	97	98.0
第 7(4) 题	29	30.2	46	46.5
第 7(5) 题	81	84.4	81	81.8
第 7(6) 题	16	16.7	13	13.1
第 7(7) 题	89	92.7	92	92.9
第 7(8) 题	32	33.3	39	39.4

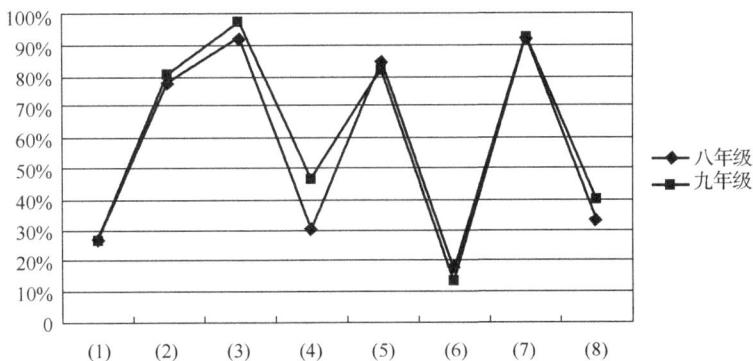

图 3-4　第 7 题各小题正确率的直观图

各小题的正确率高低极其分明,其中第(2),(3),(5),(7)题正确率很高,第(1),(4),(6),(8)题反之. 由访谈的结果可得知,学生普遍认为第(4)小题的图象是光滑连续的曲线,它能表示函数;第(6)小题仅是一些点,第(8)小题是没规则的折线,它们不能表示函数;第(1)小题中 y 的值并没有改变,它也不能表示函数. 可见学生未能依据函数的定义来识别函数图象,而且错误地认为"函数图象是光滑连续的曲线."

总体看来,两个年级答题的情况非常相似,这充分说明九年级学生解决本题的方法并没有优于八年级的,他们运用函数定义识别函数图象的能力并没有随着年级的增长而提高.

如表 3-17、表 3-18、表 3-19 所示,第 8,9,10 题通过识图、作图的方式,考查学生对图象表示函数的理解程度. 第 8 题要求学生根据乌鸦喝水的故事情境描述水位高度随时间的变化规律,选出正确的图象,第 9 题要求学生画草图描述火车进出站过程中速度随时间的变化规律,第 10 题则要求学生根据函数解析式 $y = |x + 3|$ 作出图象.

表 3-17　学生解决第 8 题所表现出的 SOLO 水平　　　　　　　　（单位：%）

	P 水平(0 分)	U 水平(1 分)	M 水平(2 分)	R 水平(3 分)	E 水平(4 分)
八年级	1.0	10.4	29.2	21.9	37.5
九年级	0	5.1	44.4	17.2	33.3

表 3-18　学生解决第 9 题所表现出的 SOLO 水平　　　　　　　　（单位：%）

	P 水平(0 分)	U 水平(1 分)	M 水平(2 分)	R 水平(3 分)	E 水平(4 分)
八年级	11.5	6.3	50.0	24.0	8.2
九年级	11.1	5.1	47.4	18.2	18.2

表 3-19　学生解决第 10 题所表现出的 SOLO 水平　　　　　　　（单位：%）

	P 水平(0 分)	U 水平(1 分)	M 水平(2 分)	R 水平(3 分)	E 水平(4 分)
八年级	32.3	19.8	34.4	5.2	8.3
九年级	20.2	16.2	41.3	6.1	16.2

再把考查图象法各题的平均得分进行汇总，统计如图 3-5 所示.

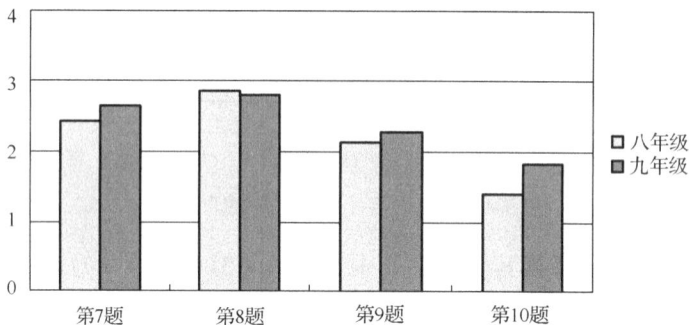

图 3-5　"图象法"中各题平均得分的直观图

结果显示：第 8 题平均得分很高，接近 3 分，八、九年级分别有 37.5%，33.3%的学生能作出正确的选择；而第 10 题平均得分较低，低于 2 分，八、九年级分别有 32.3%，20.2%的学生处于前结构水平(P)；第 7，8 题的得分率明显高于第 9，10 题.

通过对学生的访谈和分析答卷可进一步得知，学生对识别图象的题目(如第 7，8 题)的作答非常积极，而对绘制图象的题目(如第 9，10 题)表现出信心不足、知难而退的消极态度. 问题中贴近生活的背景一定程度上有助于学生的理解，但另一个方面背景的丰富性又阻碍学生的理解，不少学生认为第 9 题中火车向前行驶因而图象应逐步上升，完全没领会到题目所指的变量是速度而并非路程. 一部分学生在作答第 10 题时头脑中想的是自己见过的图象，而未能想到作图的方法——描点法，可见学生对函数图象本质的理解相当肤浅.

(ii)对函数表示方法的理解差异

1)八、九年级学生"函数表示方法"测试结果的 t 检验(表 3-20).

表 3-20 组统计量

	年级	N	均值	标准差	均值的标准误
表示方法	八年级	96	2.1205	0.46271	0.04723
	九年级	99	2.3391	0.43079	0.04330
列表法	八年级	96	1.79	0.710	0.072
	九年级	99	1.87	0.765	0.077
解析法	八年级	96	2.1510	0.66142	0.06751
	九年级	99	2.4949	0.52729	0.05299
图象法	八年级	96	2.1875	0.61665	0.06294
	九年级	99	2.3788	0.62918	0.06324

独立样本检验

		方差方程的 Levene 检验		均值方程的 t 检验					差分的95% 置信区间	
		F	Sig.	t	df	Sig.（双侧）	均值差值	标准误差值	下限	上限
表示方法	假设方差相等	0.336	0.563	−3.415	193	0.001	−0.21857	0.06400	−0.34480	−0.09234
	假设方差不相等			−3.411	191.005	0.001	−0.21857	0.06407	−0.34494	−0.09220
列表法	假设方差相等	0.004	0.951	−0.729	193	0.467	−0.077	0.106	−0.286	0.131
	假设方差不相等			−0.729	192.632	0.467	−0.077	0.106	−0.285	0.131
解析法	假设方差相等	9.664	0.002	−4.021	193	0.000	−0.34391	0.08553	−0.51260	−0.17522
	假设方差不相等			−4.007	181.392	0.000	−0.34391	0.08582	−0.51325	−0.17457
图象法	假设方差相等	0.155	0.694	−2.143	193	0.033	−0.19129	0.08925	−0.36731	−0.01527
	假设方差不相等			−2.144	192.977	0.033	−0.19129	0.08922	−0.36725	−0.01532

综合起来看，在八、九年级学生对函数表示方法的理解中，方差齐性检验的结果为 $F = 0.336$，$p = 0.563 > 0.05$，可见在本例中样本方差齐. t 检验结果显示：方差齐时，$t = -3.415$，df $= 193$，$p = 0.001 < 0.01$. 从而最终的统计结论为按 $a = 0.01$ 水准，接受 H_0，认为九年级学生对函数表示方法的理解极其显著地优于八年级.

分开来看，八、九年级学生对列表法的理解的 t 检验结果：

$p = 0.467 > 0.05$，八年级和九年级学生对列表法的理解没有显著性差异.

八、九年级学生对解析法的理解的 t 检验结果：

$p = 0.000 < 0.01$，九年级学生对解析法的理解极其显著地优于八年级.

八、九年级学生对图象法的理解的 t 检验结果：

$p = 0.033 < 0.05$，九年级学生对图象法的理解显著地优于八年级.

2）男女学生"函数表示方法"测试结果的 t 检验（表 3-21）.

表 3-21　组统计量

	性别	N	均值	标准差	均值的标准误
表示方法	男	106	2.2305	0.49352	0.04794
	女	89	2.2327	0.41671	0.04417
列表法	男	106	1.81	0.794	0.077
	女	89	1.85	0.667	0.071
解析法	男	106	2.3491	0.64057	0.06222
	女	89	2.2978	0.59696	0.06328
图象法	男	106	2.2759	0.65822	0.06393
	女	89	2.2949	0.59539	0.06311

独立样本检验

		方差方程的 Levene 检验		均值方程的 t 检验						
		F	Sig.	t	df	Sig.（双侧）	均值差值	标准误差值	差分的 95%置信区间	
									下限	上限
表示方法	假设方差相等	1.587	0.209	−0.035	193	0.972	−0.00229	0.06615	−0.13275	0.12818
	假设方差不相等			−0.035	192.992	0.972	−0.00229	0.06518	−0.13085	0.12628
列表法	假设方差相等	2.725	0.100	−0.401	193	0.689	−0.043	0.106	−0.252	0.167
	假设方差不相等			−0.407	193.000	0.684	−0.043	0.105	−0.249	0.164
解析法	假设方差相等	0.125	0.724	0.575	193	0.566	0.05130	0.08929	−0.12481	0.22741
	假设方差不相等			0.578	190.880	0.564	0.05130	0.08874	−0.12374	0.22634
图象法	假设方差相等	0.638	0.425	−0.210	193	0.834	−0.01900	0.09063	−0.19774	0.15974
	假设方差不相等			−0.212	191.907	0.833	−0.01900	0.08983	−0.19619	0.15819

综合起来看，在男生和女生对函数表示方法的理解中，方差齐性检验的结果为 $F = 1.587$，$p = 0.209 > 0.05$，可见在本例中样本方差齐. t 检验结果显示：方差齐时，$t = −0.035$，df $= 193$，$p = 0.972 > 0.05$. 从而最终的统计结论为按 $a = 0.05$ 水准，拒绝 H_0，认为男生和女生对函数表示方法的理解没有显著性差异.

分开来看，男生和女生对列表法的理解的 t 检验结果：

$p = 0.689 > 0.05$，男生和女生对列表法的理解没有显著性差异.

男生和女生对解析法的理解的 t 检验结果：

$p = 0.566 > 0.05$，男生和女生对解析法的理解没有显著性差异.

男生和女生对图象法的理解的 t 检验结果：

$p = 0.834 > 0.05$，男生和女生对图象法的理解没有显著性差异.

3）不同表示方法的测试结果对比.

第 4，5，7 题依次考查学生对表格、解析式、图象表示的函数的识别情况. 下面我们将三道题的平均得分进行对比，如图 3-6 所示.

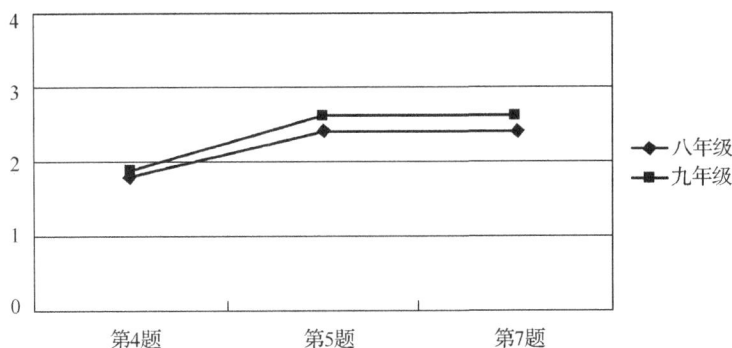

图 3-6　第 4，5，7 题平均得分的对比的直观图

由图可以清晰看出，第 5，7 题平均得分几乎一样高，且明显高于第 4 题，也即学生对解析式、图象表示的函数具有较高的识别能力，对表格表示的函数理解存在困难．教材侧重于解析法和图象法，对列表法没有给予足够的重视．研究函数时往往多从函数的解析式入手，然后列表求值，描点画出函数图象，最后再利用函数解析式和图象来研究函数的性质．在这一系列过程中，列表法只是中间的一个过渡步骤，学生并没有意识到这种表示方法的重要性，所以学生对解析表示和图象表示的函数掌握比较好，对表格表示的函数印象不深，从而造成了学生对表格表示函数理解上的困难．

(iii) 小结

根据"函数表示方法"测试结果的分析，可以得到下面六点结论．

1) 八、九年级在"函数表示方法"的总平均分分别为 2.12 分、2.34 分，说明初中生对函数表示方法的理解处于多点结构水平(M)，而且九年级学生对函数表示方法的理解极其显著地优于八年级．

2) 分开来看，八年级和九年级学生对列表法的理解没有显著性差异，平均分分别为 1.79 分、1.87 分；九年级学生对解析法的理解极其显著地优于八年级，八、九年级的平均分分别为 2.15 分、2.49 分；九年级学生对图象法的理解显著地优于八年级，八年级 2.18 分，九年级 2.38 分．

3) 男生和女生在"函数表示方法"的总平均分都是 2.34 分，说明男生和女生对函数表示方法的理解没有显著性差异．分开来看，男生和女生对列表法的理解、对解析法的理解、对图象法的理解均没有显著性差异．

4) 在不同方式识别函数的测试中，列表法得 1.83 分，解析法得 2.53 分、图象法得 2.53 分，可见初中生对解析式、图象表示的函数具有较高的识别能力，对表格表示的函数理解存在困难；另外两个年级的情况基本相似，这又说明学生运用函数定义识别函数的能力并没有随着年级的增长而提高．

5) 函数符号是否学过直接影响学生的理解，对学过的一次函数、反比例函数等的判断正确率很高，而对常值函数、分段函数等特殊函数的判断正确率非常低．

6)学生对函数图象本质的理解相当肤浅，未能正确运用作图方法解决问题，对绘制图象的题目信心不足、态度消极.

(III)初中生对函数的综合应用的分析

(i)对函数概念的综合应用水平

第 11—13 题主要考查学生对函数概念的综合应用情况. 第 11 题用图演示圆柱形物体的放置方法，要求学生用列表法和解析法表示放置物体的总数与层数的关系，从而考查学生对实际问题中变化规律的理解情况和对列表法和解析法的应用水平.

表 3-22 显示，70%以上的学生能达到 R 水平或以上，也即他们能清晰地理解总数随层数的变化规律，其中 32.3%的九年级学生能写出总数与层数的函数解析式.

表 3-22　学生解决第 11 题所表现出的 SOLO 水平　　　　　　(单位：%)

	P 水平(0 分)	U 水平(1 分)	M 水平(2 分)	R 水平(3 分)	E 水平(4 分)
八年级	16.7	0	11.5	69.8	2.1
九年级	10.1	1.0	9.1	47.5	32.3

第 12 题出租车付费问题中，车费与乘车路程的关系是一个常见的分段函数，考查学生对自变量取值范围的应用水平以及用函数知识解决实际问题的能力.

表 3-23 显示，八、九年级所反映的水平相差很大，43.8%的八年级学生处于 P 水平，而相反，44.4%的九年级学生处于 R 水平，还有 7.1%达到 E 水平.

表 3-23　学生解决第 12 题所表现出的 SOLO 水平　　　　　　(单位：%)

	P 水平(0 分)	U 水平(1 分)	M 水平(2 分)	R 水平(3 分)	E 水平(4 分)
八年级	43.8	11.5	15.6	28.1	1.0
九年级	15.2	15.2	18.2	44.4	7.1

第 13 题用函数图象描述问题情境，这需要学生从图象中提取有用信息来解决问题，这里考查学生对函数图象的理解程度和解决实际问题的能力.

表 3-24 显示，八、九年级分别有 4.2%，21.2%的学生达到 E 水平，而除此之外，其他的学生对问题束手无策，可见学生未能掌握函数图象的本质，对图象表达实际问题中的函数关系存在极大的理解困难.

表 3-24　学生解决第 13 题所表现出的 SOLO 水平　　　　　　(单位：%)

	P 水平(0 分)	U 水平(1 分)	M 水平(2 分)	R 水平(3 分)	E 水平(4 分)
八年级	75	13.5	6.3	1.0	4.2
九年级	43.4	31.3	3.0	1.0	21.2

把综合应用各题的平均得分进行汇总，统计如图 3-7 所示.

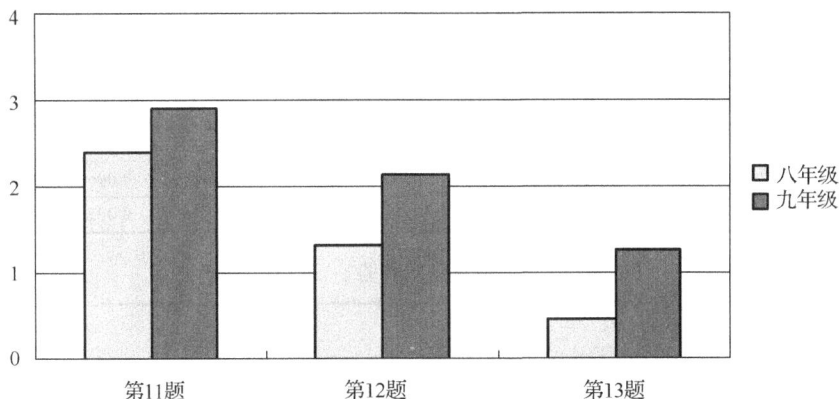

图 3-7　"函数概念的综合应用"中各题平均得分的直观图

由图看出，九年级的得分明显优于八年级，这充分说明九年级在函数概念的综合应用方面具有很强的优势，学生运用函数知识解决实际问题的能力随着年级的增长明显提高．由图还可以看出第 11，12 题的得分比第 13 题高，第 13 题得分非常低，这再次反映出问题中贴近生活的背景有助于学生对问题的理解，经常性的训练能够提高学生的思维水平，用图象表达函数是学生学习函数的一大难点．

(ii) 对函数概念的综合应用的差异

1) 八、九年级学生"函数概念的综合应用"测试结果的 t 检验(表 3-25)．

表 3-25　组统计量

	年级	N	均值	标准差	均值的标准误
综合应用	八年级	96	1.3924	0.79471	0.08111
	九年级	99	2.0976	0.96451	0.09694

独立样本检验

		方差方程的 Levene 检验		均值方程的 t 检验					差分的 95%置信区间	
		F	Sig.	t	df	Sig.（双侧）	均值差值	标准误差值	下限	上限
综合应用	假设方差相等	2.775	0.097	−5.564	193	0.000	−0.70528	0.12677	−0.95531	−0.45525
	假设方差不相等			−5.580	188.132	0.000	−0.70528	0.12639	−0.95461	−0.45595

由表 3-25 可看出，方差齐性检验的结果为 $F = 2.775$，$p = 0.097 > 0.05$，可见在本例中样本方差齐．t 检验结果显示：方差齐时，$t = -5.564$，df $= 193$，$p = 0.000 < 0.01$．从而最终的统计结论为按 $a = 0.01$ 水准，接受 H_0，认为九年级学生在函数概念的综合应用上极其显著地优于八年级．

2) 男女学生"函数概念的综合应用"测试结果的 t 检验(表 3-26).

表 3-26　组统计量

	性别	N	均值	标准差	均值的标准误
综合应用	男	106	1.7484	0.99609	0.09675
	女	89	1.7528	0.89967	0.09537

独立样本检验

		方差方程的 Levene 检验		均值方程的 t 检验					差分的95%置信区间	
		F	Sig.	t	df	Sig.(双侧)	均值差值	标准误差值	下限	上限
综合应用	假设方差相等	0.932	0.336	−0.032	193	0.975	−0.00438	0.13706	−0.27471	0.26595
	假设方差不相等			−0.032	191.950	0.974	−0.00438	0.13585	−0.27233	0.26357

由表 3-26 可看出,方差齐性检验的结果为 $F = 0.932$,$p = 0.336 > 0.05$,可见在本例中样本方差齐. t 检验结果显示:方差齐时,$t = -0.032$,df = 193,$p = 0.975 > 0.05$. 从而最终的统计结论为按 $a = 0.05$ 水准,拒绝 H_0,认为男生和女生在函数概念的综合应用上没有显著性差异.

(iii) 小结

通过对"函数概念的综合应用"测试结果的分析,我们得出以下结论.

1) 八年级的平均分为 1.39 分,九年级的平均分为 2.10 分,两年级相差很大,八年级学生对函数概念的综合应用的理解仅处于单点结构水平(U),而九年级学生对函数概念的综合应用的理解处于多点结构水平(M),九年级学生在函数概念的综合应用上极其显著地优于八年级.

2) 男生和女生的平均分均为 1.75 分,它们在函数概念的综合应用上没有显著性差异.

3) 九年级学生在函数概念的综合应用上体现出很强的优势,可见学生运用函数知识解决实际问题的能力随着年级的增长明显提高,经常反复的训练能够提高学生的思维水平.

4) 学生很容易领会实际问题中的变量规律和等量关系,但对用图象表达实际问题中的函数关系存在极大的理解困难.

3. 总体分析与结论

(Ⅰ)初中生对函数概念理解水平的总体分析

(i)对函数概念的理解水平

下面我们计算出每位学生在函数概念测试中总的平均分,并按照表 3-4 "平均分与 SOLO 水平对照表"，评定每位学生对函数概念的理解水平，并将两个年级的情况汇总，如表 3-27，表 3-28 所示.

表 3-27　八年级学生的理解水平　　（单位：%）

	SOLO 水平	变量与函数定义	表示方法	综合应用	总体理解
P 水平	（0 分 ≤ A < 0.5 分）	0.0	0.0	10.4	0.0
U 水平	（0.5 分 ≤ A < 1.5 分）	19.8	10.4	43.8	18.8
M 水平	（1.5 分 ≤ A < 2.5 分）	51.0	69.8	37.5	70.8
R 水平	（2.5 分 ≤ A < 3.5 分）	27.1	19.8	8.3	10.4
E 水平	（3.5 分 ≤ A ≤ 4 分）	2.1	0.0	0.0	0.0

表 3-28　九年级学生的理解水平　　（单位：%）

	SOLO 水平	变量与函数定义	表示方法	综合应用	总体理解
P 水平	（0 分 ≤ A < 0.5 分）	0.0	0.0	5.1	0.0
U 水平	（0.5 分 ≤ A < 1.5 分）	4.0	3.0	22.2	3.0
M 水平	（1.5 分 ≤ A < 2.5 分）	55.6	61.6	39.4	69.7
R 水平	（2.5 分 ≤ A < 3.5 分）	36.4	35.4	25.3	27.3
E 水平	（3.5 分 ≤ A ≤ 4 分）	4.0	0.0	8.1	0.0

由表 3-27 和表 3-28 可看出，两个年级处于 M 水平的学生均占了绝大部分，而且百分比很接近；八年级学生分布在 U 水平、M 水平和 R 水平的百分比分别是 18.8%，70.8% 和 10.4%；九年级学生主要分布在 M 水平和 R 水平，R 水平的百分比为 27.3%，比八年级高出 17 个百分点.

(ii) 对函数概念的理解差异

1) 八、九年级学生函数概念总平均分的 t 检验（表 3-29）.

表 3-29　组统计量

	年级	N	均值	标准差	均值的标准误
总平均分	八年级	96	1.9407	0.44763	0.04569
	九年级	99	2.3030	0.45320	0.04555

独立样本检验

		方差方程的 Levene 检验		均值方程的 t 检验						
		F	Sig.	t	df	Sig.（双侧）	均值差值	标准误差值	差分的95%置信区间	
									下限	上限
总平均分	假设方差相等	0.175	0.677	−5.615	193	0.000	−0.36233	0.06452	−0.48959	−0.23506
	假设方差不相等			−5.616	192.933	0.000	−0.36233	0.06451	−0.48956	−0.23509

由表 3-29 可看出，方差齐性检验的结果为 $F = 0.175$，$p = 0.677 > 0.05$，可见在本

例中样本方差齐. t 检验结果显示：方差齐时，$t = -5.615$，df $= 193$，$p = 0.000 < 0.01$. 从而最终的统计结论为按 $a = 0.01$ 水准，接受 H_0，认为九年级学生对函数概念的总体理解水平极其显著地高于八年级.

2) 男女学生函数概念总平均分的 t 检验(表 3-30).

表 3-30　组统计量

	性别	N	均值	标准差	均值的标准误
总平均分	男	106	2.1241	0.52822	0.05131
	女	89	2.1253	0.42992	0.04557

独立样本检验

		方差方程的 Levene 检验		均值方程的 t 检验						
		F	Sig.	t	df	Sig.(双侧)	均值差值	标准误差值	差分的95%置信区间	
									下限	上限
总平均分	假设方差相等	2.785	0.097	−0.018	193	0.986	−0.00123	0.06985	−0.13901	0.13654
	假设方差不相等			−0.018	192.826	0.986	−0.00123	0.06862	−0.13658	0.13411

由表 3-29 可看出，方差齐性检验的结果为 $F = 2.785$，$p = 0.097 > 0.05$，可见在本例中样本方差齐. t 检验结果显示：方差齐时，$t = -0.018$，df $= 192.826$，$p = 0.986 > 0.05$. 从而最终的统计结论为按 $a = 0.05$ 水准，拒绝 H_0，认为男生和女生对函数概念的总体理解水平没有显著性差异.

(iii) 小结

通过"函数概念总平均分"的分析，我们得出以下结论.

八年级总平均分为 1.94 分，九年级总平均分为 2.30 分，分数都在 1.5—2.5 的范围，八年级接近中间值，而九年级接近最高值，可见八年级学生对函数概念的总体理解水平处于多点结构水平(M)的中等层次，而九年级学生对函数概念的总体理解水平处于多点结构水平(M)的高层次.

两个年级学生对函数概念的理解上存在差距，虽然处于 M 水平的学生均占了 69.7%，但还有 27.3%的九年级学生处于 R 水平，这比八年级高出 17 个百分点，检验结果也表明九年级学生对函数概念的总体理解水平极其显著地高于八年级，可见随着年级的增长，初中生对函数概念的总体理解水平在逐渐提高.

男生和女生总平均分分别为 2.12 分、2.13 分，他们对函数概念的总体理解水平没有显著性差异.

(Ⅱ)初步结论

通过对初中生函数概念理解水平测试结果的总体分析，我们初步得出 7 个结论.

1)从总体上看，八年级学生对函数概念的理解水平处于多点结构水平(M)的中等层次，而九年级学生对函数概念的理解水平处于多点结构水平(M)的高层次，每个年级均有 70%的学生恰好处于多点结构水平.

2) 在函数概念的总体理解上，九年级有更多的学生达到关联结构水平(R)，其水平极其显著地高于八年级，可见随着年级的增长，初中生对函数概念的总体理解水平在逐渐提高.

3) 初中阶段，男生和女生对函数概念的总体理解水平并没有显著性差异，在对变量与函数定义、表示方法的理解上和函数概念的综合应用上也均没有显著性差异.

4) 具体来说，学生对常量与变量概念的理解非常肤浅，九年级学生能较好地区别自变量和因变量；八年级学生对函数概念的综合应用水平很低，仅处于单点结构水平(U)，九年级表现出很强的优势，说明学生运用函数知识解决实际问题的能力随着年级的增长明显提高，可见经常反复的训练能够提高学生的思维水平.

5) 在不同方式下识别函数，初中生对解析式、图象表示的函数具有较高的识别能力，对表格表示的函数理解存在困难；另外两个年级的情况基本相似，尤其对列表法的理解没有显著性差异，这又说明学生运用函数定义识别函数的能力并没有随着年级的增长而提高.

6) 大部分初中生辩证思维能力较差，对函数的本质特征理解不够深刻，比如不能理解"多对一"的情形，不会用图象表达实际问题中的函数关系等.

7) 从情感态度上来看，初中生对函数的辨别过于依赖已有知识和经验，对绘制图象的题目信心不足、态度消极.

第四节　初中生对函数概念的错误理解及原因

从测试卷的结果看来，初中生对函数概念的理解水平不高，在许多问题上表现出错误的理解，为了进一步了解初中生对函数概念的理解状况，笔者特别选取不同水平上的学生进行访谈. 本节结合测试卷和访谈的调查，主要探讨初中生对函数概念的理解错误及原因.

1. 初中生对函数概念的错误理解

从调查的结果发现，初中生在函数概念的理解中出现了各种各样的错误，看起来五花八门、不尽相同，但仔细分析后，可从以下四方面进行整理.

(1) 对变量的错误理解

人们对变量的普遍理解是：变量应该是变化的、不确定的，不少初中生甚至不能接受"数学中变量包括常量，常量被看成是一种特殊的变量"这一科学说法，于是他们认为 $y=4$ 中 y 的值没有发生变化，y 是常量并非变量. 另外，个别学生对"y 随 x 的变化而变化"机械地理解为"x 增加多少则 y 增加多少"，在第 1(3) 题中，很多学生的答案是：在函数 $y=2x+5$ 中，自变量 x 增加 m 时，函数值 y 也增加 m.

(2)对函数定义的错误理解

1)对自变量与因变量角色的混淆.

由于未能深刻理解课本定义,部分学生误认为 x 一定是自变量,y 只能是因变量,他们认为在关系式 $x-y+1=0$ 中,x 不是 y 的函数,因为 x 是自变量,y 是因变量,所以 y 是 x 的函数. 相反地,另一部分学生则认为两个变量中谁是自变量谁是因变量可忽略不计,他们认为既然 $y=4$ 是函数,$x=1$ 当然也是函数. 另外,学生对"一对多""多对一"的纠缠不清也正是由他们对自变量与因变量角色的混淆所导致.

2)对函数值唯一性的误解.

学生能清楚地记得定义中"对于 x 的每一个值,y 都有唯一的值与它对应"这一描述,但却片面地理解为 x 与 y 之间应是一一对应的关系,从而认为"一对多""多对一"的对应关系不是函数关系,第 4 题呈现的正是"多对一"的例子,不少学生采取了一票否决的态度作答,完全没有意识到"函数值唯一"才是函数概念的本质特征.

3)对对应关系的误解.

学生对对应关系的理解往往是"x 与 y 之间有对应的表达式""y 随 x 的变化而变化""x 与 y 一一对应". 比如他们认为"式子 $y^2=2x$ 表示 y 是 x 的函数,因为 x 与 y 存在等量关系""$y=4$ 不表示函数,因为当 x 改变时,y 的值都是 4,没有发生改变"等,可见,学生对函数概念的本质特征缺乏深刻的理解,更多的是根据自己头脑中的表象进行函数的判断.

(3)对函数表示方法的错误理解

1)对方程与函数解析式的混淆.

学生对函数概念的理解过度强调函数关系式的形式,而且对以方程形式出现的式子感到迷惑.

一方面,学生认为用数学式子表示出来的两个变量之间的关系就是函数关系,而认为变量间没有关系式可以表达,则不具有函数关系,比如有学生的答案是这样的:式子 $y=x^2+3x$,$y=5-x$,$y=\pm x$ 和 $y^2=2x$ 均表示 y 是 x 的函数,而人口数 y 不是年份 x 的函数,生物电流 y 不是时间 x 的函数,因为它们中 y 不能用含 x 的式子表示.

另一方面,部分学生又认为若不是用 x 表示 y 的表达式,则它不是函数而是方程,比如有学生认为 $x-y+1=0$ 既不表示 y 是 x 的函数,也不表示 x 是 y 的函数,它只是一个关于 x,y 的二元一次方程.

2)对函数图象的误解.

几乎没有学生能准确回答"什么叫做函数图象"这一问题,可见学生对函数图象的误解主要是对图象本质特征的忽略所致,他们甚至没弄清楚横轴、纵轴分别表示什么量就开始解题,比如对第 13 题的图象有的学生很惊讶:小明先上坡到达 A 地后再下坡到达学校,而这个图象怎么一直是上坡呀,其实他们错把图象当成了小明骑车上学的示意图了. 而第 9 题中学生未能理解"火车停下装货"这一过程所表达的是"时间在延续,而速度为 0 保持不变",他们普遍做出类似图 3-8 中的这两种答案.

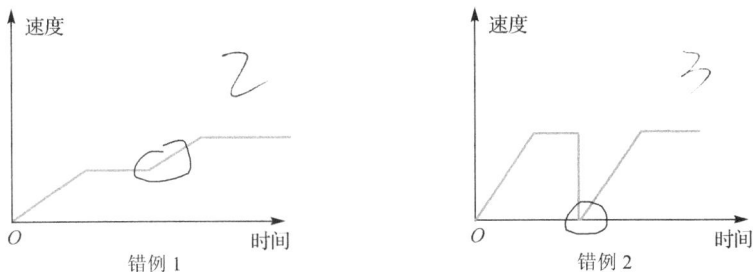

图 3-8 对函数图象误解错例

此外,学生还广泛认为函数图象应该是有规律可循的、光滑连续的,他们尤其不能接受把离散的点看成函数图象.

(4) 对特殊函数的错误理解

在访谈中发现不少学生能流利地说出函数的定义,但当被问到某对象是否为函数时,他们的回答是"课本上有这种函数""老师说过,这种形式的也表示函数""这不是函数,这个形式我没见过呢"等,可见,学生头脑中的函数定义与实际的运用是分离的,在判断陌生的特殊函数时他们未能用函数的定义作为依据,导致作出错误的判断. 学生对特殊函数的判断误区可归纳为以下两点.

1) 过度依赖已有的经验.

学生认为函数应该是熟悉已知的,他们心目中的函数总是由公式来表示,变量之间具有典型的等量关系,而函数图象应"美观"和"合理". 于是他们的判断结果是:式子 $y = \pm x$ 和 $y^2 = 2x$ 均表示 y 是 x 的函数(图 3-9);式子 $x = 1$ 和 $y = 4$ 都不能表示函数;第 4 题中的列表都不表示函数.

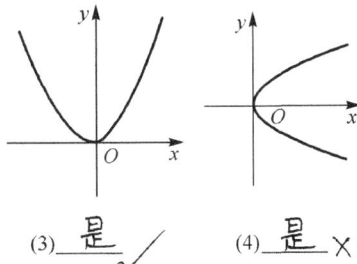

(3) 是 ✓   (4) 是 ✗

图 3-9 错例 3

2) 过度依赖学习过的知识.

学生误认为只是学过的正比例函数、反比例函数、一次函数、二次函数才是函数,不能归为以上函数的都不是函数，同时认为除了倾斜的直线、双曲线和抛物线，其他的图形都不是函数图象.

2. 初中生对函数概念理解错误的原因

初中生形成以上错误理解的原因主要有三方面：函数概念本身的原因、学生思维发展水平以及教材和教师方面的原因.

(1)函数概念本身的原因

1)"变量"概念的辩证性.

变量是函数概念中一个最基本的概念，初中课本中变量被当成是不定义的原始概念，而数学中的变量概念与日常生活经验是有差异的. 人们对变量的普遍理解是，在日常生活中，"变量"应该是变化的，不确定的. 但数学中的变量包括常量，常量被看成是一种特殊的变量. 很多学生认为，"$y=4$ 中 y 的值不随 x 的变化而变化，所以它不是函数". 有的教师将"变量"解释为"变化的量"，显然这是同义反复，对学生理解"变量"的意义并没有帮助. 因此要用辩证的观点看变量，中学阶段是辩证思维逐步形成的时期，学生对"变量"的理解需要一个过程，期间很容易出现错误. 另外，函数概念中变量的意义更具一般性，既可以作为数，也可以作为点；既可以作为有形之物，也可以作为无形的东西. 变量概念的形成是辩证法在数学中运用的典范. 在教学实践中，教师往往对变量概念的理解困难估计不足，课堂上只是给出变量(自变量、因变量)这个词汇，至于学生头脑中的变量概念是怎样的，很少顾及.

2)函数概念表示方法的多样性.

函数概念是中学数学少有的有多种呈现方式的概念，它可以用图象、表格、解析式等方法表示，从每一种表示中都可以独立地抽象出函数概念来. 与其他数学概念相比，由于函数概念需要同时考虑几种表示，并要协调各种表示之间的关系，常常需要在各种表示之间进行转换，因此容易造成学习上的困难. 特别是函数的解析表示，例如，分段函数 $y=\begin{cases}1 & x\geqslant 0, \\ -1, & x<0,\end{cases}$ 还有以方程呈现的 $xy=5$ 等形式的判断，其中数学符号复杂和抽象，学生会有一定的困难. 而能否正确地使用函数的不同表示形式，灵活地对不同的表示进行转换，是考察函数概念形成水平的重要标准.

3)函数学习方法的复杂性.

数形结合是函数学习中重要的思想方法. 在函数以前的学习，代数中的"数"，几何中的"形"，要么是数要么是形的单一运算. 而"数形结合"的思想，体现了在符号语言与图形语言之间进行的相互转化,如同抽象思维和形象思维结合起来,实现"数"与"形"同时出现或转换的情况，这就要求学生不仅能在图形语言与自然语言之间自如的转换，还得思路清晰顺利地表达出相应的函数关系，这对学生而言，是思维上的一种挑战.

(2) 学生思维发展水平的原因

初中生的年龄大约在 12—14 岁,按照皮亚杰认知发展阶段理论,这一年龄的学生处在形式运算阶段,他们的辩证思维发展还处于很不成熟的时期,思维水平基本上停留在形式逻辑思维的范畴,只能局部地、静止地、分隔地、抽象地认识所学的事物;函数却是一个辩证概念,其特征是发展的、变化的,处于与其他概念之间的相互联系之中,形成函数概念,必须要冲破形式逻辑思维的局限,进入到辩证思维的领域,这个矛盾构成了函数概念学习中一切认知障碍的根源[9]. 从初中生对函数概念理解的表现来看,学生对于变数和常数理解有一定的困难,学生不能理解常数是变数的特殊情况,所以有些学生不认为常数函数是函数,因为函数值没有变化. 还有,学生不能很好地区分函数与方程的关系,也是这一原因导致的错误. 函数是表述变化的一个概念,是描述一个变量依赖另一个变量变化而变化,而方程是表示静态的一个概念,是表示一对数满足一特定的关系. 学生的另一个表现就是不能正确判断因果关系. 在函数关系中,谁是自变量,谁是因变量的判断是重要的. 自变量是因,因变量是果,只有正确理解了因果关系才能很好地理解函数关系.

(3) 教材和教师方面的原因

1) 教材编写上的缺陷.

为了配合函数的变量说,教材中所呈现的函数背景中的自变量和因变量都偏重于强调变化,以至于学生想到函数就会首先想到应该有两个随时在变化的量,否则就不能成为函数. 另外,教材在三种函数表示方法的应用示范方面也是偏重于解析式,基本上是让学生自己用解析式来解决问题,给出图象让学生根据图象来回答问题,表格的应用也是给出表格数据让学生用来求解析式的,这容易使学生形成"函数就是等式、方程"的误解,很难理解函数表示方法的多样性.

另一方面,初中教材中的函数定义虽然给出了"函数值唯一"这个条件,但是"函数值不唯一"的实例并未给出,这当然有编教材者担心学生不易理解接受的原因,但是由于学生接触到的是大量正面的函数例子,反例辨析几乎没有,以至于留在学生头脑中的函数印象是"用代数表达式表示的函数""y 随 x 的变化而变化的函数""光滑连续的函数"和那些特殊函数等,学生自然会对函数产生片面的认识.

反例提供了概念学习最有利的辨别信息,对数学概念理解和形成概念意象更为有利. [10]但是教科书提供的数学概念学习的材料太少,结果强调了某些侧面,而忽视了另一些侧面. 学习材料或教材在这方面提供的反例不够,对概念的学习也会造成一定障碍. 中学教材中较难学习的概念都比较抽象,如果材料或教材中提供的例证在数学概念学习中非本质属性方面变化的不够或不恰当,会造成概念学习障碍. 在学习函数概念时,学生刚刚从常量过渡到变量,这种情况更为严重.

建构主义认为,知识源于经验,不是被动接受而是主动建构[11],因此,学生的函数概念不是由呈现给他们的函数定义所决定，而是他们在解决函数问题的过程中逐渐积累形成的．所以让学生进行函数正反例子的辨析是必要的，这有助于学生形成正确的认知结构．

2) 教师有效教学策略的缺乏．

研究表明，函数概念是中学数学最难教、最难学的概念之一，这就要求我们教师运用有效的教学策略来实施函数概念的教学．而我们注意到"一个定义，几项注意"式的概念教学方式在课堂中依然比较普遍被使用，例如，有的教师将"变量"解释为"变化的量"，显然这是同义反复，对学生理解"变量"的意义并没有帮助．目前仍有些教师对概念教学不够重视，没有充分揭示概念的内涵与外延，他们更关注函数的应用，特别是解决中高考的问题，导致学生对函数概念理解得不够透彻，形成一些错误认识．我们都知道，数学概念的学习不能理解为建筑在大量的练习和重复训练之上，而应建立在理解的基础之上．忽视学生体验的过程，仅仅是学习概念结构，将会导致学生只是简单记忆了概念的定义叙述而未能真正理解，当然更谈不上对概念的运用了．

第五节　函数概念的理解水平及教学建议

1. 初中生函数概念的理解水平和发展规律

初中生对函数概念的错误理解主要表现在以下四个方面：①对变量的错误理解；②对函数定义的错误理解，包括对自变量与因变量角色的混淆、对函数值唯一性的误解、对对应关系的误解；③对函数表示方法的错误理解，包括对方程与函数解析式的混淆、对函数图象的误解；④对特殊函数的错误理解．

而初中生形成函数概念理解错误的原因主要有三方面：①函数概念本身的原因，包括"变量"概念的辩证性、函数概念表示方法的多样性、函数学习方法的复杂性；②学生思维发展水平的原因；③教材和教师方面的原因，包括教材编写上的缺陷、教师有效教学策略的缺乏．

2. 对函数概念教学的建议

研究结果表明，初中生对函数概念的理解水平不高，有函数概念本身的原因、学生方面的原因，同时也有教师自身的原因．改变学生对函数概念的错误认识，帮助他们提高函数概念的理解水平，这是教学的使命，作为教师，我们责无旁贷．而恰当的教学策略，能有效提高教学效果，建议教师在函数概念教学中特别关注以下五点．

1) 重视函数概念的实例引入．

函数是初中数学中抽象度最高的概念，学生初学时会遇到很大的困难．有的教师在教学中，往往直接引入函数的定义，学生缺少直观例子的说明导致在理解上产生障碍，结果对概念的认知只是机械的记忆，而不能运用函数概念的本质属性去辨别函数．学生生活中的实例，是加强学生对函数感性认识的最好材料，也降低了函数在学生认知过程中的抽象性．建议在引入函数定义之前，应给学生介绍大量具有函数关系的各种实例，如生活、生产、物理学科等方面的例子，让学生对函数概念由一些感性认识逐渐过渡到抽象的定义．

2) 函数实例的呈现应注重多种方式．

我们发现学生对选自教材中的图象、表格表示函数印象不深，出现严重判断错误的现象，明显看出，学生的理解错误完全是教师对此未给予足够重视所导致．其实函数知识与我们的生活密切相关，如电话费、水电费、股票走势图、身高等都是时间的函数，还有很多来自现实生活的素材，如生长的年轮、石油污染、向日葵生长规律、儿童生长对照表、沙漠需要的水、骆驼的体温、细菌的细胞分裂、半衰期等，都是我们教学中可以借鉴的最好材料．这些材料的引入不仅容易激发学生极大的兴趣，更重要的是让学生看到函数表示方法的多样性与重要性，从而有效促进学生对函数概念的本质的理解．

3) 加强对函数本质特征的认识．

函数的本质特征是变量间的对应关系，即对于每一个自变量 x, y 都有唯一的值与之对应，判断一个数学对象是否具有函数关系主要看它是否具有此本质特征．许多学生由于并未深刻地加以理解，因此经常在识别函数时用函数的非本质特征作为判断的依据．平时接触到的常见函数图象都是连续的，学生就认为图象连续是函数的本质特征，离散的点构成的图象不表示函数，因为它的图象不连续；还有学生认为学过的表达式的特征是函数的本质特征，没学过的函数解析式就不表示函数．出现这些现象的首要原因是教师在教学中对函数的对应关系这一本质特征强调得不够．

因此教师在函数概念教学过程中，不能只列举正例，使学生的视野受到束缚，也应通过构造适当的反例，澄清学生模糊和错误的认识，从而使学生掌握函数的本质特征和非本质特征的联系与区别，更深刻地理解函数．

4) 注重函数三种表示形式间的转换．

函数表示形式的多样性是导致学生学习困难的原因之一，处理好函数的表示形式有利于对函数观念的深刻理解．函数通常有三种表示形式，但不是每一个函数都可以用三种方法表示的．因此，在教学过程中，先不要忙于教三种表示形式，而要让学生通过各种实例，逐渐熟悉了函数的对应关系之后，再适时地归纳出函数可以借助于不同的形式来表达．事实上，表示形式不是函数的本质，对应关系才是重要的．虽然函数通常有三种表示形式，但功能是有所区别的．解析式法，适用于表述连续函数或者分段函数，解析式有利于研究函数的性质、构建教学模型；列表法适用于表述变量取值是离散的情况；利用图象法可以直观地表述函数的形态，有利于分析函数的性质．[12]

研究表明学生对函数图象的解释是困难的，需要教师为学生克服这些困难指明方向，提供方法和样例．许多学生对函数的各种表示形式只是处于孤立的、缺乏联系的理解状态，需要教师加强函数各种表示形式之间的转换，以促进对函数概念的理解．因此教师在函数教学中应当将数形结合贯穿于函数教学中，在课堂上可以让学生自己动手画函数图形，尽量将函数图形呈现在学生面前，方便直观地理解、记忆，将函数图形、点的坐标、函数解析式结合起来，形成完整的函数概念．

5) 加强函数概念的应用．

课堂上所学的函数知识是纯粹的数学知识，将数学应用到现实当中才是学习数学的最终目的．我们在运用概念的时候，一方面可以巩固并加深对概念本质的理解，另一方面可以完善数学概念，建立数学概念之间的联系，坚固或扩大概念的系统．采用题海战术，以做题代替概念理解的想法是不对的，对概念的应用是需要做一定量的题目，但不是一味地依靠题海战术．因此，选择练习，应从学生的实际水平出发，以达到深刻理解概念的目的．

从前面的调查发现，学生对函数概念的综合应用水平普遍较低，学生在应用函数概念解决问题时，习惯于建立解析式形式的函数模型来解决问题，对于图象和表格只是习惯于读取信息，不习惯自己运用这两种形式来解决问题，实际上测试卷中第 13 题之所以很多学生建立了错误的模型，也源于学生不习惯借助图形来解决问题．教师应该加强学生用图象来解决问题的训练，让学生自己在应用中来检验不同函数表示法的优越性，增强学生综合运用函数的能力和解决实际问题的能力．

总之，在对函数概念的教学中，教师应该加强对学生学习心理学理论和函数课程的学习，针对学生的认知状况和思维特点，设计适当的教学策略，并在相应的教学活动中加以合理的运用，帮助和引导学生逐步进入抽象逻辑思维阶段，使学生更容易发现函数概念的本质属性，从而提高对函数概念的理解和应用水平．

3. 结束语

函数是初中数学课程与教学的重要内容，对它的研究有着广泛的前景．本章运用 SOLO 分类法研究初中生对函数概念的理解，主要关注学生的理解水平、发展规律以及对概念错误理解的原因，选取的样本是东莞市某中学的部分学生，样本容量不是很大，因此研究的结果具有一定的局限性．本章中提出的教学建议还未经过实践的检验，此外笔者水平有限，认识难免肤浅，特别是在研究方法上，科学性、严密性尚未有很好的保证．

在今后对函数概念的研究中，希望自己能鉴于以上不足，开展更深入的研究，如进一步开展教师对函数概念的理解状况的研究，开展函数概念教学策略的试验研究，如何帮助学生扫清障碍、提高认知水平的研究等．

本章参考文献

[1]　郭利平. 初中数学函数教学研究[D]. 呼和浩特: 内蒙古师范大学, 2011.

[2]　濮安山. 初中生函数概念发展研究[D]. 长春: 东北师范大学, 2011.

[3]　孔丽丽. 初中学生函数概念发展研究[D]. 北京: 首都师范大学, 2009.

[4]　宋健. 高中学生函数概念理解水平的初步研究[D]. 苏州: 苏州大学, 2010.

[5]　李莉. 学生学习数学概念的层次分析[J]. 数学教育学报, 2002, 11(3): 12-15.

[6]　李士锜. PME: 数学教育心理[M]. 上海: 华东师范大学出版社, 2001: 109-116, 64-87.

[7]　中华人民共和国教育部. 义务教育数学课程标准[S]. 北京: 北京师范大学出版社, 2011.

[8]　陈蓓. 利用 SOLO 分类法探究学生函数概念理解水平[J]. 数学教育学报, 2009, 18(2): 35-38.

[9]　朱文芳, 林崇德. 初中生函数概念发展的特点[J]. 心理科学, 2000, 23(5): 517-521.

[10]　李善良. 数学概念学习中的错误分析[J]. 数学教育学报, 2002, 11(3): 6-10.

[11]　路海东. 教育心理学[M]. 长春: 东北师范大学出版社, 2002.

[12]　史宁中, 濮安山. 中学数学课程与教学中的函数及其思想[J]. 课程·教材·教法, 2007, (4): 31-36.

本 章 附 录

初中生函数概念理解水平调查问卷

亲爱的同学:

　　你好! 感谢你配合我作这个问卷调查! 此调查是想了解你对函数概念的理解, 测试结果与你的数学成绩无任何关系, 也不会对你产生任何不良影响, 诚恳希望你能**认真、如实**作答!

　　　　　　　　班级_____姓名_____性别_____

　　1. (1)甲乙两地相距 s(km), 某人走完全路程所用的时间 t(h)与他的速度 v(km/h)满足 $vt = s$, 在这个变化过程中, 变量是_____, 常量是_____.

　　(2)关于圆的面积 S 与半径 R 之间的函数关系式 $S = \pi R^2$ 中, 变量是_____, 常量是_____.

　　(3)已知函数 $y = 2x + 5$, 当自变量 x 增加 m 时, 相应的函数值 y 增加_____.

　　2. (1)根据你的理解, 判断下面关于函数概念的表述是否正确. (正确记为"√", 错误记为"×".)

　　①函数是一种比实数范围更广的数; (　　) ②函数是一个含有 x, y 的等式; (　　)③函数是变量间的一种对应关系; (　　) ④函数是一个图形; (　　)⑤函数就是变量 y. (　　)

(2)写出函数的定义.

3．判断下面变量关系是否为函数，并说明理由.

(1)用 10m 长的绳子围成一个长方形，则长方形的面积 $S(\mathrm{m}^2)$ 随它的长 $x(\mathrm{m})$ 的改变而变化，S 是 x 的函数吗？

(2)变量 x,y 满足 $x-y+1=0$，x 是 y 的函数吗？

(3)下表是我国人口数统计表，y 是 x 的函数吗？

年份 x	1984	1989	1994	1999
人口数 y/亿	10.34	11.06	11.76	12.52

(4)下图是某人体检时的心电图，图上点的横坐标 x 表示时间，纵坐标 y 表示心脏部位的生物电流，y 是 x 的函数吗？

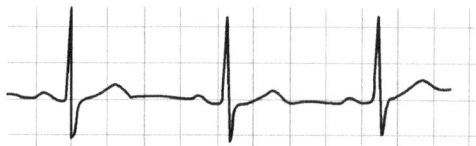

答：(1)＿＿＿＿＿；(2)＿＿＿＿＿；(3)＿＿＿＿＿；(4)＿＿＿＿＿；
理由是＿＿＿＿＿＿＿＿＿＿＿＿＿＿＿＿＿＿＿＿＿＿＿＿＿＿＿＿＿＿＿＿＿＿.

4．给定下列表格，判断列表是否表示 y 是 x 的函数？（用"是"或"否"填空）

x	−2	−1	1	2
y	1	1	2	2

x	−1	1	−2	2
y		$\frac{1}{2}$		4

(1)＿＿＿＿＿　　　　　　(2)＿＿＿＿＿

5．判断下面式子是否表示 y 是 x 的函数？（用"是"或"否"填表）

(1) $y=x^2+3x$；(2) $y=5-x(-1<x\leqslant1)$；(3) $xy=5$；(4) $y=\pm x$；(5) $y^2=2x$；

(6) $y=\begin{cases}1,&x\geqslant0,\\-1,&x<0,\end{cases}$ (7) $x=1$；(8) $y=4$.

(1)＿＿＿(2)＿＿＿(3)＿＿＿(4)＿＿＿(5)＿＿＿(6)＿＿＿
(7)＿＿＿(8)＿＿＿

6．给定函数 $y_1=x+2$，$y_2=\dfrac{2}{x}$，令 $y=y_1+y_2$.

(1)当 $x=-1$ 时，求 y 的值；(2)写出 y 与 x 的函数解析式.

7．下面给出的图象哪些表示 y 是 x 的函数？（用"是"或"否"填空）

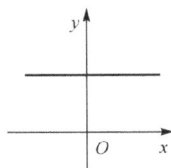 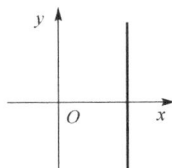 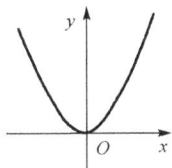 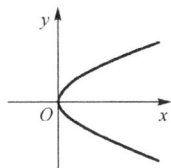

(1)_____　　(2)_____　　(3)_____　　(4)_____

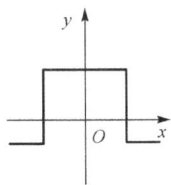 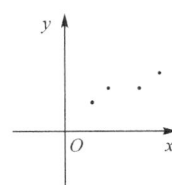 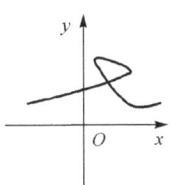 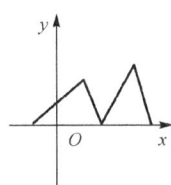

(5)_____　　(6)_____　　(7)_____　　(8)_____

8．一只乌鸦口渴到处找水喝，它看到了一个装有水的瓶子，但水位较低，且瓶口又小，乌鸦喝不着水，沉思了一会儿后，聪明的乌鸦衔来一个个小石子放入瓶中，水位上升后，乌鸦喝到了水．在这则乌鸦喝水的故事中，设从乌鸦看到瓶的那刻起向后的时间为 x，瓶中水位的高度为 y，下列图象中最符合故事情景的是(　　)．

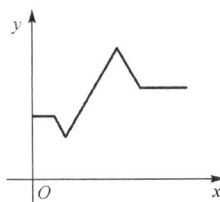 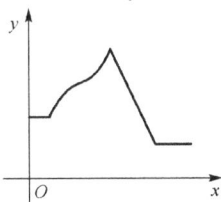 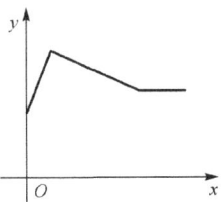 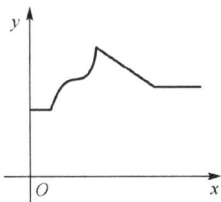

A　　　　　　　B　　　　　　　C　　　　　　　D

9．一列货运火车从梅州站出发，匀加速行驶一段时间后开始匀速行驶，过了一段时间，火车达到下一个车站停下，装完货以后，火车又匀加速行驶，一段时间后再次开始匀速行驶，画出火车在这段时间内的速度变化草图．

10．画出函数 $y=|x+3|$ 的图象．

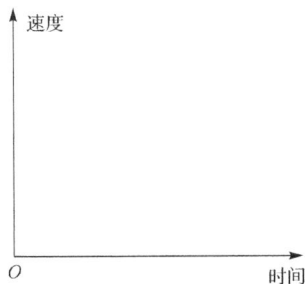

题 9 图

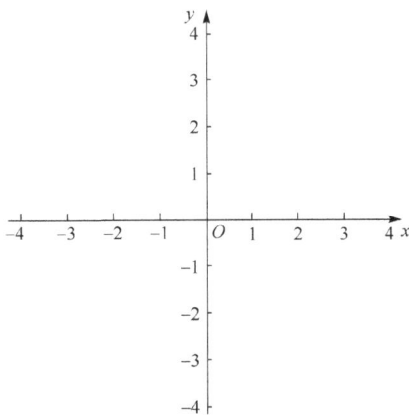

题 10 图

11. 对于圆柱形的物体，常按如图所示放置，物体的总数随着层数的增加而变化，请填写下表：

层数 n	1	2	3	4	…		…	n
物体总数 y	1	3			…	21	…	

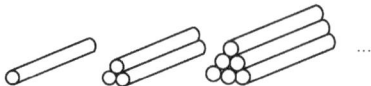

题 11 图

12. 某市出租车收费标准为：3 千米内收费 8 元，以后每增加 1 千米加收 2.5 元.

(1) 求应付的车费 y（元）与乘车路程 x（千米，x 为正整数）的函数关系式；

(2) 小李有 20 元，他乘出租车最远能走多少千米？

13. 小明从家骑车上学，先上坡到达 A 地后再下坡到达学校，所用的时间与路程如图所示，如果返回时，上、下坡速度仍然保持不变，那么他从学校回到家需要的时间是多少？

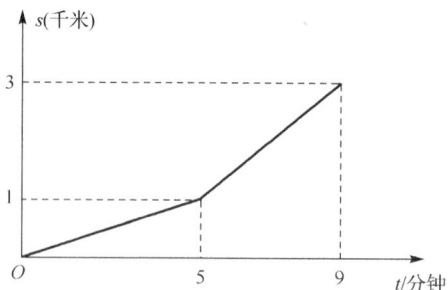

题 13 图

第四章 应用 SOLO 分类法开展高中数学学习过程性评价的研究

一般来说，总结性评价只能用来描述一个阶段的学习状况，对学习知识的过程没多大作用，反映的学习质量也相对滞后，不利于改善学生的学习. 而形成性评价是渗透在教学中的，"教是为了更好地学"，对于教学来说，及时的反馈才是必要的. 评价之后的教学应该怎么进行、教学内容需要如何调整、采用哪种教学方式、与学生要进行怎样的交流等，都需要教师在分析评价结果之后尽快作出正确的判断. 因此，评价的时间、评价的方式、评价结果的分析、评价的反馈，尤其是反馈之后的行为就显得非常重要.

有人认为数学的学习评价单一而枯燥，答案很"标准"，运用"题海战术"就可以得到高分，但是这样完全背离了教学培养的目标. 实际上，我们需要考查的不但是所学基础知识的"量"，更多关注的是学习的"质". 因此，在学生学习中进行过程性评价，可以及时了解学生掌握的知识达到的思维水平.

第一节 关于学生学习评价的国内外研究

1. 关于学生学习评价的国内研究

《新课程与学生学习评价》中提出考试评价不仅要关注学生的学业成绩，而且要发现和发展学生多方面的潜能，了解学生发展中的需要，帮助学生认识自我，建立自信，以及改变课程评价过分强调甄别与选拔的功能，发挥评价促进学生发展、教师提高和改进教学实践的功能. 也就是说，应当注重学生在评价的过程中呈现出的情感、态度、价值观，而不是仅仅以一个绝对化的分数去衡量学生的知识水平. 目前我国的数学学习评价研究主要有"课堂层面的数学学习评价""数学学习评价的国际比较""数学思维与问题解决能力的评价"这几个方面. 虽然这些研究主要是从数学教学的整体出发，考虑的是全局教学情况，但对一线教师的教学确实有指导性的作用. [1]

《中学生数学学业测试研究》(2001)一书以教育测量为理论依据，探讨了中学数学学业测试的理论和实践，主要从命题的目的、原则与方式等方面去分析试题与试卷的编制，把好测试试卷的质量关，让其测试的目标更为明确，从而达到通过测试来评价学生学习情况的目的. 书中提出的"在中学数学教学中，学业测试是一项经常性的工作"[2]. 显然，学业测试的一方面是要检测学生成绩，及时反馈具体知识的教学效果，从而促进教学的改进，让评价科学化且有据可循. 另一方面，可以帮助学生认识到学习的差距，在一定程度上激发学习积极性，提高学习效率. "经常性"就是让测试与评价"日常化"，不一定要等到单元知识学习完，或者是刚刚学了某个知识点，又或者是到某章节的章末才测试. 评价应该是不拘泥于时间与学段，随时在某个教学过程的时间点上产生，可以根据具体内容设计测试，让教学活动更加实在、有效地进行. 学业测试是一项科学性与技术性很强的工作，为了保证学业测试的有效进行，单凭教师实践经验的积累是不够的，还必须以现代心理学、教育测量学和学科教学理论为指导，正确运用科学、客观、切合实际的测验的方式和方法. 因为评价的对象是人，在评价的过程中必须要考虑到对方的情感与心理变化，才能使得评价真实有用.

任子朝、孔凡哲先生共同编著的《数学教育评价新论》(2010)提出"定量评价与定性评价相结合，使数学测试更合理、有效". 结合国内数学学习评价的发展，提出如何较好地实施过程性评价和实现学生的综合素质评价的建议：①适当运用学生数学学习的自我评价方法，如自我评价问卷等；②开发一些简便可行、便于教师普遍使用、有利于学生参与的评价方法和技术；③改变教师的评价观念；④建立评价团队，通过培训、交流、研讨等活动，在形成团队成员共识基础上，对学生的发展情况进行客观的分析和评价，以减少在对评价信息分析中容易产生的主观性和个人偏见，同时，"通过评价活动的开展，逐步建立诚信机制"；⑤提高评价方法和技术，建立网络平台上的评价资源开发. 根据学生能力、学力、情感的特点，结合数学课程的内容，针对数学的学科特点，从形成性评价、终结性评价、表现性评价这三个方面建立一个详细的数学发展性评价新体系. [3]

在教学中应重视对数学基本概念的评价与具体做法，虽然概念大多都是数学事实性的知识，但理解概念的层次会直接影响到学生利用程序性知识解决相关数学问题的能力，因为这是一个评价学习结果最基本的考查内容.

马云鹏、张春莉就将评价的目的细分为"对学生数学学习的成就和进步进行评价""改善学生数学的态度、情感和价值观""提供反馈信息，促进学生的学习""修改项目方案，包括课程、教学计划等""改善教师的教学" [4]几方面，制订对应的评价表，如《解决问题的自我评价表》《态度评价表》《课堂观察检核表》《借助二分法判断技术使用 4 分值量表》《针对带有解决问题性质的任务进行的分析评分的量表》《分析评分的量表》等.

2. 关于学生学习评价的国际研究

二十世纪三四十年代，美国教育家拉尔夫·泰勒(Ralph Tyler)认为，"评价在本质上是一个确定课程与教学计划实际达到教育目标的程度的过程". 此后美国的很多评价方案都是建立在泰勒评价原理的基础上.

近年来，美国在学生的学业成绩评价方式上开始发生变化，更加关注学生的实际生活，注重学生解决问题得出结论的技能和过程. 斯克里文(M.Scriven)提出了"总结性评价"与"形成性评价"的概念，然后又进一步提出了不同于泰勒的"目标评价"的"目标游离评价"这一概念. 美国评价专家斯蒂金斯(Richard J. Stiggins)在其著作《促进学习的学生参与式课堂评价》一书中探讨了各种让学生参与到课堂评价中的方法和策略, 还特别关注了学生情感倾向的评价, 在美国有广泛的应用价值[5]. 经历将近百年的变革与探索, 美国教育评价学依靠坚实的理论基础和丰富的方法论, 形成了今天客观化、标准化、多元化和科学化为一体的比较成熟和完善的独立教育分支学科体系.

贾莉莉在《英国学生评价的新动向》中提到, 20 世纪 80 年代末以来, 英国实行了全国统一课程, 完善各类资格课程, 并且进行了相应的评价制度的改革, 基础教育的学生评价在改革实践中逐步完善. 目前, 英国 13 个地方当局的 74 所学校的教师正在试行一个《重要的 3 阶段计划》, 这一计划得到了英国教育和科学部及课程和资格认证机构的支持. 试行这一计划的每所学校中有两名教师使用一个被称为"监督学生进步"的新的评价制度."监督学生进步"这一新的评价制度蕴涵了评价的内容与方法. 被挑选出来的学生将在每个学期参加一次指定材料的阅读与写作活动, 并在规定时间内默写出由课程和资格认证机构要求的知识点, 然后, 教师将依据学生所默写的知识点来给学生打分. 而打分的原则与规定由相关的考试监督机构制定, 这些规定很复杂, 目的是确认学生的学习优势和劣势, 帮助家长进一步了解子女的学习情况, 并为教师确定未来的教学目标提供便利条件. 英国国家英语教学协会主席约翰逊认为, 这一计划得以实施的关键在于要使有关的教育官员确信这是一种好的考试方式. 他还指出, 教师对学生的评价应该得到充分的重视, 因为这是成功实施这一计划的第一步.

纵观世界各国正在进行的学习评价方式改革, 可以看出, 学习评价的过程不再只关注目标, 而是以一种开放式的形式出现, 全面去评价学生的学习, 其价值观念走向多元化. 学习评价与教学相结合, 从多层次、多角度去评价学生的学习, 努力培养学生的自我反思能力, 开放思维, 提升创造力.

3. SOLO 分类法在学业评价中的应用

检查学生在学习某个概念所达到的思维层次可以采取什么方法? 《学习质量评价: SOLO 分类理论(可观察的学习成果结构)》中提到, 人们在进行质性的评价时通常使用的方法都非常主观, 没有从学生需要的角度出发来作出说明, 通过个人分析的评价纳入最终的评分, 因此"即使在论文的评定中, 量的"多少"往往比质的"多好"对评分更起决定的作用"[6].

实际上, 回答的内容越来越多, 应用的知识点更多, 不代表就是越好的回答, 能够紧跟主题、条件运用恰到好处、不啰唆不遗漏、思维严密, 才是"高品质"的回答. 数学的解题讲究发散与收敛, 要能收放自如, 而且思维的网要撒在关键链接处, 答也要答到"点"上, 才能使得整个解答过程严谨、清晰、言必有据.

比格斯、科利斯等认为学生在具体知识的学习过程中, 都要经历一个从量变到质变的过程, 每发生一次跃变, 学生在对于这一种知识的认知就会进入更高一级的阶段, 可以根据学生在回答问题的表现来判断他所处的思维发展阶段, 进而给予合理的评分.

SOLO 分类法弥补了过去评价中忽视学生主体问题这一个缺陷，能够全面地评价学生的学习情况．比格斯教授在其著作中，以基础数学教学为例，利用 SOLO 分类法对学生学习情况进行过程性的评价，达到了解学生掌握数学知识和技能层次的目的，使之可及时反馈到教师的教学中去．

吴有昌在《对数学学习过程性评价内容的思考》一文中指出，"数学学习过程性评价的内容应包括：数学学习方式、过程性学习成果和非智力因素""通过过程性评价，一方面可以确认学生的学习方式，了解学生的学习结果和学习质量；另一方面则可将学生引导到深层次的学习上来，有意识地进行深层次的学习，树立正确的学习动机，掌握合适的学习策略，从而真正提高学习的质量和效果"．如果能够采取一种开放式的评价方式，让不同基础的学生都有发挥的空间，充分展示他们在这个知识上的认知，将有助于在评价学生学习的思维水平的同时激发学生学习的兴趣．

目前，还有从"数学教学""数学开放题评分""数学问题提出评价"等方面进行 SOLO 分类法的研究，都具有比较实在的应用，也使得评价更"人性化"，更符合学生认知结构的建造与发展．

分析已有的评价方式，SOLO 分类法可以帮助教师诊断并改进教学，同时可以激励学生采用深层探究式学习策略，促进教师的"教"与学生的"学"更好地联系在一起．那么，在数学学科教学中，哪些方面可以继续发挥这种分类法的作用呢？数学的学习与应用，较为基础而关键的是——数学概念．概念理解是否清晰稳固直接影响到其他知识的学习，若用 SOLO 分类理论的五个层次去划分学生学习概念的理解水平，从思维方面了解学生学习的"质"，对教师把握教学进度与方法有着指导性的帮助．

第二节　SOLO 分类法在学生学习评价中的意义及设计过程

学习评价是以教学目标为依据，运用一切可行的方法，系统地搜集信息，对教学所引起的学生在认知行为上的变化进行价值判断的过程，简言之，就是测定或诊断学生是否达到教学目标的要求及是否达到目标的程度．阶段性的学习评价最终是为了探讨教学目标的实现效果，具有反馈、调控，以及改进教学方法并促进学生全面发展的功能，也是衡量教学是否有效的重要指标．

学习评价的方式日趋多元化，如课堂问答、限时测练、课后作业、研究性课题开展、学生学习成长记录袋、数学日记等．学业测试的结果可以用于评价学生在某一阶段数学知识、技能、方法、能力、思想等的程度，决定学生的相对等级成绩，也可以用来评价教师的教学，对教师下一阶段的备课、课堂教学设计、作业的布置等有一定的帮助．

SOLO 分类理论把学生对某个问题的学习结果分为五个水平．虽然学生的思维在不同的知识、不同的情境就会有不同的呈现，但是，如果设计的问题具有开放性，能让不同层次的学生都可以作答，这样，评价就具备可操作性，对研究学生的学习结果就有实际的意义．SOLO 分类理论的基本特点如表 4-1 所示．

表 4-1　认知发展的基本阶段和回答的层次描述

发展的基本阶段及最小年龄	SOLO层次	1 能力	2 思维操作	3 一致性与收敛	4 回答结构
形式思运 (16 岁以上)	抽象扩展结构水平	最高:问题线索+相关素材+相互关系+假设	演绎与归纳;能对未经历的情境进行概括	不一致性消失,不觉得一定要给出收敛的回答,即结论开放,可以容许逻辑上兼容的几个不同解答 R_1, R_2 或 R_3	解答　线索　R_1　R_2　R_3
概括型具体思运 (13—15 岁)	关联结构水平	高: 问题线索+相关素材+相互关系	归纳;能在设定的情节或已经历过的经验范围内利用相关的知识进行概括	在设定的系统总没有不一致的问题,但因为只有一种收敛方式,在系统之外可能会出现不一致	R
中级具体思运 (10—12 岁)	多点结构水平	中:问题线索+多个孤立的相关线索	只根据几个有限的、孤立的事件进行"概括"	虽然想达到一致,但由于基本上只注意估计的素材而使回答收敛太快,从而用同样的素材得出不同的结论	R
初级具体思运 (7—9 岁)	单点结构水平	低:问题线索+单个相关素材	只能联系单一事件进行"概括"	没有一致的感觉,迅速收敛,只接触到某一个点就立刻跳到结论上去,因此结论非常不一致	R
前思运 (4—6 岁)	前结构水平	最低:问题线索和解答混淆	拒绝,同义反复,转换,跳跃到个别细节上	没有一致的感觉,甚至连问题是什么都没有弄清就收敛了	R

　　一般来说,学生学习的数学知识可以分为两大类:事实性知识与程序性知识.而后者是建立在全面掌握前者知识的基础上的.但都掌握这些知识不代表就能顺利完成问题的解答,能否灵活利用事实性知识,结合一些解题策略来完成问题的解决,需要达到一定的思维水平.

　　标准化的测试方式,通常都不能具体评价学生思维所达到的层次.利用 SOLO 分类理论,可以尝试将学生解答某个问题的过程进行详细分类,然后借此细致、到位地分析学生思维所达到的层次,了解学生"学习的质量",并将评价所得的结果反馈到日常教学中,进而有针对性地调整后续的教与学活动,促进教学相长.

　　SOLO 分类评价法作为一种形成性的评价,可以及时发现在教学过程中产生的问题. 每一次的评价都是承前启后的. 如果评价的结果反映大部分的学生在这个知识的思维水平仍处于较低的层次, 或未达到教学目的所要求的, 那么, 教育者就需要对这一学段的教学内容、方式等进行反思, 积极地从各个方面去寻找原因, 及时发现问题、解决问题. 一方面促进学生向更高层次发展, 另一方面, 在这一系列的教学、评价、反思、改进的活动中, 教育者自身的专业水平也可以得到提高.

前面提到 SOLO 分类理论的 "认知发展的基本阶段和回答的层次描述", 对教育者设计科学、有针对性、容易操作的评价表有明确的指导. 由于目前这种理论在大多学科中都应用在开放性的问题解决上, 评价的过程可以主要分为"设计试题——制定评价表"这两个阶段. 解答内容该如何分析、思维水平层次如何判定, 对教育者本身有较高的要求. 怎样的试题可以达到调查的目的? 这是首要考虑的问题. 因此, 在对某个知识评价前, 需要对学生的学情进行分析, 同时对于这个知识的所有问题, 如具体内容、教学目标、重点、难点、疑点、易错点、考点, 甚至是学生常见的犯错误方式等问题, 都要进行调查分析与总结. 只有做好了这些前期的准备工作, 评价的结果才真实、可信.

本理论采取的评价方式以笔试为主、口试为辅. 因为笔试除了可以记录学生解答的过程, 还可以检查学生对数学语言的转换能力. 辅以口试, 是由于出声思维过程可以在帮助学生理顺解答逻辑的同时, 加强对知识的理解与掌握.

根据数学学科本身的特点, 可以将评价的方法与过程设计用图 4-1 所示.

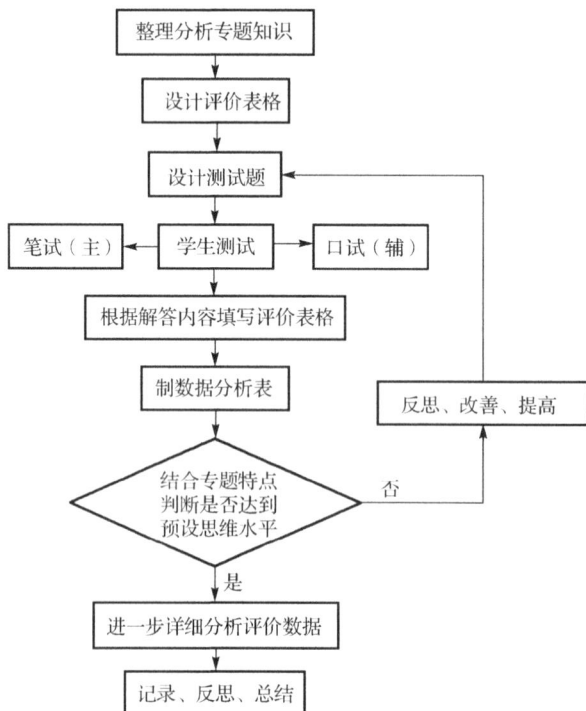

图 4-1　SOLO 分类法学习评价流程图

第三节　SOLO 分类法在高中"立体几何"学习评价中的实验初探

高中数学知识内容多且抽象,对数学能力如逻辑思维能力、运算能力、空间想象能力、分析问题和解决问题的能力都有较高的要求. 因此,在新知识的教学过程中,应思考如何加深学生对数学概念本质的理解,并注重培养学生解题所需的思维能力.

我们知道,每个数学问题都是由一些小问题分支构成的. 在解题中需要用到一些基本概念,也会涉及一些相关问题的方法步骤. 但有些学生为什么记熟了所有的定理、性质、公式,却怎样也没办法解决问题呢? 其实,关键就在于没有掌握化整为零、分解大题、进行有方向的发散的技巧.

笔者常常用"撒网捕鱼"的比喻来引导学生运用发散性思维解题,这好比有些学生解题时在答卷上写了满满的一页纸,却因与题目的关联不够而得分很低,就是因为没把"网"撒在"有鱼"的地方. 有的学生明明知道哪里有鱼、该往哪里"撒网",却不知道该怎么收回来. 实际上,学生是否能"收放自如"地解题,就涉及学生自身的思维水平问题.

为了更好地研究 SOLO 分类法在评价学生数学思维上的应用,笔者选择一个几何问题进行了初步的探究.

首先,根据立体几何证明题的特点,利用 SOLO 分类理论可以将学生解答的过程划分为对应的五个层次,如表 4-2 所示.

表 4-2　立体几何中定理与性质的思维水平分类表

思维反应层次	解题表现
前结构水平	重复题目的条件,或者写出与问题毫无关系的语句
单点结构水平	根据题目条件单独把对应的一个结论写出来
多点结构水平	逐个地将每个条件与其对应的所有相关性质、结论全部罗列出来,却不知接下来如何理顺它们之间的关系,更别说证明题目的问题了
关联结构水平	明白证明的命题与条件的关系,能根据相关定理和性质把两者串联起来,有一定的逻辑思维能力. 但可能解题思路仍然不够严谨,过程中或者会出现遗漏关键条件的错误. 而且只在条件与所证命题的关系较为清晰的时候才能做出正确的解答,一旦碰到同类的变式题,就会无法对条件进行收敛
抽象扩展结构水平	能在复杂抽象、非常规的问题情境中挖掘出有用的隐藏条件,而且证明的过程步步严谨、理据充分、表达简洁清楚,能从不同的角度用多种方法解题

案例　评价学生在应用线面垂直的判定定理与性质定理中所呈现的思维水平

例 1　如图 4-2 所示,在四棱锥 $P\text{-}ABCD$ 中,底面 $ABCD$ 是正方形,$PD\perp$ 平面 $ABCD$,$PD=DC$,E 是 PC 的中点,作 $EF\perp PB$ 交于点 F,求证:$PB\perp$ 平面 EFD.

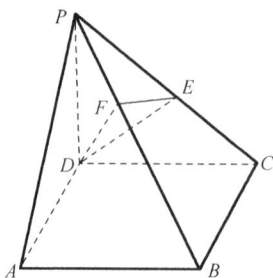

图 4-2

题型分析　这道题的证明过程需要应用三次线面垂直的判定定理与三次性质定理：线面垂直(条件)→线线垂直→线面垂直→线线垂直→线面垂直→线线垂直→线面垂直(结论)．

因此，它更能考查学生是否已经掌握线面垂直的判定定理与性质定理，容易在评价思维水平时进行分类．

先对每个学生的解答做出评价，并记录不同思维层次人数的分布，然后针对各个层次出现的问题提出具体的后续改进方向与方法．

学生解答内容的详细分析如下．

(1) 前结构水平

解答 1：∵ 底面 $ABCD$ 是正方形，∴ 四边相等，∴ $PB \perp$ 平面 EFD．

解答 2：∵ E 是 PC 的中点且 $EF \perp PB$，∴ F 是 PB 的中点．

分析：解答 1 只是将题目中的条件抄写一遍，就直接写结论，连题目讲什么都还不清楚．解答 2 更是逻辑混乱，条件与结论完全无法联系在一起．

对策：出现这种情况有很大可能是由于上课时没有认真听讲，对基础的知识完全没有用心去记．因此，教师可以先想办法端正学生的学习态度，再激发学生的学习兴趣．

(2) 单点结构水平

解答 1：∵ $PD \perp$ 平面 $ABCD$，∴ $PD \perp AB$，$PD \perp BC$，$PD \perp CD$，$PD \perp DA$．

解答 2：∵ $PD = DC$，E 是 PC 的中点，∴ $DE \perp PC$．

解答 3：∵ 底面 $ABCD$ 是正方形，∴ 四个内角为直角，∴ $BC \perp CD$．

分析：这三种解答都只是单独把个别条件所想到的那些显而易见的结论写出来．

对策：加强基础知识的训练，先让学生熟悉证明立体几何题需要的相关概念、定理、基本性质等．

(3) 多点结构水平

解答：∵ $PD \perp$ 平面 $ABCD$，∴ $PD \perp AB$，$PD \perp BC$，$PD \perp CD$，$PD \perp DA$．
　　　　又 E 是 PC 的中点，$PD = DC$，∴ $DE \perp PC$．

∵ 底面 $ABCD$ 是正方形，∴四个内角为直角，∴$BC \perp CD$.

分析：这个解答说明学生已经明白题目的意思，知道要解决的是什么问题，也理解了垂直的相关知识，但也只是仅仅知道而已，就是只会发散，把题目中出现的所有条件有关的结论都罗列出来，而不懂收敛的方法，相当于充当了知识的搬运工，可惜搬是搬得动，却不会用.

对策：加强线面垂直的判定定理与性质定理在应用中的转换训练与指导，让学生在下次做题时能在该点上进行自然的"链接".

(4) 关联结构水平

解答：∵$PD \perp$ 平面 $ABCD$，∴$PD \perp BC$.

∵ 底面 $ABCD$ 是正方形，∴$BC \perp CD$.

又 $PD \cap CD = D$，∴$BC \perp$ 平面 PDC.

∵DE 在平面 PDC 上，∴$BC \perp DE$.

∵$PD = DC$，E 是 PC 的中点，∴$DE \perp PC$.

又 $PC \cap BC = C$，∴$DE \perp$ 平面 PBC.

又 EF 在面 PBC 上，∴$DE \perp EF$.

分析：这个解答的学生很清楚每组线面垂直的判定定理，能在复杂的线面关系中看到它们之间的内在联系，并且知道如何从条件得到的初步结论中正确选取证明所需的下一个条件，再用准确的数学符号语言将解答过程有逻辑、严谨地呈现出来. 这表明该学生已经把握系统的内部关系，因而他在理解判定定理与性质定理的思维水平上可以被认为已达到了关联结构水平.

对策：由于这道立体几何题的载体是常见的四棱锥，其中涉及的线面关系明显，是常见的题型，学生能证明好这道题，只能说起码已经达到关联结构水平，至于是否能达到更深层次的抽象扩展结构水平，还需要进一步的考查评价. 因此，在训练完这道题的第三天，笔者把同样的题目，修改了其中表示的字母，以及将图的位置作了调整，再给学生练一次.

例2　如图 4-3 在四棱锥 $S\text{-}ABCD$ 中，底面 $ABCD$ 是正方形，$SB \perp$ 平面 $ABCD$，$SB = BC$，E 是 SC 的中点，作 $EF \perp SD$ 交于点 F，求证：$SD \perp$ 平面 EFB.

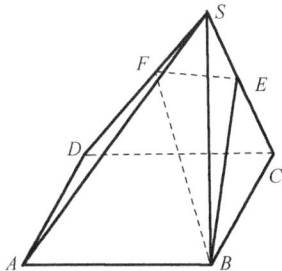

图 4-3

从练习结果分析发现，前三个思维层次的人数跟原来的比较接近，但原先第四个层次的同学只有三分之二左右能把这道题正确解答出来．由此可见，剩下三分之一的没有达到第四个层次的同学解决此类证明题的能力只限于那些曾经训练过的题目或者常规题，若变换成一个新的结构，就会被原先的思维定势所约束而无法解答．那么，如何帮助这些学生突破原有的模式达到更高的层次呢？就这道立体几何题而言，因为前后两题的区别在于图形的角度发生了改变，所以，可以从训练提高学生的空间想象力入手，让学生自己从不同的角度去画某一指定几何体的直观图，然后尝试在新的图形中解决问题．让纸上平面的图形"立体化"的同时，又能不局限于平面图中的图形表象，进而利用严谨、具体的语言表达抽象的关系．

（5）抽象扩展结构水平

能够正确解答出改编后这道题的同学，说明他能随着题目"环境"的变化来变换思维的方式，具有抽象、概括、关联相关定理与性质的能力．在解答立体几何题的时候，已经不是拘泥于图形的形状，而是能根据题目的条件，对问题的证明上升到抽象理论的高度，体现了对所考查定理的深化认识以及较高的空间想象能力．

下面完成两道题后整理各个思维层次学生的频数分布表（表 4-3）．

表 4-3　各个思维层次学生的频数分布表（线面垂直的判定与性质定理）

	思维反应层次				
	前结构水平	单点结构水平	多点结构水平	关联结构水平	抽象扩展结构水平
频数	1	6	17	9	17
频率	0.02	0.12	0.33	0.20	0.33

从表 4-3 可以看到，学生思维水平较为集中在"多点结构水平"与"抽象扩展结构水平"这两个层次．在"多点结构水平"以及以上的学生约有 86%，说明整体学生对线面垂直的判定定理与性质定理的基础知识还是记得很多的，但知道得多不代表就能解决所有的问题，同时还要掌握并且灵活运用这些知识的技巧才行．

利用 SOLO 分类理论分析学生的几何证明解答后，初步研究表明，这种理论可以尝试作为评价学生学习成果的理论依据．

第四节　高中概率知识分析与高中生概率概念理解状况的调查研究

本节主要研究高中概率的学习目标、知识结构图、各个知识的能力要求以及学生学习概率容易走进的误区．通过详细剖析课程标准与教材，把握教学的重点与难点，课程目标更加明确，有利于后面进行的学习评价的实验研究．

人教版高中数学必修 3 第三章概率统计这部分的内容，很多学生刚开始学的时候都会觉得比较容易，加上初中已经学过一些简单的概率计算问题，会给学生造成一个假象——"概率很生活化，很容易，不用怎么学都会."但实际上，随着古典概型与几何概型的引入，问题就凸现出来了．因此，在教学中利用容易操作的方式对学生学习的结果进行及时的评价，可以借此帮助改善并提高教学质量，同时也有助于提升教师自身的专业水平．

目前数学试题的评分标准比较严格，开放性的题目比较少，这种评价方法在一些大型的选拔性考试中还是处于主体地位．但是，在日常教学中，如果想要了解学生对于某一个知识点的理解与掌握水平，这样过于绝对的"数字化"评价方式显然不够科学．"评价应该为每一个学生提供反馈信息，帮助他们了解自己在数学能力、解决问题的能力等方面的进步，而不仅仅满足于掌握一些数学知识和技能．因此，教师通过评价为学生提供的反馈信息应该加强对学生思维方面的指导和促进作用，帮助学生发现解题策略、思维或习惯上的不足."[2]

郑毓信认为，"对错误的根源、规律性的错误，也即学生真实的思维活动作出深入的分析，从而有针对性地采取补救措施."[7]如果能够将以往学生概率概念的错题进行分类，通过分析学生出错的原因与形式，评价学生在这个知识点达到的水平，进而反思在教学中出现的问题，及时对教学方法、计划、进度、方式等进行调整，相信有利于提高学生的学习效果．

SOLO 分类法这种以等级描述为特征的"质性"评价方法，在我国目前很多的学科教育评价中已经取得相当不错的效果．利用 SOLO 分类理论对高一学生在必修 3 概率概念学习中出现的错误进行分类，然后根据错误的形式与内容，判断学生在该知识点达到的理解水平，从而反馈到复习与教学中去．在对概念进行测试的过程中，可以适当地让学生参与评价，目的是让他们进一步了解错误的根本原因，减少以后出错的机会，加深对概念的理解．

1. 概率的学习目标和能力要求

新课程标准提出高中数学的培养目标是"获得必要的数学基础知识和基本技能，理解基本的数学概念、数学结论的本质，了解概念、结论等产生的背景、应用，体会其中所蕴涵的数学思想和方法，以及它们在后续学习中的作用""具有一定的数学视野，逐步认识数学的应用价值、科学价值和文化价值，形成批判性的思维习惯，崇尚数学的理性精神，体会数学的美学意义，从而进一步树立辩证唯物主义和历史唯物主义世界观".

概率是高中数学中与现实生活联系密切的内容，每年必考，且分值比例高于课时比例，一般是中低档题，题型为选择题、填空题、解答题．结合本章的课程目标，需要梳理全章知识网络，把握好在教学中应该遵循什么法则、选取什么教学素材、采用哪些教学方式，然后根据知识内容需要掌握的层次设计对学生进行考核测评，从而达到培养学生数学素养的目的．

2. 教师问卷调查与学生检测卷调查

(1)教师问卷(见附录 1)调查

调查对象：数学教师 21 位，其中高级教师 10 人，一级教师 11 人.

调查方式：主要以问卷调查的形式，辅以访谈法等.

(2)学生对概率概念理解情况的调查

调查对象：从高一、高二、高三三个年级中各选择 1 个理科班学生和 1 个文科班学生为样本进行测试.

调查方式：主要以检测卷的形式，辅以抽样访谈法等.

整理问卷调查数据，分析学生学习概率概念容易走进的误区，对调查结果进行分析. 本次访问 21 位高中数学教师，所有问卷全部回收. 发放学生测试卷 215 份，回收 196 份，回收率为 91.16%. 测试卷的设计主要是为了调查高中学生对概率概念的理解情况.

教师问卷的设计，主要是针对高中学生概率概念教学中的几个问题对教师进行访谈，如"学生学习概率时，对随机事件、必然事件、不可能事件的理解会有什么困难？" "您在课堂教学中会采用哪种教学方法加深学生对该知识的理解？" "课后的练习如何设计可以达到巩固提高的目的？"等. 通过联合分析教师问卷与学生检测卷的结果，发现学生出现问题的地方与教师问卷调查的结果基本一致. 由此可见，绝大部分教师都很清楚学生的学习漏洞，但或许由于各人采取的教学方法不相同，也可能受其他客观的因素影响，因此教学结果有差异.

为了更好地进行下一步的实验研究，笔者根据两次调查的结果，初步总结出高中学生学习概率容易走进的八大误区.

a)容易混淆概率与频率的概念.

很多学生即使在学习频率与概率的概念之后，仍然分不清两者之间的区别，对于什么是"频率的稳定值""概率的估计值"停留在朦胧的认识阶段，所以在遇到相关问题时就会手足无措，不知如何解决.

b)不理解"事件 B 包含事件 A""事件 A 与事件 B 的并事件""事件 A 与事件 B 的交事件".

"一般地，对于事件 A 与事件 B，如果事件 A 发生，则事件 B 一定发生，这时称事件 B 包含事件 A." 可以用集合的观点来建立两者之间的关系：$A \subseteq B$，也可以通过维恩图的形式直观地表现两者之间的关系.

c)无法正确判断"互斥事件"与"对立事件"间的关系.

互斥事件的概念容易跟相互独立事件混淆在一起. 在教学中可以强调：事件 A 与事件 B 是同一次试验中的两个结果，但却在任何一次试验中都不会同时发生，这样事

件 A 与事件 B 互斥. 事件 A 与事件 B 互为对立事件, 其含义是: 事件 A 与事件 B 在任何一次试验中有且仅有一个发生.

d) 基本事件与复合事件区分不清楚.

复合事件和基本事件都是随机事件, 不同的是基本事件是不可分解的, 是一次试验中的最小"元素". 而每个复合事件都可以表示成几个基本事件的和事件.

e) 错误判断有序与无序的问题.

能否正确判断试验的过程是有序还是无序是解概率题的关键. 因为这决定着我们应该如何列举基本事件构建样本空间.

f) 错误判断古典概型与几何概型.

古典概型和几何概型是高中概率学习的重点跟难点. 两者的共同点是: 样本空间都是等可能事件. 区别: 古典概型里基本事件的个数是有限个, 几何概型里基本事件的个数是无限个, 需要构造与样本空间对应的几何图形来解题.

g) 错误列举随机事件对应基本事件.

高中的概率更重视实际的应用, 要求学生掌握利用概率知识解决实际问题的能力. 正确分辨两种重要概型的前提是清楚每次试验中的基本事件是什么, 所求随机事件包含有哪些基本事件.

h) 利用不规范 (不严谨) 的概率直觉误解题意.

科学利用数学知识计算生活问题, 而不能被一些假象蒙蔽. 如简单随机抽样, 抽中与否与抽签的先后是没有关系的.

3. 利用 SOLO 分类理论将概率概念理解水平进行分类

如表 4-4 所示, 结合 SOLO 分类理论, 将学生错误的原因进行思维水平的分类. 因为随机事件、不可能事件、必然事件不管从语义还是结合生活实例方面, 都比较好理解, 而且学生在初中就已经学习过这几个概念. 在这种情况下, 如果学生还是对"随机事件、不可能事件、必然事件"理解不准确, 那么说明这位学生在这几个概念的思维层次是比较低的. 犯"利用不规范 (不严谨) 的概率直觉误解题意"这种错误的学生, 可能由于思维处于单点结构层次, 所以无法正确理解题目的意思.

表 4-4 SOLO 分类法对错题归因进行分类表

相关概念 思维反应层次	前结构水平	单点结构水平	多点结构水平	关联结构水平	抽象扩展结构水平
随机事件、不可能事件、必然事件理解不准确	√				
容易混淆概率与频率的概念			√		
利用不规范 (不严谨) 的概率直觉误解题意		√			
错误列举随机事件对应基本事件			√		
基本事件、随机事件区分不清			√		
基本事件、复合事件区分不清				√	

思维反应层次 相关概念	前结构 水平	单点结构 水平	多点结构 水平	关联结构 水平	抽象扩展 结构水平
有序与无序的问题				√	
不理解"事件 B 包含事件 A" "事件 A 与事件 B 的并事件" "事件 A 与事件 B 的交事件"			√		
无法正确判断 "互斥事件"与 "对立事件"间的关系				√	
错误判断古典概型与几何概型				√	

4. 概率概念的思维分类

根据概率概念的内容与教学目标,结合 SOLO 分类理论把概率概念理解的思维水平分为以下五个层次,见表 4-5.

表 4-5　概率概念思维水平分类表

思维反应层次	解答表现
前结构水平	只能知道笼统的概念信息,无法抓住概念的本身的含义
单点结构水平	能辨析概念的真假
多点结构水平	能举出实例正确表达概念的含义
关联结构水平	清楚概念的相关性质的应用,能从题目中提取有用信息解题. 有一定的语言表达、图表剖析、数据整理能力,能用常规的方法解答问题,而且只限于数据较为清楚、数量关系明显的情况
抽象扩展结构 水平	会利用概率概念的知识解释生活实例,能用严谨、科学的方法与语言阐述结果. 不会受到题目不相关信息的干扰,并能将问题转换成数学语言理解,而且解答过程有条不紊,有较强的逻辑思维能力

第五节　高一学生概率概念理解的思维水平的实验研究

利用 SOLO 分类法编制概率概念测试题,让实验班的学生认真完成,接着通过数据整理填写概率概念思维水平测量表,根据单个学生纵向思维分析表与班级横向思维分析表评价学生学习这一概念的质量,有针对性地调整教学内容、改善教学方法、选编课后练习题,从而达到促进学生对概念的理解、教学相长的目的.

1. 实验目标假设和变量分析

1)实验目标假设:经过前面的理论学习、实例探究以及相关专题的整理总结思考,希望通过利用 SOLO 分类理论评价学生在学习完古典概型后达到的思维水平,指导下一阶段的教与学,从而促进学生对概念的理解,在一定程度上提高学业成绩.

2)实验的对象:广东省某重点中学高一(1)班(其中女生 39 人,男生 11 人),高一(2)班(其中女生 40 人,男生 14 人). 这两个都是文科班,女生较多,大部分同学的数学思维能力较弱,如能利用 SOLO 分类理论评价了解学生学习情况,再针对性地进行教学,对学生概念的理解可以起到较好的促进作用.

3)实验的时间:这是实验的初期,也是关键的时期.实验是否彻底细致有效,对后面的研究有很大的影响(本节中所述的实验阶段主要是以前期为例).

设计概念检测卷与结果记录表有:①概率与频率测试题(附录 2);②互斥事件与对立事件的概率测试题(附录 3);③古典概型检测题(第五节案例);④概念理解思维水平各个层次学生的频数分布表(附录 4);⑤实验班学生的概念理解思维水平频数表(附录 5).

每学习完一个(或一组相关的)概念后,让学生完成对应的检测题,然后利用"思维水平层次表"评价学生在这个概念理解上所达到的思维水平,记录下各个层次的人数,制作"概念理解思维水平频数分布表".

根据频数分布表评价整体学生学习这个概念的质量.如果达到关联结构水平或抽象扩展结构水平的频率有 0.80 以上,则可以认为学生掌握这个概念还是不错的,可以进行下一阶段的教学.相反地,若少于 0.80,作为教师,就要进一步详细分析评价的结果,看看学生的思维水平集中在哪个层次,同时思考造成这种现象的可能原因,接下来就需要暂缓教学进度,进入这个概念的循环教学中,直到概念理解达到要求,方可进入下个知识的教学.

2. 实验过程中的案例分析

案例 评价学生在解决概率中古典概型问题中所达到的思维水平

古典概型问题中具体解题步骤中错因呈现情况:①利用不规范(不严谨)的概率直觉误解题意;②错误判断古典概型与几何概型;③错误列举随机事件对应基本事件;④错误判断有序与无序的问题;⑤基本事件、复合事件区分不清;⑥列举基本事件时重复或遗漏;⑦词语运用不恰当;⑧表达不规范.

例 3 某商场要对一件新产品进行市场调查,随机抽取 100 名顾客对使用后的满意度进行评分(满分 10 分),规定评分在 3.0 以下(含 3.0)为不喜欢该商品,评分在 3.0 以上为喜欢该商品,调查表格如表 4-6 所示.

表 4-6

性别 ＼ 评分	[0, 1.0]	(1.0, 3.0]	(3.0, 5.0]	(5.0, 10.0]
男	3	17	23	7
女	2	30	8	10

a)根据调查结果,可以估计该商品的满意率为多少?

b)若需要从这 100 名顾客那些评分小于 1.0 的人中随机抽取 2 人，求 2 名都是男性的概率.

解答过程分析如下.

(1)前结构水平

解答 1(图 4-4)：　　　　　　　　　　　　解答 2(图 4-5)：

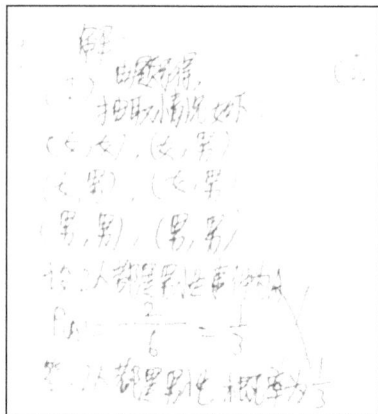　　　　　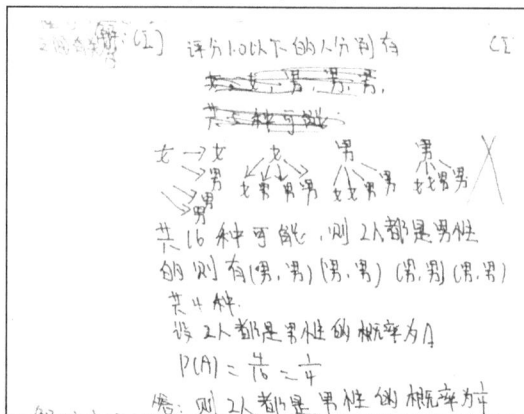

图 4-4　　　　　　　　　　　　　　　　图 4-5

分析：如图 4-4，图 4-5 所示，这两种回答根本没有认真审清楚题目的意思，不清楚要抽取对象有哪些，只凭自己的直觉，用一种不负责的态度来解题.

对策：尝试改变学生学习的观念，激发学习的主动性.

(2)单点结构水平

分析：如图 4-6 所示，能理解题目的意思，但掌握不好列举基本事件的方法，导致遗漏.

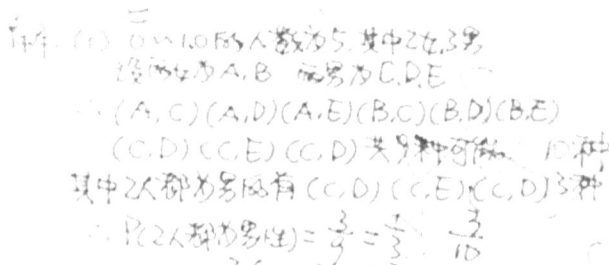

图 4-6

对策：建议学生采取分类讨论的思想来列举，或者用形象的树形图，可以避免重复或遗漏.

(3) 多点结构水平

分析：如图 4-7 所示，刚开始的思维清晰，能根据元素的特点用不同的字母区别开来，并且用树形图简洁完整地列举所有的基本结果，可惜没有完成后面的练习.

对策：通过不同题型的分析，引导学生归纳总结解题步骤，达到提高解题能力的目的.

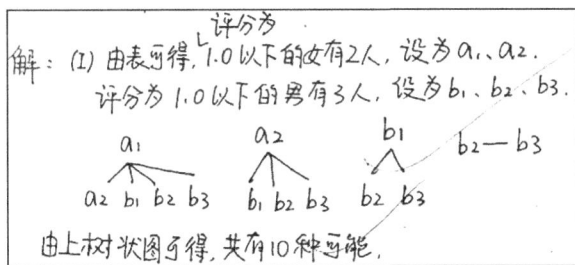

图 4-7

(4) 关联结构水平

分析：如图 4-8 所示，从整道题来看，解答是完整、准确的，可以说这位学生已经达到解古典概型这类题的"关联结构水平"层次，但有一点要注意的是：利用字母表示不同元素时用到"A"，后面又用"A"来表示所求事件，同一个字母表示两个不同的意思，这是不严谨的表示.

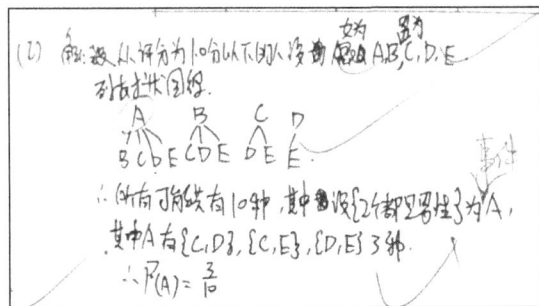

图 4-8

对策：引导学生认识到，用字母代表元素是为了方便说明问题，但必须要区别于现有的字母，要懂得在不同的情境下根据实际情况正确选择运用字母解题.

(5) 抽象扩展结构水平

分析：如图 4-9 所示，这个解答清晰、严谨，不管是符号语言，还是借以列举基本事件的树形图，都运用得恰到好处，不啰唆，不遗漏. 考虑到列举的是组合，就对应使用中括号来列举所求事件包含的结果，而且运算准确，在求出结果后再次回应题目的问题，是很好的解题范例.

　　将两个实验班的具体学生解题情况记录下来，如表 4-7 所示.

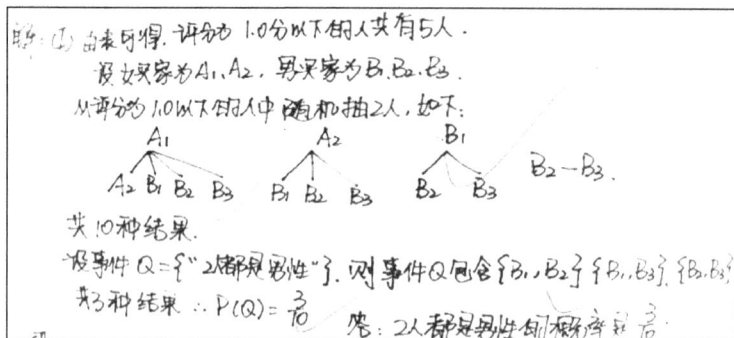

图 4-9

表 4-7　各个思维层次学生的频数分布表（古典概型）

	思维反应层次				
	前结构水平	单点结构水平	多点结构水平	关联结构水平	抽象扩展结构水平
频数	1	8	12	67	18
频率	0.01	0.08	0.11	0.63	0.17

　　从表 4-7 可以看到，学生思维水平较为集中在"关联结构水平"，而"抽象扩展结构水平"也有 17%的比例. 在"关联结构水平"及以上的学生约有 80%，说明整体学生对古典概型相关概念的理解与应用还是掌握不错的，如果另外布置一些古典概型相关概念的题目给其余 20%学生训练，并给予指导，对这部分学生达到后面三个层次的思维水平有一定的帮助.

3. 实验结果分析

　　将两个实验班的学生对互斥事件与对立事件的解题情况记录下来，如表 4-8 所示.

表 4-8　各个思维层次学生的频数分布表（互斥事件与对立事件）

	思维反应层次				
	前结构水平	单点结构水平	多点结构水平	关联结构水平	抽象扩展结构水平
频数	2	11	58	27	8
频率	0.02	0.10	0.55	0.25	0.08

　　从表 4-8 可以看到，学生思维水平较为集中在"多点结构水平"，由此表明学生对两个概念的辨析能力还有待提高，能单独理解但在具体解题中却不能很好地联系

起来应用,因此,在以后的教学中可以增加关联性的练习,以达到提高思维水平的目的.

通过这两个概念理解评价来调整教学方法与内容,更能体现"因材施教"的教学理念. 同时,由于有针对性地对不同思维层次的学生给予对应的提高方法,也激发了学生学习数学的积极性. 初步实验的阶段,数学课堂的气氛有了明显的改善,师生之间的互动也体现了学生在情感上接受这样的评价方法.

为了检验利用 SOLO 分类理论进行概念评价的实验研究前后学生学习成绩的变化水平,在实验进行一段时间后,对实验对象进行了前测. 此次测试,实验班与对照班的学生全部参加,测试的成绩利用 Excel 进行处理(表 4-9).

表 4-9　学生学习成绩变化水平表

	班级	人数	平均分	优秀率/%	及格率/%	标准差
实验前	高一(1)班、(2)班	106	71.58	9. 21	64.50	21.3
试验后	高一(1)班、(2)班	106	76.95	16.33	73.19	15.2
Z 检验	$\|Z\| = 2.531 > 1.96$(说明实验前后被试的成绩差异显著)					

通过研究前后数据对比可以发现,实验班的学生成绩有了明显的提高. 实验班和对照班的前测与后测如表 4-10 和表 4-11 所示.

表 4-10　学生学习成绩水平前测表

	班级	人数	平均分	优秀率/%	及格率/%	标准差
实验前	高一(1)班、(2)班	106	71.58	9.21	64.50	21.3
	高一(3)班、(4)班	100	72.13	9.33	65.19	22.7

表 4-11　学生学习成绩水平后测表

	班级	人数	平均分	优秀率/%	及格率/%	标准差
实验后	高一(1)班、(2)班	106	76.95	16.33	73.19	15.2
	高一(3)班、(4)班	100	73.25	10.50	68.48	21.98

实验分析:分析前后两次测试实验班与对照班的成绩对比,可以看到实验班的学生相对来说进步较为大一些,优秀率也有所提高,体现了 SOLO 分类法在促进学生向高一层次思维水平发展的作用. 实验过程中,通过检测卷的解答情况,结合思维层次表的数据,记录学生学习的结果. 通过评价与评价结果的分析,不同的问题能及时反馈到教学中去,进而"对症下药",调整教学方法、方式、内容,与时俱进,具有可持续的发展性. 实验的结果显示,学生在这一时期的数学学习成绩有了一定的进步,体现了这种评价的可行性.

第六节　研究成果总结

本章实验研究的核心内容是，在 SOLO 分类理论的指导下，通过分析学生对数学概念理解的思维层次评价学生学习的"质量"．在这个过程中，一方面深化学生对概念的理解，促进知识的应用，另一方面由于需要细致了解学生学习的结果，在一定程度上促使教师必须更全面、更深入地分析教材内容、明确教学目标、探究有效的教学方法、合理设计有针对性的测试卷．

以下四个研究的内容是本章的重点：①通过阅读大量与学习评价有关的书籍，分析目前高中学习评价中有实际意义、可操作使用的方法．并且，通过对比国内外的学习评价方式，探究今后教育评价的发展趋势．②结合数学学科本身的特点，设计出简便的"SOLO 分类法学习评价流程图""概率概念思维水平分类表"，使得评价更具体、清晰．利用 SOLO 分类理论制作与概率概念相关的思维分类表，可以作为其他数学概念思维分类的参考；③本章中理解思维层次的案例分析，可以作为给学生自我剖析的衡量工具；④SOLO 分类理论如何结合实际教学发挥其评价作用．

在利用 SOLO 分类理论进行学习评价实验的过程中，有些问题值得大家思考：学生对某个概念的理解一般来说不会处于一个恒定的层次，在不同的学段、不同的环境下会有不同的呈现．在这种情况下，如何设计一份具有一定可信度的检测卷？在 SOLO 分类理论的指导下，笔者尝试在不同的教学内容中用这种评价的方式去检查学生学习的"质量"，来反思自己的教学成效．

第七节　反思与期望

由于编选测试题、制作思维水平层次表、评价学生的思维水平、分析评价结果原因、调整教学等都需要教师自身具备较强的专业知识与能力水平，所以评价带有一定的主观性．因此，在研究过程中，评价结果可能会出现与现实有差距的情况．虽然有偏差，但如果能坚持每个概念都用这种思想去发现教学问题，及时补救，对老师、对学生来说都是好事．

目前 SOLO 分类理论在国内的研究仍处于一个发展的阶段，在数学学科教学的应用也需要进一步的探究．如果可以利用 SOLO 分类理论，联合更多的教育同行，一起建立一个以数学概念为主的题库，同时配备对应的思维水平层次表，而这些资源，不但教师可以用来检查学生，学生也可以通过对比思维层次表，自己去寻找原因，从而激发学习的主动性与积极性，促进教与学相辅相成，提高数学教学的质量．

本章参考文献

[1]　黄光扬. 新课程与学生学习评价[M]. 福州: 福建教育出版社, 2005.

[2]　任子朝. 中学生数学学业测试研究[M]. 北京: 教育科学出版社, 2001.

[3]　任子朝, 孔凡哲. 数学教育评价新论[M]. 北京: 北京师范大学出版社, 2010.

[4]　马云鹏, 张春莉. 数学教育评价[M]. 北京: 高等教育出版社, 2003.

[5]　Richard J. Stiggins. 促进学习的学生参与式课堂评价. 4 版. 国家基础教育课程改革"促进教师发展与学生成长的评价研究"项目组, 译[M]. 北京: 中国轻工业出版社, 2005.

[6]　约翰 B. 彼格斯, 凯文 F. 科利斯. 学习质量评价: SOLO 分类理论(可观察的学习成果结构). 高凌飚, 张洪岩, 译[M]. 北京: 人民教育出版社, 2010.

[7]　郑毓信. 数学教育哲学[M]. 成都: 四川教育出版社, 2001.

本 章 附 录

附录 1　教师问卷

问题 概念	理解上会有什么 困难	在课堂教学中会采用哪种教学方法 加深学生对该知识的理解	课后的练习如何设计可以达到 巩固提高的目的
概率与频率			
随机事件 必然事件 不可能事件			
基本事件 等可能性 事件			
有序抽取 无序抽取			
互斥事件 对立事件			
古典概型			
几何概型			

附录 2　概率与频率测试题

一、选择题

1. 在 0, 1, 2, 3, …, 9 这十个数字中，任取四个不同的数字，那么"这四个数字之和大于 5"这一事件是（　　）.

　　A. 必然事件　　　B. 不可能事件　　　C. 随机事件　　D. 不确定是何事件

2. 下列试验能够构成事件的是（　　）.

　　A. 掷一次硬币　　　　　　　　　B. 射击一次

　　C. 标准大气压下，水烧至 100℃　　D. 摸彩票中头奖

3. 在 1, 2, 3, …, 10 这 10 个数字中，任取 3 个数字，那么"这三个数字的和大于 6"这一事件是（　　）.

　　A. 必然事件　　　B. 不可能事件　　　C. 随机事件　　D. 以上选项均不正确

4. 随机事件 A 的频率 $\dfrac{m}{n}$ 满足（　　）.

　　A. $\dfrac{m}{n}=0$　　　B. $\dfrac{m}{n}=1$　　　C. $0<\dfrac{m}{n}<1$　　　D. $0\leqslant\dfrac{m}{n}\leqslant1$

5. 下面事件是必然事件的有（　　）：①如果 $a,b\in\mathbf{R}$，那么 $a\cdot b=b\cdot a$；②某人买彩票中奖；③3 + 5 > 10.

　　A. ①　　　B. ②　　　C. ③　　　D. ①②

6. 下面事件是随机事件的有（　　）：①连续两次掷一枚硬币，两次都出现正面朝上；②异性电荷，相互吸引；③在标准大气压下，水在 1℃ 时结冰.

　　A. ②　　　B. ③　　　C. ①　　　D. ②③

7. 某战士在打靶中,连续射击两次,事件"至少有一次中靶"的对立事件是（　　）.

　　A. 必然事件　　　B. 不可能事件　　　C. 随机事件　　D. 不确定是何事件

8. 一个容量为 20 的样本数据，分组后组距与频数如下：

组距	[10, 20)	[20, 30)	[30, 40)	[40, 50)	[50, 60)	[60, 70]
频数	2	3	4	5	4	2

则样本在区间 $(-\infty, 50)$ 上的频率为（　　）.

　　A. 0.5　　　B. 0.25　　　C. 0.6　　　D. 0.7

二、填空题

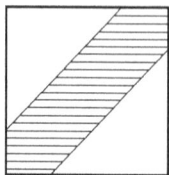

1. 如图所示，在边长为 25cm 的正方形中挖去边长为 23cm 的两个等腰直角三角形，现有均匀的粒子散落在正方形中，问粒子落在中间带形区域的概率是＿＿＿＿＿＿.

2. 从甲，乙，丙三人中任选两名代表，一共有＿＿＿种选法，分

别是_____，其中甲被选中的
概率是_____．

附录 3　互斥事件与对立事件的概念测试题

1. 下列各组事件中，不是互斥事件的是（　　）．
   A．一个射手进行一次射击，命中环数大于 8 与命中环数小于 6
   B．小明投篮 10 次，投中不少于 6 次与投中不多于 6 次
   C．播种菜籽 100 粒，发芽 90 粒与发芽 80 粒
   D．检查某种产品，合格率高于 70% 与合格率为 70%

2. 从 1，2，3，…，9 中任取两数，其中：①恰有一个偶数和恰有一个奇数；②至少有一个奇数和两个都是奇数；③至少有一个奇数和两个都是偶数；④至少有一个奇数和至少有一个偶数．在上述事件中，是对立事件的是（　　）．
   A．①　　　　　　B．②④　　　　　　C．③　　　　　　D．①③

3. 把红、蓝、黑、白 4 张纸牌随机分给甲、乙、丙、丁 4 个人，每人分得一张，事件"甲分得红牌"与事件"乙分得红牌"是（　　）．
   A．对立事件　　　　　　　　　B．互斥但不对立事件
   C．不可能事件　　　　　　　　D．以上都不对

4. 从装有 2 个红球和 2 个白球的口袋中任取 2 个球，那么互斥而不对立的两个事件是（　　）．
   A．至少有 1 个白球，都是白球　　B．至少有 1 个白球，至少有 1 个红球
   C．恰有 1 个白球，恰有 2 个白球　　D．至少有 1 个白球，都是红球

5. 某小组有 3 名男生和 2 名女生，从中任选 2 名同学参加演讲比赛．判断下列每对事件是不是互斥事件，如果是，再判断它们是不是对立事件，如果是，请在对应表格内填"√"，如果不是，请在对应表格内填"×"．

事件关系　　　　　　　　　　事件	互斥事件	对立事件
(1)恰有 1 名男生与恰有 2 名男生		
(2)至少 1 名男生与全是男生		
(3)至少 1 名男生与全是女生		
(4)至少 1 名男生与至少 1 名女生		

6. 判断下列给出的每对事件是否为互斥事件，是否为对立事件，并说明理由．
   从 40 张扑克牌(红桃、黑桃、方块、梅花点数分别从 1—10，各 10 张)中，任取一张．
   (1)"抽出红桃"与"抽出黑桃"；
   (2)"抽出红色牌"与"抽出黑色牌"；
   (3)"抽出的牌点数为 5 的倍数"与"抽出的牌点数大于 9"．

附录 4　概念理解思维水平各个层次学生的频数分布表

	思维反应层次				
	前结构水平	单点结构水平	多点结构水平	关联结构水平	抽象扩展结构水平
人数					
频率					

附录 5　实验班学生的概念理解思维水平频数表

层次　　概念	前结构水平	单点结构水平	多点结构水平	关联结构水平	抽象扩展结构水平
概率与频率					
互斥事件对立事件					
古典概型					

第五章 应用 SOLO 分类法开展高中生概率认知水平的调查研究

随着概率统计的内容引入我国的中小学数学课程，对它的研究也变得日益迫切. 但由于这一学科开展的时间较短，在理论上缺乏研究，在实践上缺乏经验，致使概率的教育研究相对滞后于教学，学生们在接受概率知识时存在着许多问题. 对于已经在初中就接触过概率初步知识的高中生，其概率学习情况更值得研究. 应用 SOLO 分类法，教师才能够真正剖析学生学习概率时的认知层次，才能有效地开展评价和教学. 本研究力求通过 SOLO 分类法，探寻高中生在概率学习中的错误概念及认知水平的发展结构，反映学生的概率概念学习状况，希望能为教师的教学和对学生学习质量的评价提供参考依据.

本章主要包括三个部分. 第一部分主要阐述问题的提出、国内外的相关研究和本章所采取的研究方法.

第二部分从概率的频率定义、主观定义、古典定义和几何定义等四个角度考查学生存在的主要错误概念. 研究表明：高中生对"大数定律"的认识有一定的困难，往往只能被动地接受概率的定义；预言结果法在概率的主观定义的理解中是最常见的错误概念，而且很难被克服，高一学生的预言结果法倾向最为严重，高二、高三的文科生与理科生使用预言结果法的人数百分比差别较大；高中生对概率古典定义的理解较好，文科生主要运用了画树状图、列表法来计算，正确率较高，而理科生在学习中更加侧重于排列组合等难度较大的内容，计算时往往更容易出错；几何概型比起古典概型，其问题一般都跟面积、长度、体积有关，图形的形象表示更容易引发学生对"简单复合法"的使用.

第三部分则运用了 SOLO 分类法，划分出了学生对概率四种定义的五个 SOLO 水平的回答，列举出学生在每一水平上的典型回答，并得出了一张高中生概率概念学习质量的评价表，该表揭示了学生在认识概率概念时所经历的循序渐进的发展过程，为概率教学质量的评价提供另一种可行的方法.

第一节 高中概率教与学评价研究现状

1. 概率教学研究现状

随着科学技术和经济的飞速发展，人们已经深刻感受到不确定性无所不在，了解这方面的知识已经刻不容缓了. 现实生活中、报纸杂志等新闻媒体中充斥着各种数据或图表, 等待我们去阅读、理解和分析, 而各种决策的做出, 也要求人们主动去收集数据和分析数据. 著名的数学家拉普拉斯(LapLace, 1749—1827)说: "生活中最重要的问题, 其中绝大多数在实质上只是概率问题". 概率是研究随机现象规律的学科, 它为人们认识客观世界提供了重要的思维模式和解决问题的方法, 同时也为统计学的发展提供了理论基础. 因此, 概率的基础知识已经成为每个合格公民知识素养中必不可少的一部分.

进入 21 世纪, 概率统计作为一个学习领域列入我国的中小学课程. 2003 年《普通高中数学课程标准(实验稿)》(以下简称《标准》)颁布, 对高中阶段必修的概率教学提出了以下 5 个具体目标[1]:

1)在具体情境中, 了解随机事件发生的不确定性和频率的稳定性, 进一步了解概率的意义以及频率与概率的区别.

2)通过实例, 了解两个互斥事件的概率加法公式.

3)通过实例, 理解古典概型及其概率计算公式, 会用列举法计算一些随机事件所含的基本事件数及事件发生的概率.

4)了解随机数的意义, 能运用模拟的方法(包括计算器产生随机数来进行模拟)估计概率, 初步体会几何概型的意义.

5)通过阅读材料, 了解人类认识随机现象的过程.

概率从它本身发展成为一个独立的学科到它广泛地进入中小学课程的速度是代数、几何等其他学科不可比拟的. 然而这样快的推进速度也使得对概率教与学的研究跟不上课程改革的步子. 国内的教学研究得比较多的是关于解题技巧和知识点的分析, 更多的偏向于"老师应该怎样教", 而学生"学得怎样""如何评价学生概率的学习质量"研究得很少.

2. 本研究的设计思路

我国的新一轮课程改革已进行了 10 年, 现在课改区的高中生在初中阶段就已经学习过概率统计的初步知识, 而在高中阶段, 他们所学的概率核心问题是了解随机现象与概率的意义. 对于高中的学生, 他们对生活中广泛存在的不确定性现象如何解释? 他们认识概率的角度有哪些? 文科生与理科生在对概率定义的认识上有何不同? 如何评价学生概率的学习质量? 这些问题都还没有确切的答案, 但对概率教与学的开展却极为重要.

为此, 笔者选择高中生作为研究对象, 拟从下面两个方面进行具体研究:

1)高中生对概率的频率定义、主观定义、古典定义和几何定义的理解有哪些错误概念?

2)高中生在理解概率概念时认知的发展过程是怎样的?

本研究主要是了解高中生对这些概率定义的实际认识情况, 存在着哪些主要错误, 这些错误与题目类型、学校类型、文理分科学习的关系如何.

3. 国内外研究状况

(1) 对概率错误概念的研究

国内外的不少学者对学生在概率学习中产生的错误概念进行了研究，其中预言结果法、等可能性偏见、机会不可量化及预测、简单复合法是学生在概率学习中常见的错误认识.

Konold 提出了预言结果法[2]，他是这样描述它的："这一方法的显著特点是：①预言每次试验的结果；②将概率看作一种预测，因而，在每次试验后就判断说某一概率是预测对了还是错了；③将概率估计建立在因果关系上而不是建立在分布信息上."Konold 发现有预言结果倾向的学生会在不同的题目中比较一贯地使用此错误概念.

等可能性偏见是概率思维中的主要错误概念之一，受到许多研究者的关注. 从 20 世纪 80 年代开始，Lecoutre 和她的同事们设计了一个"标准问题"（同时抛掷两个骰子，比较抛出一个 5、一个 6 和抛出两个 6 的可能性的大小）以及它的一些等价问题，用于对不同数学背景的大学生测试研究. Lecoutre 指出大约有 50% 的学生是使用了"机会模式"（认为随机事件其本质就是应该是等可能的，发不发生全凭运气）[3]. 而在 Fischbein，Nello 和 Marino 以及 Fischbein 和 Schnarch 的研究发现，超过 60% 的各年龄的学生（从九岁到二十多岁），在回答上述"标准问题"和与之等价的一些问题是都以为两者可能性相等[4]. 但笔者估计国内的高中生会更倾向于通过计算、画树状图来判断这两个可能性的大小. 这方面还需要通过数据的分析做进一步的研究.

机会不能量化及预测是指错误地认为随机现象是没有规律可言的，完全不确定的，因而机会是不能量化及预测的. 学生是否具有量化机会的意识和能力常被看作概率教学可以开始的一个必要条件.

简单复合法是李俊命名的，它是在度量和比较多步试验概率时暴露出的一种错误概念，即"将多步试验分割成多个独立的一步试验，并将多步试验的可能性仅看作它各组成部分可能性的简单复合"[5].

(2) 基于 SOLO 分类法的概率教与学的研究

所有国内外学者的研究表明，在概率教学中还存在着很多问题，学生在概率学习中隐藏的许多错误观念还有待我们发现，需要真实的第一手的数据去分析他们错误概念的种类，帮助教师更合理客观地评价学生的概率学习质量.

在我国，李俊在研究中小学生对概率概念理解的认知发展过程时，曾从区分不可能事件、可能事件和必然事件，解释机会值的含义，在一步概率试验中比较机会的大小，在两步概率试验中比较机会的大小这四个考察角度总结出了一张评价学生对概率概念理解水平的 SOLO 评价表[5]. 李俊老师的这项研究是 1997—2000 年完成的，那时国内的教材尚未引入概率的相关内容，其研究对象是六年级、九年级和十二年级的学生.

甄新武通过对初中生进行概率与统计认知结构测试,用 SOLO 分类法得出来"概率与统计"认知结构的评价框图[6].

纵观国内外文献,国外已有的关于学生在学习概率知识的认知发展过程的研究不多,国内的相关研究有的是在概率知识进入中小学课程之前做的,有的只是针对初中生的,而在新课标实施多年后,关注高中生在理解概率概念时的认知发展过程很少.

4．本研究的目的

概率统计在我国起步较晚,而新课标从小学开始就涉及概率统计的知识,这对我国的数学教学是一个空前的挑战,毕竟概率有其特有的思想方法,不同于讲究因果关系的逻辑思维. 而对于在中学阶段才开始接触概率知识的学生,他们受逻辑推理的束缚更久,所以他们对概率的理解更值得研究.

笔者本着这些目的,尝试探讨高中生在概率学习中的主要错误概念及认知发展过程,从不同层面分析学生的学习过程,运用 SOLO 分类法揭示学生的思维方式发展过程,希望可以充实和丰富已有的研究成果,为提高教师课堂教学效率以及学生学习质量的评价提供切实的建议和参考.

第二节　调查问卷的设计与实施

1．调查问卷的设计

根据所研究的问题类型设计问卷(见附录). 题目的类型包括选择题和简答题. 为了更好地了解学生的想法和错误的思路,选择题均要求学生写出理由. 表 5-1 分别说明与研究题目所设计的对应的问题.

表 5-1　研究的问题类型与相应的题目

序号	问　　题	题目
1	频率定义,对概率值的解释,观察预言结果法、机会不可量化及预测、小数定律	1, 3
2	主观定义,观察机会不可量化及预测、代表性方法的使用	2(1), (2)
3	古典定义,观察等可能性偏见、用自己的方法计算	4(1), (2), 5
4	几何定义,观察简单复合法、自创的概率计算方法	6, 7

2．调查研究的主要内容

(1)对概率频率定义的主要错误概念

相应的题目是第 1 题和第 3 题. 题目改编自李俊的《中小学概率的教与学》,原题是一道选择题,为了免受选项的干扰,笔者将原题改成了开放式的问答题,第 1 题主要观察学生如何理解 "30%" 这个概率值的含义. 第 3 题以选择题的方式问哪种情况更能说明天气预报的准确性, 学生做出选择后均要说明理由, 观察学生对频率与概率的概念、大数定律的理解, 观察预言结果法在学生心中是否仍然根深蒂固.

(2) 对概率主观定义的主要错误概念

相应的题目是第 2 题的两个小题, 改编自 Konold 等 (1993) 在观察学生思维转换方面的表现时使用的题目. 最后的 F 选项是笔者加上去的, 学生如果有其他的想法也可另写, 用于观察学生的机会无法预测及量化和代表性方法的使用这两个错误概念. 国外的研究结果表明, 学生的回答很大程度上依赖于问题的形式, 要求学生比较哪一顺序最有可能发生与哪一结果最有可能发生时, 学生转换回答的思维. 对此, 笔者有不同的猜想, 这需要通过本次调查的数据进一步证实.

(3) 对概率古典定义的主要错误概念

相应的题目是第 4 题, 题目摘自李俊的《中小学概率的教与学》[5], 要求学生除了给出选项外还要写明理由, 便于观察学生的等可能性偏见和定性或定量地分析问题的倾向. 第 5 题改编自 Lecoutre 和她的同事们设计的 "标准问题". 在阅读相关文献时, 笔者对国外已有的研究数据产生了兴趣, 在不同文化、不同时代背景下, 国内的高中生对这个 "标准问题" 的认知层次是笔者关心的问题. 这两道题目分别考察了学生对古典定义中的一步试验和两步试验机会值的比较.

(4) 对概率几何定义的主要错误概念

相应的题目是第 6, 7 题, 题目均摘自李俊的《中小学概率的教与学》[5]. 李俊用此类题目进行测试, 发现有 26% 的学生至少明确地使用过一次简单复合法, 而且 "简单复合法的使用不受背景的影响, 但受数据的影响"[7]. 李俊当时的研究对象中有三分之二都没有学过概率, 而笔者的研究对象与其有很大的不同, 因此, 笔者想通过这两道题目观察现在的高中生对简单复合法的使用.

(5) 应用 SOLO 分类理论分析高中生在学习概率概念时认知的发展

通过对高中生关于概率四种概念的错误概念的分类和分析, 笔者希望能划分出学生对概率四种概念的五个 SOLO 水平的回答, 列举学生在每一水平上的典型回答. 通过反映出学生在认识概率概念时所经历的循序渐进的发展过程, 能为教师教学和学生学习的评价提供参考, 为概率教学质量的评价方式提供另一种可行的方法.

3. 调查研究对象的选取

本章主要研究的是高中生对概率概念的主要错误概念及其概率认知发展过程, 选取的对象是广州市的高中三个年级的学生, 总数为 570 人. 笔者选择的广州市协和高级中学、广州市第 86 中学、广州市越秀区外国语学校、广州市美术中学这四所学校，其中前两所中学为国家级示范性高中，属于重点中学，后两所为非重点类高中. 调查时，笔者分别从重点中学和非重点中学的高一、高二、高三 3 个年级随机抽取 2 和 3 个班. 由于高二、高三年级已实行文理分科，故在重点学校与非重点学校都各选一个文科班和一个理科班. 所有的学生使用的教材都是人教版，其中高一年级的学生只在初中时学过概率的初步知识，高二的学生刚学完人教 B 版必修 3 的概率和统计的知识，高三的理科生比文科生多学习了人教版选修 2-3 的概率内容，表 5-2 表明了研究所选择的学校以及人数.

表 5-2　选择的中学、班级及相应的人数（问卷收回数目）

	高一	高二	高三
协和中学	(3)班 51 人 (4)班 50 人	(4)班 44 人 (14)班 54 人	
美术中学	(1)班 34 人 (4)班 34 人 (7)班 31 人	(2)班 47 人	(1)班 44 人
越秀区外国语学校		(3)班 48 人	(3)班 42 人
86 中			(6)班 46 人 (14)班 44 人

4. 实施情况

在实施的时候，协和中学、86 中、越秀区外国语学校的班级都是由该班级的班主任或数学老师监考. 在广州市美术中学实施的测试均由笔者与该班数学老师监考. 高一年级的学生是利用周一下午的自习课完成的，高二、高三年级的学生则是利用班会课或自习课进行了测试.

调查实施得较好，调查结果真实有效.

5. 问卷后的访谈

调查问卷完成后，笔者仔细分析了答卷，从中挑出一些出现典型错误或思维特殊的学生进行了访谈. 访谈的目的是核查一部分书面回答的真实含义以及了解使用错误概念的学生是如何解释他们的真实想法，访谈中有时也会要求学生再回答几个平行的问题，以观察他们思维的一致性.

6. 数据编码

为了便于统计，笔者对调查的学生进行编码，如 MZ090113bF，现说明如下：

1）前面两个大写英文字母表示学校，XH 表示协和中学，BL 表示 86 中，XW 表示越秀区外国语学校，MZ 表示广州市美术中学；

2）接下来的两位数字表示所在的年级，11 为高一年级，10 为高二年级，09 为高三年级；

3）再接下来的两位数字表示其所在的班级，01，03，04，05，06，07，14；

4）跟着的两位数字为该生的学号，01—55；

5）接着的小写字母表示学生的性别，b 表示男生，g 表示女生，x 表示该生没有填写性别；

6）最后一位大写字母 F 表示该生接受访谈了，如果没有则表示没有被访谈.

上面的一个编码表示美术中学高三(1)班学号为 13 号的被访谈的男生.

第三节　高中生对概率概念理解情况的调查分析

1. 对概率频率定义的理解情况

人教版数学教材中的"概率"是利用频率的稳定性来定义的，概率的频率定义是以试验为手段，认为学生通过观察更容易接受和领悟这一概念. 下面笔者将对高中生对频率定义的理解情况及错误概念展开分析.

第 1 题的背景是数学家从一个装有黑球和白球的布袋中取出一球，他并不知道袋中两种球的数目，但他预言：从袋中取出一个白球的机会是 30%. 他取出一球，结果是白球，问他的预言准不准，为什么. 该题主要考查学生是否能够通过大量重复试验来检验随机事件发生的概率. 通过对调查问卷的分析，学生完成第 1 题的具体情况如表 5-3 所示.

表 5-3　第 1 题学生对各选项选择的人数百分比　　　　　　　（单位：%）

第 1 题	高一		高二				高三			
	重点	普通	重点		普通		重点		普通	
			文科	理科	文科	理科	文科	理科	文科	理科
准	11.8	14.1	2.3	20.4	10.6	8.3	10.9	15.9	13.6	9.5
不准	72.5	75.8	95.5	57.4	83.0	60.4	89.1	70.5	72.7	85.7
不能确定	11.8	8.1	0.0	18.5	2.1	25.0	0.0	13.6	11.4	4.8
未回答	3.9	2.0	2.3	3.7	4.3	6.3	0.0	0.0	2.3	0.0

从表 5-3 可以发现，对于高一的学生，无论是重点类的高中还是普通类的高中，对三种答案"准""不准""不能确定"所占的百分比都比较类似，他们解决问题的方法主要依靠初中所学的初步概率知识，概率水平的差别不大. 而进入高二年级，实行文理分科后，文科生、理科生的回答就显示较大的差异. 高二年级同类型学校的理科

生回答开放性的答案"不能确定"比文科生均高出约 18—23 个百分点，而绝大部分高二文科生对取出一个球来判断概率的做法持否定的态度. 观察数据发现，高三的学生表现出的水平并没有比高二的学生高，这说明随着年级的升高，学生对概率的学习精力更多的是放在了概率的计算而不是概念的理解上.

第 3 题改编自 Konold 著名的天气问题，让学生比较 5 个选项的说法，哪种情况更能说明天气预报的准确性. 学生完成情况如表 5-4 所示.

表 5-4　第 3 题学生对各选项选择的人数的百分比　　　　　　（单位：%）

第 3 题	高一		高二				高三			
	重点	普通	重点		普通		重点		普通	
			文科	理科	文科	理科	文科	理科	文科	理科
A	31.4	35.4	43.2	27.8	48.9	62.5	41.3	38.6	50.0	4.8
B	34.3	37.4	6.8	13.0	14.9	25.0	6.5	22.7	13.6	19.0
C	7.8	2.0	2.3	3.7	2.1	4.2	10.9	0.0	6.8	0.0
D	4.9	2.0	6.8	11.1	4.3	4.2	2.2	2.3	2.3	16.7
E	19.6	23.2	36.4	42.6	29.8	4.2	39.1	34.1	27.3	59.5
未回答	2.0	0.0	4.5	1.9	0.0	0.0	0.0	2.3	0.0	0.0

第 3 题的正确答案为 E. 从学校类型上看，高一年级的重点中学学生比起普通中学的学生表现得还要差一点，正确率低了 3.6%，而且比普通中学更多人选 C 和 D. 普通中学高二年级的学生超过一半人选择了 A 选项，重点中学也有高达 35% 的学生认为 A 是正确，这个问题在高三年级依然存在. 从文理分科来看，普通中学的高二理科生完成情况最不理想，而普通中学的高三理科生完成的情况最好，正确率最高，这两个年级理科班的水平差距很大，可能跟教师在平时授课的习惯有关.

在具体分析学生做出这些答案的理由时，笔者发现学生对于相同回答，有着不同的判断依据. 学生存在的主要错误有：①主观认识；②预言结果法；③机会不能量化及预测；④概率只能通过计算得出，不能由试验得出；⑤频率值与概率值相等；⑥小数定律. 表 5-5、表 5-6 是对这两题各个年级学生所犯的主要错误概念人数的百分比.

表 5-5　第 1 题各个年级学生所犯的主要错误概念人数的百分比　　　（单位：%）

错误类型	高一	高二	高二文	高二理	高三	高三文	高三理
①	9.0	6.7	6.6	6.9	6.3	3.3	9.3
②	16.9	9.3	9.9	8.8	14.2	14.4	14.0
③	23.9	13.5	22.0	5.9	14.2	23.3	4.7
④	29.4	40.9	42.9	39.2	31.8	30.0	33.7
其他	2.0	8.3	9.9	6.9	4.5	8.9	0.0

表 5-6　　第 3 题各个年级学生所犯的主要错误概念人数的百分比　　　　　（单位：%）

错误类型	高一	高二	高二文	高二理	高三	高三文	高三理
②	29.9	31.1	37.4	25.5	34.1	41.1	26.7
⑤	33.8	18.7	12.1	24.5	16.5	10.0	23.3
⑥	7.5	10.9	12.1	9.8	8.0	12.2	3.5
其他	11.4	13.5	12.1	14.7	8.0	12.2	3.5

下面是对这六种主要错误类型的分析.

（1）对概率频率定义的主要错误概念：主观认识

三个年级存在主观认识的错误概念的人数的百分比没有明显的不同，这说明不同年级的高中生仍然有少部分人凭主观想象估计随机事件发生的可能性，倾向于定性地说明问题.存在主观认识的学生要么认为这个数学家偷看了袋里的白球和黑球的数目；要么认为黑色的球较重，数学家只是拿了袋中上面的球，所以第一次就抽到了白球；要么认为数学家是乱猜的，没有依据.

如 MZ100125b 这样回答：不准.按照字面意思理解，预言应该是在任何人都不知道的情况下进行的预测，但是题目中的数学家没有达到这个要求.在过程中，他看了袋中的球，所以不可以说这是一个预言.

（2）对概率频率定义主要错误概念：预言结果法

持有"预言结果法"的学生认为概率是用来决定一个随机事件是否发生的，而不是用来度量此随机事件发生的频繁程度的，他们往往认为概率大于 50% 的事件就有很大可能会发生，如果没发生，那一定有什么原因；概率小于 50% 的随机事件发生的可能性就不大.对第 1 题，存在"预言结果法"这一错误概念的学生高一年级最多，达到 16.9%；由于高二刚刚学完概率和统计的知识，所占百分比最少，在 9% 左右，其中理科生比起文科生，存在这方面的错误概念的人数要少一些；高三年级的情况与高一相似，人数的百分比为 14% 左右.在第 3 题中，预言结果法的倾向比起第 1 题更加严重.高一年级有近 30% 的学生用预言结果法回答了天气的问题.高二、高三年级文理科之间的预言结果的倾向差距达到 12—15 个百分点，但总体上人数百分比与高一年级相近.

如 XH110304g 的学生是这样解释的：不准，因为他说抽中白球的机会是 30%，而他第一次就抽到了白球，因此我认为他预言机会是 30% 过于偏小.

再如 BL100633b 的回答是：不准，因为从袋中取出一只白球的机会是 30%，说明取出一只黑球的机会是 70%，取出黑球的机会比白球的机会大，（取出一个球的）结果应该是黑球.

对第 3 题，XW090642b 选择了 A 选项，理由是：一次预报降雨的可能性是 80%，表示当天降雨的可能性大，实际也下雨了，说明天气预报较准确.

数学家预言摸球这一背景相对来说不太容易引发预言结果法，而相比之下，天气预报这一背景看来更容易引发这一错误概念；而且随着年龄的增长，预言结果的错误倾向不会减弱，但文科生与理科生之间存在着明显的差异.

（3）对概率频率定义主要错误概念：机会不能量化及预测

对于"机会不能量化及预测"，在笔者的研究中，发现高二和高三的文、理科生对此表现出了巨大的差异. 高一、高二文科、高三文科在第 1 题中使用了这个错误概念的人数百分比都比较接近，在 23% 左右，而高二理科、高三理科的人数百分比则为5.9% 和 4.7%. 笔者将这个区别归因于两者数学的基本功，即类似于英语学习中的"语感"水平高低的不同. "机会不能量化及预测"有三种表现形式：①随机事件的机会就是运气，受外部影响大；②每次试验都有不同的机会，每次的机会与概率值无关；③对随机事件的结果不能预测，从而机会也不能预测.

如一位重点中学的文科生 XH100511g 的回答是：预言不准，因为从袋中任意取出一只球是随机事件，随机事件的结果具有偶然性与不确定性.

MZ100136bF 的回答：难说，这个 30% 只是估计，但实际发生的事情结果还是说不准的，概率也不是 100% 准确.

这位学生把机会当作预言结果的根据了，而结果是不确定的，全凭运气，所以他得出了无法预言哪一结果可能性更大的结论，因此无法比较机会的大小.

（4）对概率频率定义主要错误概念：概率值只能通过计算得出

在查阅调查问卷时，笔者发现，相当一部分学生之所以认为数学家的预言不准确，是因为数学家还不知道袋中黑球和白球的数量，因此不能得出取出白球的概率值. 这在其他文献中很少提及，笔者将这种错误类型命名为"概率值只能通过计算得出". 高一、高三都有 30% 左右的学生这样认为，高二最多，有 40% 左右，而且这个百分比与学校的类型、学生文理科的类型关系不大.

如 MZ110428g 的回答是：不准，因为他并没有确切地知道袋中黑、白球的数量，而仅仅从搅匀的时候看了一下加以判断.

再比如 XW100106gF 的回答：不准，因为（球的）总数不知道多少，概率所需的 M、N 都不知道，所以无法知道其概率.

存有这种错误概念的学生认为概率值就是要通过计算而不是试验得出. 虽然高中课本中都有通过抛硬币估计概率的试验，但笔者访谈到的学生中，他们都说高中的概率课没有做这个试验，基本都是看一下电脑演示或者学生自己阅读老师稍微讲解就一下带过，因此学生对从大量重复试验得出规律的结论只是机械记忆.

（5）对概率频率定义主要错误概念：频率值与概率值相等

第五种主要错误概念为"频率值与概率值相等". 这个错误概念主要通过对第 3 题的观察得出. 学生通过在高二期间概率知识的学习后，这一错误概念从高一的 33.8%降低到了 18.7% 左右，且到了高三没有"反弹". 有趣的是，其他错误概念一般都是文科生出现得比理科生多，但"频率值与概率值相等"对于无论高二还是高三的理科生，他们的使用率都比文科生高出 10 个百分点.

　　比如 MZ090103g 选择了 B 选项，她的理由是：$10 \times 0.8 = 8$．因为 A 项中，可能性是 80%，但都不是 100% 下雨；C 项中，$20 \times 0.8 = 16 \neq 15$；D 项中，$50 \times 0.8 = 40 \neq 41$；E 项同理，所以 B 最准确.

　　(6) 对概率频率定义主要错误概念：小数定律

　　"小数定律"是对应"大数定律"的错误概念，持有该错误概念的学生会认为试验的次数越少得出的结果越精确，试验的次数越多结果的误差越大.

　　例如 XH110416bF 对第 3 题是这么回答的：选 B，因为天数越少越准确．在访谈时，他谈了自己的看法："A 只有一天，不足以说明下雨的概率；但是 C，D，E 项，天数越多，误差越大，E 实际的降雨天数比理论值还多了 3 天．B 项的"10 天"这个天数我觉得比较合适.

　　但从上面的分析来看，学生对频率定义的核心思想即"事件在大数次重复试验中表现出规律性"的掌握是有困难的，他们有的不相信试验，有的不相信规律，再加上教师教学的局限性，学生很难"直接地观察"或者"抽象地领悟"到频率的稳定性，只能被动地接受概率的定义，从而产生各种错误的概念．由此可知，如何把从大数次试验观察到的某事件发生的频率与一次试验中该事件发生的机会结合起来是教学中的一个难点.

2．对概率主观定义的理解情况

　　本节主要对应的题目是第 2(1)，(2) 题，是经典的投掷硬币的问题.

　　2(1)．当一个公平的硬币被投掷 5 次时，下列哪一选项发生的可能性最大(H 表示正面，T 代表反面)？

　　　　A．HHHTT　　　　B．HTHTH　　　　C．HTTTT　　　　D．THHTH
　　　　E．上述四个顺序的可能性一样大　　　　F．无法比较这四个顺序的可能性

　　2(2)．当一个公平的硬币被投掷 5 次时，下列哪一选项发生的可能性最小(H 表示正面，T 代表反面)？

　　　　A．HHHTT　　　　B．HTHTH　　　　C．HTTTT　　　　D．THHTH
　　　　E．上述四个顺序的可能性一样小　　　　F．无法比较这四个顺序的可能性

　　关于概率主观定义的国内外研究都不多．这两题改编自 Konold 等(1993)的研究题目，调查时，笔者加上了 F 选项．在这里不得不提的是，有的学生的答案改动过，如第 2(1) 题，第一次错误答案是选项 F，后来改为选项 E．原因可能是一开始他们凭直观判断，然后又发现不对，当然也不排除有的学生参考了别的学生的答案，所以有所改动．这个从访谈中得到了证实，如下面是访谈 XW100111gF 的一部分记录.

　　访谈者：你第一次的答案是 F，为什么又改成 E 了？

　　XW100111gF：我对自己的答案不肯定，后来是看了别人的答案，就改了.

　　如果按照他们第一次的答案来统计对错情况，则对错情况如表 5-7 所示，笔者发

现三个年级的学生选 F 的人数百分比偏高，这说明对于概率主观定义，不少学生的认识还是很模糊的.

表 5-7　第 2(1)题学生对各选项选择的人数的百分比(第一次答案)　　　(单位：%)

第2(1)题	高一		高二				高三			
	重点	普通	重点		普通		重点		普通	
			文科	理科	文科	理科	文科	理科	文科	理科
A	1.0	0.0	0.0	0.0	2.1	0.0	0.0	4.5	0.0	2.4
B	4.9	7.1	4.5	3.7	4.3	4.2	0.0	2.3	9.1	0.0
C	0.0	0.0	0.0	0.0	0.0	0.0	0.0	2.3	0.0	4.8
D	8.8	9.1	9.1	7.4	10.6	16.7	8.7	6.8	4.5	0.0
E	48.0	34.3	63.6	63.0	42.6	47.9	34.8	63.6	61.4	85.7
F	30.4	47.5	20.5	24.1	40.4	22.9	45.7	20.5	20.5	4.8
未回答	6.9	2.0	2.3	1.9	0.0	8.3	6.5	0.0	4.5	2.4

　　再如第 2(2)题，下面是访谈 MZ100102gF 的一部分记录.

　　访谈者：对(1)题，问到哪一选项发生的可能性最大，你为什么选 E？

　　MZ100102gF：因为抛硬币出现正面和反面的概率都一样，每次投掷都是单独(独立)的，所以哪个顺序出现的概率都一样.

　　笔者：所以你觉得这四个顺序是一样大的. 那么(2)题问到哪一选项发生的可能性最小，你又选择了 F.

　　MZ100102gF：是啊，我在做这两道题的时候一直在对比，"可能性最大"和"可能性最小"这两个问法的性质不一样. 嗯，其实我觉得这四个顺序发生的可能是一样的，但我觉得 E 选项的"一样小"的说法又不太对，我想既然是题目分成了两个问，那这两个问的答案肯定是不一样的. 以前没有做过这样的题目.

　　笔者：如果没有(1)题，单独考你(2)题，你选什么？

　　MZ100102gF：我选 E，觉得这几个四个顺序是一样的.

　　如果按照第一次答案统计的对错情况，则如表 5-8 所示，第 2(2)题选择正确答案 E 的各种类型的人数都要略少于第 2(1)题. 第 2(1)题除了 E 和 F 最多人选之外，前四个选项选择的人数百分比的跨度从 0%到 16.7%，只有普通中学的理科生选 D 的人数百分比偏多；而在第二小题，前四个选项中每一选项选择的认识百分比跨度就大得多了，从 0%到 22.9%. 换句话说，在学生看来，前四个选项中没有哪一个更突出，发生的可能性更大，但由于 C 选项正反面排列得比较特殊，更有可能发生的可能性最小. 无论重点中学还是普通中学，高三的理科生对此题的认识水平明显高于高三文科生，可能是由于随着文理分科的时间越长，学生在数学学习方面表现的差异越大.

表 5-8　第 2(2)题学生对各选项选择的人数的百分比(第一次答案)　　　(单位：%)

第2(2)题	高一		高二				高三			
	重点	普通	重点		普通		重点		普通	
			文科	理科	文科	理科	文科	理科	文科	理科
A	1.0	1.0	0.0	0.0	0.0	4.2	2.2	2.3	0.0	0.0
B	6.9	5.1	2.3	0.0	10.6	6.3	0.0	0.0	2.3	4.8
C	22.5	15.2	15.9	5.6	12.8	22.9	21.7	11.4	20.5	16.7
D	0.0	1.0	0.0	7.4	0.0	0.0	0.0	4.5	0.0	0.0
E	46.1	26.3	59.1	61.1	31.9	43.8	39.1	59.1	54.5	71.4
F	21.6	49.5	22.7	22.2	44.7	22.9	37.0	18.2	18.2	7.1
未回答	2.0	2.0	0.0	3.7	0.0	0.0	0.0	4.5	4.5	0.0

(1) "代表性方法"体现了"最大-最小转换"的错误思维

例如 MZ090127gF 对第 2(1)题选择的是 E 选项，理由：因为硬币只有正反两面，它们的概率相同；第 2(2)题则选 C，理由：首先我认为是一样的，然后又觉得 C 的反面次数多，硬币两面概率是一样的，所以 C 不太可能.

下面是访谈她的一部分记录.

访谈者：对第 2(1)题你认为它们的顺序可能性一样大. 能不能算出这可能性是多少？

MZ090127gF：嗯，假设抛 5 次硬币有 n 种结果，那么每种结果的概率就是 $\frac{1}{n}$.

访谈者：对第 2(2)原本你也认为是一样的吗？

MZ090127gF：对，觉得(可能性)在理论上一样的，但观察了这几个选项，又觉得 C 有悖常理. 因为按常理推测，C 发生的概率会很小，而其他不是.

再如 MZ100252gF 对于第 2(1)题选择 B，理由：硬币是均匀的，B 正反面出现的次数间隔相近，比较合理.

MZ090141g 的第 2(1)题选 D，她认为：A，C 连续出现正面或反面，排除；B 太有规律，故选 D. 第 2(2)题选 C，理由：投 5 次来说，C 的比率有点偏离 50%的概率，所以可能性较小.

从表 5-9 可以看出，代表性方法是一个影响力大，而且很难被克服的错误概念. 无论从学校类型还是文理科的类型来看，学生使用代表性方法的人数区别不大. 在学生看来，四个选项中，对母体具有同样代表性的事件，其发生的可能性相同；对母体最不具备代表性的事件，其发生的可能性最小，这就导致了有些学生在第一题选择等可能，第二题却使用代表性方法.

表 5-9　第 2(1)，(2)题学生使用"代表性方法"的人数百分比　　　(单位：%)

"代表性方法"	高一	高二	高二文	高二理	高三	高三文	高三理
第(1)题	13.9	14.5	14.3	14.7	11.9	13.3	10.5
第(2)题	23.9	20.2	20.9	19.6	20.5	22.2	18.6

(2) "无法比较可能性"体现了"预言结果法"的错误思维

XH110438gF 两题都选了 F, 理由: 不止以上四个顺序, 还有其他更多的顺序, 这些顺序是随机的, 无法比较可能性的大小.

下面是访谈她的一部分记录.

访谈者: 你认为抛 5 次硬币, 还有多少种顺序?

XH110438gF: 很多, 像 HHTTT 甚至 TTTTT 都是有可能的, 你怎么知道一定是哪一种顺序呢, 每次结果都不确定.

访谈者: 也就是说, 你认为既然试验的结果无法估计, 那么各种顺序的可能性就比较不了了?

XH110438gF: 是啊, 这个世界什么都有可能发生.

这虽然是"机会不能量化及预测"的反映, 但他是因为"结果无法估计, 所以无法比较这四种顺序"的想法推得选项 F, 用了预言结果法.

再如 XH110350g 对两个小题都选了 E, 但她的理由是: 无法预知是正面还是反面, 所以可能性一样大.

XH101405bF 也选了 F, 理由: 因为试验次数太少, 无法获得一个比较准确的数值.

下面是访谈他的一部分记录.

访谈者: 你认为这四个顺序的可能性必须通过试验才能得出吗?

XH101405bF: 是, 如果只是投掷一次, 还可以说(出现正面反面)概率 $\frac{1}{2}$, 但他才做了 5 次试验, 有可能出现这四种顺序的其中一种, 有可能这四种都不出现, 这是无法判断的.

访谈者: 那要进行多少次试验才能得出呢?

XH101405bF: 要多进行几个 5 次, 例如 10 个左右才能知道.

这个学生的回答含有机会不可量化的意思, 同时又是预言结果法的表现. 事实上这四个顺序出现的概率可以通过计算得出, 如果是通过试验, 必须是大量的重复试验, 而不仅仅是"多几次". 表 5-10 反映了学生在对概率主观定义使用"预言结果法"的情况.

表 5-10　高中生在对概率主观定义使用"预言结果法"的情况　　　　　(单位: %)

"预言结果法"	高一	高二	高二文	高二理	高三	高三文	高三理
第(1)题	43.8	20.7	24.2	17.6	21.6	28.9	14.0
第(2)题	37.3	18.7	22.0	15.7	19.9	26.7	12.8

对于这两道题目, Konold 在做研究的时候并没有 F 选项, 他解释第一题有 72% 的学生选择等可能是因为使用了预言结果法. 笔者认为, 这个"可能性无法比较"的 F 选项, 能将这部分存在"预言结果法"错误概念的学生分离出来. 从调查的数

据来看，高一学生使用预言结果法的人数百分比最大，有 40%左右，高二、高三的理科生的人数百分比要比同年级的文科生的人数百分比低，高三文理生的差别最大，达到约 14 个百分点．这说明对学生进行概率的讲解，能有效降低预言结果法的错误率．

(3)对正确选项的解释暴露出"等可能偏见"的错误思维

例如 MZ091025b 的(1)，(2)题都选了 E，但他的理由是：抛硬币出现正面或反面是随机的，它们出现的可能性一样大．

有的学生虽然没有选 E，但从他的回答中体现了"等可能偏见"的思想．例如 XW100148bF 的(1)题选 B，理由：硬币被投掷 5 次，投掷到正面或反面的概率为 $\frac{1}{2}$，所以 5 次中，正反会各出现两次，另外一次随机．所以 B 最有可能．

学生加上了自己的理解后，产生的主观定义的错误概念往往比较隐蔽，不少学生虽然选择了相同的答案，但是理由却大相径庭，有时字面的意思都没能很好地反映出其真实的想法，需要进一步的访谈，深入挖掘他们的实际思维．

3. 对概率古典定义的理解情况

对应古典定义的题目是第 4(1)，(2)和第 5 题，其中第 4 题主要观察学生在一步试验中如何比较机会的大小，第 5 题则是观察在两步试验中如何比较机会的大小．

(1)学生在一步试验中对古典定义的理解

第 4(1)题的正确答案为 A，4(2)题的正确答案为 B，比较多的学生选择的错误选项是 C．从表 5-11 的学生年龄层次来看，这道题目高三的学生表现得比高一还要差，从学校类型来看，同年级里的重点中学正确率不如普通中学．普通中学的高三学生是正确率最高的人群，而且文科、理科班正确率都超 90%．出现这种"倒挂"现象，也许重点中学的学生头脑中对"每个基本事件出现的可能性相等"的印象更加深刻，但没能真正理解．而且在教学中，重点中学的教学更加侧重于排列组合等难度较大的内容，学生对一个背景相对熟悉的题目，受日常思维和经验的影响比较深，就会产生一些错误的想法．

表 5-11　第 4(1)题学生对各选项选择的人数的百分比　　　　(单位：%)

第 4(1)题	重点高一	普通高一	重点高二	普通高二	重点高三	普通高三
A	81.4	85.9	74.5	82.1	71.1	94.2
B	2.9	2.0	8.2	6.3	4.4	2.3
C	9.8	6.1	11.2	11.6	23.3	2.3
D	3.9	4.0	6.1	0.0	1.1	0.0
未回答	2.0	2.0	0.0	0.0	0.0	1.2

表 5-12　第 4(2)题学生对各选项选择的人数的百分比　　　　　　(单位：%)

第 4(2)题	重点高一	普通高一	重点高二	普通高二	重点高三	普通高三
A	5.9	10.1	10.2	6.3	10.0	5.8
B	82.4	80.8	71.4	80.0	70.0	93.0
C	7.8	4.0	15.3	13.7	17.8	1.2
D	2.0	3.0	3.1	0.0	2.2	0.0
未回答	2.0	2.0	0.0	0.0	0.0	0.0

第一种类型错误类型为"概率都是 $\frac{1}{2}$"."等可能性"的回答在西方学生中很普遍，在本研究中，它也是学生使用的主要错误概念之一，特点是将非等可能的事件等可能对待．从文理的类型来看，高二的文理区别最明显，但随着古典定义的学习，也有越来越多的学生使用等可能性的错误概念．在对问卷的分析中，笔者认为等可能性的回答还可以分成三种类型：①所有可能的结果发生的机会都是 50%；②所有 n 个结果发生的可能性都是 $\frac{1}{n}$；③理论上数值相差不大的机会在一次试验中是一样大的．这些思维都会导致学生选择了 C 选项．表 5-13 显示了学生使用"等可能性"的情况．

表 5-13　高中生对概率古典定义一步试验使用"等可能性"的情况　　　　(单位：%)

"等可能性"	高一	高二	高二文	高二理	高三	高三文	高三理
第(1)题	5.5	9.8	15.4	4.9	12.5	13.3	11.6
第(2)题	5.0	11.4	17.6	5.9	9.7	10.0	9.3

作出等可能回答的一部分学生存有这样一个信念，随机事件的每一个可能的结果发生的可能性都相同．如一位选了 C 的 BL091421b 写道：这是随机事件，不是男的就是女的，其概率为 $\frac{1}{2}$．显然，该生将非等可能事件"抽到男生"与"抽到女生"等可能对待了．

例如 BL091404b 对第 4(1)题选择了 C，理由：这个就是抽签问题．无论男同学的纸条多还是女同学的纸条多，被抽到的概率均相等．对 4(2)也选择了 C 答案，理由：以上的题目只是用来掩人耳目，此题类型和上一题一样，所以也是等概率原理．

他相信等可能性，并称之为一条原理，虽然他从来没有在书上读过这条原理．

第二种错误类型为"概率就是 $\frac{1}{n}$"．比如 XH110343g 回答 4(1)的选项是 B，理由是：剩下 17 个女生和 19 个男生，$P(女生) = \frac{1}{17} > P(男生) = \frac{1}{19}$．

第三种错误类型则是"相近的机会值在一次试验中相同"．下面这个例子是一位来自普通中学的高三文科生 MZ090152gF 给出的，在回答第 4(1)题时选择等可能，理由是：20 个女生，22 个男生中被抽出的男女人数相等，剩下的 17 个女生和 19 个男生中抽出男生的概率与抽出女生的概率差距较小,所以我认为抽男和抽女可能性一样.尽管她在回答区域的右上角还写着"$\frac{17}{36} < \frac{19}{36}$".

(2)学生在两步试验中对古典定义的理解

有一部分学生虽然认为游戏不公平,但解释的时候没有计算概率,只是简单地写了类似"小明投到 5 点和 6 点的概率大于小均投到两个 6 点的概率",这种回答只是定性地说明了一下,没有写出其他的计算、思考过程,因此不计入"解释正确"的范围内.从文理科类型来看,文科生主要运用了画树状图、列表法来计算,正确率较高;而理科生有一部分人用了"乘法原理"来解题,但计算时往往误将有序的结果无序对待,错误率较高,特别是高三年级,根据表 5-14,同类型学校的文科生比理科生正确率要高 35.4—41.9 个百分点.根据表 5-15,从年级的划分来看,三个年级的学生分别有 21.4%,10.4%和 13.6%用了自创的计算方法得出错误的结论.

表 5-14　第 5 题学生对各选项选择的人数的百分比　　　　　(单位:%)

第 5 题	高一		高二				高三			
	重点	普通	重点		普通		重点		普通	
			文科	理科	文科	理科	文科	理科	文科	理科
公平	27.5	46.5	38.6	29.6	21.3	29.2	21.7	40.9	31.8	69.0
不公平	62.7	51.5	59.1	66.7	72.3	68.8	78.3	54.5	63.6	26.2
未回答	9.8	2.0	2.3	3.7	6.4	2.1	0.0	4.5	4.5	4.8
解释正确	44.1	25.3	38.6	48.1	57.4	45.8	78.3	36.4	56.8	21.4

Lecoutre 等在研究这个问题时,得出的一个结论是回答这一类型的题目时,大约有 50%的学生使用了机会模式,即"认为随机事件其本质就应该是等可能的,发生不发生全凭运气",这种"机会不可量化及预测"的模式也引向可能性一样大的回答.但在笔者的调查中显示,在回答了"游戏公平"的学生中,真正用了"等可能性"的学生很少,认为"发生不发生全凭运气"可以说几乎没有,学生都将这个问题当作为一个"计算题"来对待.表 5-15 显示了学生所使用的各种错误表现.

表 5-15　第 5 题学生各种错误表现的人数的百分比　　　　　(单位:%)

第 5 题	高一	高二	高二文	高二理	高三	高三文	高三理
简单地定性说明	27.9	27.5	30.8	24.5	17.0	8.9	25.6
用自己的方法计算	21.4	10.4	8.8	11.8	13.6	8.9	18.6
简单复合法	5.5	2.6	3.3	2.0	15.9	10.0	22.1
等可能性	2.0	3.6	6.6	1.0	0.6	1.1	0.0
其他类型	2.5	4.7	2.2	3.8	0.6	1.1	0.0

部分学生只是简单地、定性地说了一下公平还是不公平,在分类时不足以区分是哪个具体的错误类型.从已区分出来的错误概念来看,"用自己的方法计算"是学生使

用得最多的. 下面就这一错误概念进行具体分析.

第一种类型：总的基本事件数错了. 如 MZ100218g 这样解答：

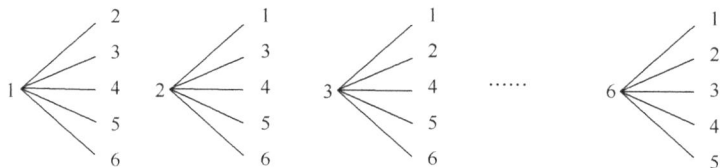

$$1 \begin{cases} 2 \\ 3 \\ 4 \\ 5 \\ 6 \end{cases} \quad 2 \begin{cases} 1 \\ 3 \\ 4 \\ 5 \\ 6 \end{cases} \quad 3 \begin{cases} 1 \\ 2 \\ 4 \\ 5 \\ 6 \end{cases} \quad \cdots\cdots \quad 6 \begin{cases} 1 \\ 2 \\ 3 \\ 4 \\ 5 \end{cases}$$

$\because P$(抽到5点和6点)$=\dfrac{2}{30}=\dfrac{1}{15}$，　P(抽到两个6点)$=\dfrac{1}{30}$，

$\therefore P$(抽到 5 点和 6 点)$>P$(抽到两个 6 点)，不公平.

MZ090141g 的回答是：不公平，因为小明有$(5,6)$和$(6,5)$，小均只有一种$(6,6)$，P(小明)$=\dfrac{2}{6}=\dfrac{1}{3}$，　P(小均)$=\dfrac{1}{6}$.

第二种类型：基本事件数弄错. 如 MZ100221g 是这么回答的：不公平，小明赢的事件有$(5,5)$，$(5,6)$，$(6,5)$，$(6,6)$，$P=\dfrac{4}{36}=\dfrac{1}{9}$，小均赢的事件只有$(6,6)$，$P=\dfrac{1}{36}$.

第三种类型：将有序的基本事件无序对待.

如 MZ100214g 的回答：公平，由树状图可知 $P(5,6)=P(6,6)=\dfrac{1}{36}$.

这位同学从树状图中没有观察到其实$(6,5)$也是一个不同的结果. 同时掷两枚骰子实际上与先后掷两枚骰子的情况是一样的.

MZ100235gF 是这么回答的：公平，两个骰子共有 18 种可能，小明投到 5 点和 6 点，无分先后，都是$\dfrac{1}{18}$，小均投到两个 6 点，也是$\dfrac{1}{18}$.

下面是一部分访谈她的记录.

访谈者：你的回答原来写的是"不公平，两个骰子共有 36 种可能"，然后再改成了"公平，两个骰子共有 18 种可能"，当时你是怎么考虑的呢？

MZ100235gF：我画了树状图，共 36 种结果，但想想又觉得像$(5,6)$和$(6,5)$这些结果都是一样的，那么 36 种结果里就有一半是重复的，所以除以 2，有 18 种不同的结果.

理科生在使用乘法原理时，更容易忽略顺序的问题.

例如，来自普通中学的高三理科生 XW090621bF 回答：公平，因为投到 5 或 6 的可能性均为$\dfrac{1}{6}$，所以 P(小明赢)$=P$(小均赢)$=\dfrac{1}{6}\times\dfrac{1}{6}=\dfrac{1}{36}$.

访谈时，他解释道：投到每个点的概率都是$\dfrac{1}{6}$，那么出现 5 点和 6 点就是两个相互独立事件同时发生，所以用了乘法原理.

第四种类型：按自己的主观理解计算概率. 这种错误类型会得到 $\frac{1}{3}$，$\frac{1}{12}$ 这些概率值.

如 MZ090125bF 是这么回答的：公平，得到 5 点和 6 点的概率为 $\frac{1}{6}+\frac{1}{6}=\frac{1}{3}$，得到两个 6 点的概率也是 $\frac{1}{6}+\frac{1}{6}=\frac{1}{3}$. 再如 BL091431X：公平，两个的概率都是 $\frac{1}{12}$.

笔者观察到，参加调查的大部分学生都能明确这是可以用古典概率公式计算的概率问题. 部分学生对总的基本事件数和该事件数不明确，又或是用自己创造的方法，导致所求的概率值是错误的. 总体来说文科生完成得要比理科生好，这是因为文科数学中概率的重点内容就是通过画树状图的方法计算古典概率，而理科生学习的解题方法除了树状图，还有乘法原理、排练组合等方法，学习的内容多了学生掌握得反而差些.

4. 对概率几何定义的理解情况

本节对应的题目是第 6 题和第 7 题，即用力旋转两个转盘的指针，比较不同结果发生的可能性. 题目改编自李俊的《中小学概率的教与学》，为了能更好地观察学生错误概念的使用，笔者在问题的选项中加上"可能性一样大"的选项. 第 6 题是关于几何概型中一步试验的机会值比较，第 7 题是几何概型中两步试验的机会值比较. 为了测试学生使用错误概念时受数据和背景的影响大小，笔者在访谈时使用了两道平行的题目来测试学生. 下面列出这两个题目.

问题 1　用力旋转两个转盘，下面哪个说法是正确的？

A. 两个指针都停在红色上的可能性最大

B. 两个指针都停在蓝色上的可能性最大

C. 一个指针停在红色上，另一个指针停在蓝色上的可能性最大

D. 以上三种可能性是一样大的；

F. 无法判断这三个可能性中哪一个最大.

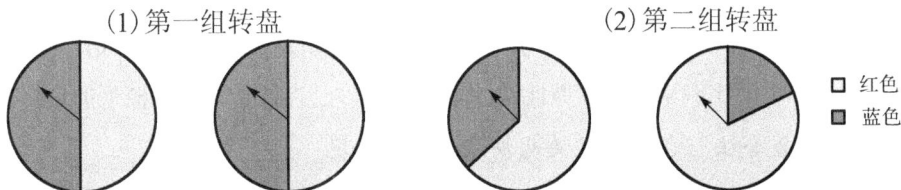

(1) 第一组转盘　　　　　　　　　　(2) 第二组转盘
□ 红色
■ 蓝色

其中，第二组转盘蓝色所占的度数分别为 $120°$ 和 $60°$.

问题 2　甲袋中放着 1 只红球和 2 只蓝球，乙袋中放着 5 只红球和 7 只蓝球. 两袋均各自摇匀，闭上眼睛分别从甲袋和乙袋中各取一个球，下面说法正确的是（　　）.

A. 取出两个红球的可能性最大

B. 取出两个蓝球的可能性最大

C. 取出一个蓝球和一个红球的可能性最大

D. 以上三种情况可能性一样大

E. 无法判断这三种情况的可能性中哪一个最大

(1) 高中生对几何定义一步试验的理解情况

如表 5-16 所示,该题是调查问卷所有题目中正确率最高的题目,因为解答这道题目不必需要高深的概率知识,只要学生能够理解其可能性和蓝色占总面积的比例有关就能正确回答. 存在主要错误有以下两种.

表 5-16　第 6 题学生答题情况的人数百分比　　　　　　　(单位:%)

第 4(2) 题	重点高一	普通高一	重点高二	普通高二	重点高三	普通高三
A	0.0	4.0	2.0	0.0	2.3	0.0
B	0.0	1.0	2.0	0.0	0.0	2.3
C	90.2	89.9	94.9	97.7	97.7	95.3
D	4.9	5.1	1.0	2.3	0.0	2.3
未回答	4.9	0.0	0.0	0.0	0.0	0.0

第一种: 比较两转盘的面积,转盘总面积大或蓝色的绝对面积大,指针停在蓝色的可能性就大,缺乏比例的认识.

例如 MZ090108gF 选择了 B,理由是:转盘乙比转盘甲半径大,蓝色占的面积多,所以 B 项是正确.

第二种: 从一些物理特性或运气的因素解释.

如 XH110311g 选了 D,理由是:因为用力旋转这两个转盘的指针,很难保证所用的力是否同样大小,所以无法比较这两个可能性.

有些学生将题目的"旋转转盘的指针"理解为旋转转盘,得出错误结论. 如 MZ110419g 选择了 B,理由:转盘乙的形状比转盘甲的大,转动得会慢一点,所以可能性会大一点. MZ110139b 选了 A,理由:因为甲(转盘)的质量小,而乙的质量大,若用相同的力,甲所转的角度大,乙转的角度小些,所以甲更有可能.

数据证明,高中生对概率几何定义一步试验的理解和掌握情况比较理想,因为高中生已经能够熟练运用比例来解决那些比较困难的问题,已具备学习几何概型的良好基础.

(2) "简单复合法" 在几何定义两步试验中的表现

本小节对应的题目是第 7 题,该题是为了观察简单复合法而设计的. 表 5-17 是学生在完成第 7 题时,回答正确与各种错误类型的人数的百分比. 高中的理科班在教学时,教师一般都会补充乘法原理的有关知识,并在每一轮的高考复习中不断强化;而文科班在教学中,会更多地强调画树状图的方法,乘法原理则不讲,或简单介绍. 这和调查显示出的数据是吻合的. 对于几何定义的两步试验, 学生的认识不会随着年龄的增长而增长, 所犯的错误概念必须通过学习才能减少.

表 5-17　对第 7 题学生完成情况表　　　　　　　　(单位: %)

第7题	高一		高二				高三			
	重点	普通	重点		普通		重点		普通	
			文科	理科	文科	理科	文科	理科	文科	理科
答案理由均正确	1.0	1.0	4.5	9.3	0.0	2.1	2.2	36.4	11.4	21.4
(1)简单复合法	54.9	50.5	29.5	48.1	68.1	64.6	63.0	31.8	56.8	52.4
(2)总量较大者	1.0	3.0	15.9	13.0	4.3	0.0	4.3	0.0	2.3	9.5
可能是(1)也可能是(2)	17.6	23.2	25.0	16.7	21.3	14.6	17.4	6.8	15.9	7.1
不同类者可能性较大	5.9	4.0	2.3	1.9	0.0	2.1	10.9	0.0	6.8	0.0

简单复合法是将两步试验简单分割成两个一步试验进行概率大小判断的错误认识. 在李俊的研究中, 把简单复合法分为 3 种类型, 即假设 a 和 b 是第一步试验的两个可能的结果, c 和 d 是第二步试验的两个可能的结果, 那么, 根据简单复合法:

1)若 a 和 b 发生的机会相等, c 和 d 发生的机会也相等, 则两步试验的结果像 a 和 c, b 和 c, a 和 d 以及 b 和 d 发生的机会都相等.

2)若 a 和 b 发生的机会相等, 但 c 比 d 发生的机会大, 则两步试验的结果 a 和 c 或 b 和 c 比 a 和 d 以及 b 和 d 发生的机会都大, 但是 a 和 d 以及 b 和 d 发生的机会都相等.

3)若 a 比 b 发生的机会大, c 比 d 发生的机会大, 则两步试验的结果 a 和 c 发生的机会最大.[5]

简单复合法在所有年级、学校类型和文理科类型中都是一种主要的直觉方法, 在高一年级, 重点中学学生和普通中学学生的使用率差不多. 虽然高二重点中学的文科生使用简单复合法人数较少, 但"可能是 (1)也可能是(2)"的回答即"不明确的简单复合法"的百分比最高.

表 5-17 是严格按照理由的表达与简单复合法的描述意思相同, 且只分别计算一个转盘的概率, 不计算两个转盘概率的标准来划定的, 不计入只有选项没有理由的人数以及从访谈中得知由此错误的人数. 下面是使用"简单复合法"这一错误概念解题的一些例子.

一些学生仅分别算出两个转盘的指针落入每种颜色的概率就不判断了, 例如, 一位重点中学的高一年级学生 XH110350g 给出的答案是 B, 理由是: 第一个转盘中红、蓝色空间的比值为 1 : 2, 第二个转盘中红、蓝色空间比值为 5 : 7.

MZ110711b 在解答时回答: B, 理由是: 因第一个转盘的指针落在蓝色区域的概率是红色区域的 2 倍, 第二转盘的指针落在蓝色区域的概率是红色区域的 $\frac{7}{5}$ 倍, 故停止时，都落在蓝色区域的概率大于落在红色区域的概率.

　　这两位学生虽然没有写非常明显的推理过程，但是他们回答的特点与简单复合法(3)完全符合，前一位学生认为第一、第二个转盘蓝色区域大于红色区域，所以两个指针都停在蓝色区域上的可能性最大；后一位学生认为两个转盘的指针落在蓝色区域的机会都大于落在红色区域的机会，所以两个指针都停在蓝色区域上的可能性最大. 对于这种只分别计算一个转盘的概率，不计算两个转盘概率的被试，笔者认为可以判断他们用的就是简单复合法.

　　有的学生把转盘中的蓝色和红色看反了，结果影响了所选的答案. 如 MZ090122gF 所选的答案是 A，理由是：红色所占的比例大于蓝色，所以两个指针都指向红色的可能性最大，估计她也是使用了简单复合法.

　　一些学生在给出的理由中连两个转盘的指针落入每种颜色的概率也不计算，只谈到蓝色区域面积分别大于红色区域面积，如一位普通高中一年级学生 MZ110702bF 的答案为 B，理由：两转盘蓝色都比红色多. 这样的回答比较典型，因此笔者访谈了其中一位. 下面是访谈他的一部分记录.

　　访谈者：你为什么选 B？你根据什么来判断？

　　MZ110702bF：根据图形面积大小，蓝色面积大，红色面积小，直观判断的.

　　访谈者：你看一下问题 1，这分别旋转两组转盘的指针，你认为答案是什么？

　　MZ110702bF：第一组转盘我选 D，因为蓝色和红色各占一半，所以无论是都停在蓝色、都停在红色或者一篮一红，概率都一样大.

　　访谈者：这个概率值是多少？

　　MZ110702bF：都是 $\frac{1}{3}$. 第二组转盘我选 C，因为第一个转盘红色占大多数，第二个转盘蓝色占多数，综合起来应该是指针停在一篮一红的概率大.

　　我们知道类似这样进行定性分析是不能获得正确答案的，他在回答平行的问题 1 时，很有可能是在使用简单复合法(1)和(3).

　　在访谈中，笔者还发现一个知识错误迁移的有趣现象，学生会不自觉地用解决古典概型的方法解决几何概型的问题.

　　如 MZ090144bF 选择了选项 B，理由是：因为两个转盘上的两个颜色都不是对半分，所以概率就不相同. 因为蓝色占的面积大，所以停在蓝色的可能性大.

　　下面是一部分访谈他的记录.

　　访谈者：请你看一下问题 1 的这两组转盘，这种情况下，你选哪个答案？说说理由是什么.

　　MZ090144bF：第一组两个转盘蓝色和红色各一半，可以画树状图：

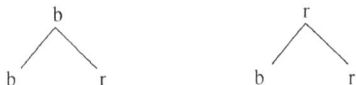

$P(\text{bb}) = \dfrac{1}{4}$，$P(\text{rr}) = \dfrac{1}{4}$，$P(\text{br}) = \dfrac{1}{2}$．选 C．

访谈者：第二组转盘呢？你选哪个答案？

MZ090144bF：第一个转盘蓝：红 = 1 : 2；第二个转盘蓝：红 = 5 : 1，我不知道怎么画树状图，但是看这个比例，一个红的多，另一个是蓝的多，最后指针应该是停在一篮一红概率大．

访谈者：现在你再看一下问题 2，这种情况下，你选哪个答案？说说理由是什么．

MZ090144bF：（画树状图）

红　　　　　　蓝　　　　　　蓝

5红　7蓝　　　5红　7蓝　　　5红　7蓝

一共是 36 个基本事件，$P(\text{bb}) = \dfrac{5}{36}$，$P(\text{rr}) = \dfrac{14}{36}$，$P(\text{br}) = \dfrac{17}{36}$．选 C．

访谈者：你现在再来看看第 7 题，如果可以改的话你会修改你的答案吗？

MZ090144bF：我还觉得两个指针都停在蓝色的概率大，不改．

从他的解题思路可以看出，该生总是试图用画树状图的方法来解决几何概型的问题，问题 1 的第一组转盘就是如此，第二组转盘蓝色与红色的比例相差较大，不知如何画树状图．在正确回答问题 2 后，再面对相同数据的第 7 题，由于背景不同，他还是用了简单复合法 (3) 来解决．显然，几何概型与古典概型的定义是不同的，几何概型的基本事件数都是无限个，不能通过画树状图来表示．

再如 BL090653gF 选了 B 答案，理由：都停在蓝色上的概率为 $\dfrac{5}{8}$．下面是访谈她的一部分记录．

访谈者：你是怎么算出都停在蓝色上的概率为 $\dfrac{5}{8}$ 的？

MZ090653gF：$P(\text{蓝蓝}) = \dfrac{240 + 210}{720} = \dfrac{5}{8}$，$P(\text{红红}) = \dfrac{120 + 150}{720} = \dfrac{3}{8}$．

访谈者：那一个指针停在红色，一个指针停在蓝色的概率呢？

MZ090153gF：$P(\text{蓝红}) = \dfrac{(240 + 210) + (120 + 150)}{720}$．

访谈者：化简后，这个概率不就等于 1 了吗？

MZ090153gF：对哦，我也不知道怎么回事，可能算错了．

访谈者：那你现在看看问题 2 的概率值是多少？

MZ090153gF：这两题的数是一样的．但是画树状图好像很复杂．

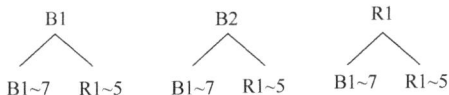

B1　　　　　　B2　　　　　　R1

B1~7　R1~5　　B1~7　R1~5　　B1~7　R1~5

$P(\text{BB})=\dfrac{14}{36}$，$P(\text{RR})=\dfrac{5}{36}$，$P(\text{BR})=\dfrac{17}{36}$．选 C．（然后她又对照了第 7 题），咦……

即使知道这两题在比例上是相同的，MZ090153gF 还是不太相信第 7 题的正确答案是 C，因为她仍然觉得两个转盘的蓝色区域都比较大，指针都停在蓝色的可能性大，但对问题 2 却没有这种怀疑．这可能跟第 7 题的转盘是用图片显示的有关，这比起纯文字、数字的表述更容易引发直觉的方法，让学生毫不犹豫地使用简单复合法．在访谈中，笔者对每一个高二、高三的访谈对象共 29 人都测试了这两道平行的题目，发现学生们都能用树状图的方法解决问题 2，对于问题 1，有 5 人用了画树状图等计算古典概率的方法来计算概率值，有 24 人仍然使用了简单复合法．

李俊在 1998 年以小学六年级、八年级和十二年级的学生为研究对象，得出结论是简单复合法的使用不受背景的影响，但受数据的影响．但笔者发现，现在的高中生在初中时就已接触部分概率知识，掌握了一定的计算概率值的方法，特别是树状图法和列举法等．在表 5-18 中，同样是两步试验，第 5 题是古典定义的应用，第 7 题是几何定义的应用，两道题使用"简单复合法"的人数比例上有很大的不同，这说明两步试验中，古典概型的计算正确率较高，而几何概型的问题则使用简单复合法的人较多，因为几何概型的问题一般都跟面积、长度、体积有关，图形的形象表示更易引发直觉方法——"简单复合法"的使用．因此，笔者认为，简单复合法的使用对现在的高中生来说，受数据的影响小，受背景的影响反而更大．

表 5-18 第 5 题与第 7 题使用"简单复合法"的人数百分比 （单位：%）

"简单复合法"的使用	高一	高二	高二文	高二理	高三	高三文	高三理
第 5 题	5.5	2.6	3.3	2.0	15.9	10.0	22.1
第 7 题	52.7	52.8	49.5	55.9	51.1	60.0	41.9

第四节 应用 SOLO 分类理论分析高中生在学习概率概念时认知的发展

下面就每一种概率概念类型的测试题分别分析调查结果．在具体分析前，还有三点需要说明．第一，每个学生的回答均以书面回答为依据，访谈的内容不用于标记学生的回答水平．第二，如果某个学生的回答只有答案却没有相应的理由，则以最低水平标记；如果学生因为误读而答非所问，那么可能的话就按照学生回答的那个新问题进行编码，否则就作为不可标记的缺损数据．第三，限于学生的书面表达能力，他们的书面回答里有可能没有反映出他们实际思维过程的复杂程度，因此这里统计的结果有可能低于学生的实际理解水平．

1. 对概率频率定义的各种 SOLO 水平的回答

关于频率定义的题目的背景分别是数学家摸球和天气预报这两种，要求学生检验题中给出的概率值是否准确.

(1) 对频率定义前结构水平 (P) 的回答

依照 SOLO 分类法，下面这两位学生的回答就属于 P 水平的.

学生 MZ110733g 的答案：B. 理由：我觉得雨季不会太长.

MZ110733g 的这一回答其实是根据她自己的感觉，属于无关的、以自我为中心的说理.

来自重点中学高二级的一个学生 XH100542g 给出了如下回答，说明她还不理解题目的意思，无法进入解题的过程.

回答：A. 理由：我从来都不信天气预报的.

(2) 对频率定义单点结构水平 (U) 的回答

这一水平的回答含有且只有一种相关运算，将介于 0 与 1 之间的机会值简单地解释为"它表示该结果可能发生也可能不发生". 他们很快就将有重复试验的选项排除，因为题目中说的是一次试验或预报，他们也没想到重复试验与预测这一次试验的机会之间还有关系. 第 1 题要求学生解释"取出一只球，正好是一只白球的机会是 30%"这个预测是否准确.

一位高一的学生 XH110441b 这样回答：不准. 他只取了一只白球，样本数据太小，无法明确，答案也可能是 50%，或者其他. 他在找到了反对目标事件的一个例子后就认为大功告成，可以下结论了.

学生 MZ010312g 用了同样的策略来回答第 3 题：我选 A. 理由：可能性表达的不是下雨的天数，而是这一天是否下雨.

这两位同学只能联系单一事件进行概括，将一个相关素材与问题联系推出答案，而且迅速收敛，只接触到某一点就立刻跳到结论上去，这都属于 U 水平的回答.

(3) 对频率定义多点结构水平 (M) 的回答

在给出 M 水平回答的学生中，有的把 0，1 之间的机会值作定性的解释，说他们表示发生的机会较大、较小之类，也有的认为机会就是用来预言结果的，他们将随机事件的概率值与 50% 比较，有的虽然反对凭机会值来预言结果的做法，同意用频率来解释机会，但当选择有重复试验的选项时，依据数据匹配、文字匹配或已有的一点点相关取样的经验，他们不会提出相应的计划以检验某一预言的准确性.

例如，XW100111b 用预言结果法对第 1 题给出了如下回答.

答案：不准. 理由：因为如果说是 30%，那么它并没有超过半数，也就是说拿到白球的机会很小. 而事实上他却拿到了白球，所以他的预言不准.

他认为如果一个人预测某一结果发生的机会很小 (低于 50%) 但事实上又发生了，

那么这个人的预言不准确.

另外一位学生 MZ090112gF 没有使用预言结果法,她对这个问题的回答是这样的.

答案: 准. 理由: 就算是 1% 的机会也可能发生, 更不用说 30% 了.

她知道即使可能性很小也可能取出一只白球, 但是她没有提出任何进一步检验这一预言准确性的方法, 她认为的 "准" 是建立在她对数学家估计能力的信任上的, 而这一点正是 M 水平与 R 水平回答的重要区别所在.

下面是一位高三年级的学生 XW090611g 给出的第 3 题的回答, 在 M 水平的回答中很有代表性, 反映出学生不懂得重复试验的道理而基于匹配作选择的情况.

XW090611g 的答案: 我选 B, 在次数少的情况下依然保持高准确性.

她认为 B 选项与 80% 匹配, 没有意识到增加重复试验的次数会有利于机会的预测.

(4) 对频率定义关联结构水平 (R) 的回答

关联结构水平的回答表明学生解决问题过程中包含着一些抽象思维的成分, 如重复越多则给出的估计越可靠. 下面这位高三年级的理科生对第 3 题的回答就属于 R 水平.

BL091415b 的回答: 我选 E. 理由: 试验的次数最多, 结果令人信服.

尽管 B, C, D 的选项降雨的概率都与 80% 相近, 但他指出要选有较大重复次数的那个选项, 因为基于大样本比基于小样本作预测更可靠.

回答第 1 题达到 R 水平的学生往往建议检查袋中小球的数目或者提出让这位数学家再多做一些试验以验证其预言的准确性. 下面这位学生 XH100542g 对此问题的回答就是如此.

XH100542g 的答案: 不准. 因为并不知道袋中有多少只黑球和白球, 30% 的数据也是不准确的.

她的一位同班同学 XH100510gF 则建议再多做些试验: 我认为准, 因为没有把握数学家是不会预言的, 但结果是巧合, 不能准确证明他的预言, 应多去几次给予证明.

在访谈中, 当问及如果数学家原先预言的机会不是 30% 而是 80% 会不会对她的回答有影响时, 她仍说 "准", 理由也差不多. 问她为什么回答 "准" 而不是 "不准" 时, 她说是因为她相信数学家有很好的能力快速地作出估计. 而问她 "做多几次试验" 是大概多少次时, 该生只是说 "大概 10 次左右". 显然, 10 次的试验次数也是不够的.

上述两个回答都被标记为 R 水平的回答而不是 E 水平, 这是因为题目中有这样的话 "数学家并不确切知道袋里有多少只黑球和多少只白球", 这会提醒学生想到用检查球数的方法检验数学家的预言, 所以, 第一位学生的回答标记为 R 水平. 第二位学生只提出多做几次而不是做大量重复试验证实数学家的预言, 这正是 R 水平回答与 E 水平回答之间的区别所在.

(5) 对频率定义抽象扩展结构水平 (E) 的回答

给出 E 水平回答的学生往往更自觉使用大数定律, 建议通过大量重复试验以检验预言的准确性. 下面这位来自重点中学高三的理科生 BL091403b 对第 1 题就考虑得很详尽.

答案：不一定准确. 理由：这得通过大量的试验，才能判断 30%是否准确，或者在知道有几个白球和黑球的情况下才能确定.

表 5-19 反映了学生在回答频率定义有关问题时给出的不同水平回答. 能正确认识到通过大量重复试验来估计概率值即达到 E 水平的学生高二比高一多一些，高二和高三年级没有显著区别. 这说明通过教学，可以减少学生从主观上认识频率定义的错误，但并不能消除.

表 5-19 对概率频率定义有关问题的不同 SOLO 水平回答的人数百分比 （单位：%）

频率定义	高一		高二				高三			
	重点	普通	重点		普通		重点		普通	
			文科	理科	文科	理科	文科	理科	文科	理科
P	2.0	9.1	3.4	5.6	3.2	3.1	2.3	8.0	2.3	1.2
U	13.7	12.1	13.6	3.6	8.5	9.4	13.0	4.5	10.2	0.0
M	46.6	43.4	28.4	26.9	48.9	45.8	38.0	37.5	46.6	29.8
R	21.0	20.9	30.7	30.7	22.3	28.5	26.7	31.1	21.4	34.8
E	11.4	9.9	15.9	26.7	12.8	3.8	20.0	17.7	15.0	34.3
无法标记	5.4	4.5	8.0	6.5	4.3	9.4	0.0	1.1	4.5	0.0

2. 对概率主观定义的各种 SOLO 水平的回答

关于概率主观定义的测试题对应的是 2(1)，(2)两题，要求学生就抛 5 次硬币的其中四种顺序的可能性的大小进行比较.

（1）对主观定义前结构水平(P)的回答

普通中学的一位高一年级学生对第 2(1)题的回答就属于 P 水平的回答.
MZ110113g 对两个小题都选了 F，理由：天知道下一秒会发生什么事，世事难料！她的这一回答实际上是一种拒绝的回答，依据感觉来判断.
例如 MZ100222g 对第 2(1)题的答案是 D，理由：看着顺眼.

这种回答与其说是猜测不如说是瞎说瞎撞的，完全依靠个人感情来回答，哪一个最能打动自己就选哪一个来回答. 还有一个原因是她不打算回答这个问题，就采取这种方法，胡乱地做出一个前结构水平的回答.

（2）对主观定义单点结构水平(U)的回答

那些认为机会不能量化及预测因而也不能比较机会大小的学生，他们的回答中反映出的唯一相关素材就是"随机事件".

例如，来自普通中学的文科生 MZ100224g 回答第 2(1)时选择了 F，理由：抛一枚公平的硬币在 5 次投掷下，出现正反面的各种顺序是随机的，因此无法比较！

下面这个例子也说明，给出 U 水平回答的学生常常只把一个相关的素材与问题相联系，不会从多方考虑.

MZ100212b 对第 2(2)题的回答是：选 C．理由： C 选项的反面太多了，现实中发生的可能性很小．

他认为既然抛一枚硬币出现正面或反面的次数应该差不多一半一半，而 C 是正反面相差最大的，因此凭借这一点，他很快就得出了 C 这个答案．

(3) 对主观定义多点结构水平(M)的回答

多点结构水平的回答往往忠实地罗列了几个相关的点，但没能把它们联系起来．这个水平的学生在回答问题的时候，能提及如随机事件、正反面发生的概率为 $\frac{1}{2}$、等可能、试验次数少等几个中的 2 个或以上．下面是 MZ090144bF 的第 2 题两个小题的回答．

答案：我选 E．

理由：因为硬币的正反面有随机性，正反面的概率都是 50%，每一次抛都有可能正面有可能反面，所以四个顺序可能性都一样．

他之所以认为四个顺序可能性一样，是因为每次抛硬币都是一个独立事件，但对于抛 5 次硬币有可能产生的其他的顺序的比较却没有提及，这是与 R 水平回答的最大区别．

有的学生如 MZ100221b 对第 2(2)题的回答也很有代表性．

回答：F．

理由：还有可能会出现 TTTTT，HHHHH 等其他顺序．而只抛了一个 5 次，不科学，不做大量重复试验无法判断．

他将顺序与重复试验联系在一起，虽然并没有认为 C 选项的可能性最小，但在他的头脑中，这些顺序不一样，至于如何比较他们的大小，就要通过大量的重复试验了．在他看来，这些顺序的可能性大小是没有关联的．

(4) 对主观定义关联结构水平(R)的回答

关联结构水平与多点结构水平的区别在于它考虑到了题目中没有直接给出的对象之间的一些联系．给出 R 水平回答的学生往往能够先计算出每一事件发生的概率再作比较，就像下面这位高三级的理科生 XW090631b 在回答第 2 题时所做的那样．

XW090631b 的答案：E．理由：抛 5 次硬币，每一次出现正反面的概率相同，故每个顺序发生的概率 $P = \left(\frac{1}{2}\right)^5 = \frac{1}{32}$．

与前面的 M 水平不同，随机事件"抛 5 次硬币"有 32 种可能的结果是学生自己发现的，他将目标事件的所有可能的结果归在一起，并用形式化的古典概率公式进行了计算，符合 R 水平的图解，这也是回答此类型题目的最高水平．

表 5-20 是学生回答概率主观定义有关问题时给出的不同水平回答的人数百分比．数据显示，高一的重点中学与普通中学的学生理解水平没有太大的差异；而高二、高三的理科生的平均理解水平高于文科生，特别是高三年级的文、理科学生差距更

大. 这说明随着年龄的增长和文理的分科教学, 学生对概率主观定义的理解有了比较明显的进步.

表 5-20 对概率主观定义有关问题的不同 SOLO 水平回答的人数百分比 (单位: %)

主观定义	高一		高二				高三			
	重点	普通	重点		普通		重点		普通	
			文科	理科	文科	理科	文科	理科	文科	理科
P	5.3	1.8	2.0	3.3	0.6	5.6	3.3	4.8	4.8	2.1
U	30.5	34.6	31.7	26.0	44.4	36.6	29.5	20.9	26.0	16.1
M	13.9	25.2	5.9	13.7	18.7	10.2	16.1	8.2	10.5	2.4
R	46.7	37.2	59.0	54.7	35.9	43.9	49.0	63.0	55.6	78.0
无法标记	3.5	1.2	1.4	2.2	0.4	3.8	2.2	3.2	3.2	1.4

3. 对概率古典定义的各种 SOLO 水平的回答

本测试中关于古典定义的题目都是关于机会值的比较. 第 4 题是关于一步试验的, 即从盒中抽出一张字条, 要求学生比较抽到男生名字可能性大还是抽到女生可能性大. 第 5 题关于两步试验的, 比较投掷两个骰子时, 投到 5 点和 6 点与都是 6 点的概率值的大小.

(1) 对古典定义前结构水平 (P) 的回答

如一位重点中学的高二文科生 XH100535g 回答第 4 题时, 认为盒中纸条有差别而无法判断可能性的大小.

第 4(1) 题答案: D. 理由: 不确定所用的纸条是否相同.

第 4(2) 题答案: D. 理由: 纸条用过后与盒子里的有差别, 影响抽取公平性.

(2) 对古典定义单点结构水平 (U) 的回答

有的学生只是从单纯地定性说明, 或者比较一下男生女生的人数就收敛得出结论, 将问题的结论归因于许多相关点中的仅仅一点. 这位高二年级的学生 XW100645xF 在思考第 5 题时, 回答是: 公平, 只要是游戏, 就有条件有约束, 所以公平.

下面这位学生 MZ100221gF 对第 4 题的回答, 就没有从 "可能性" 这一方面比较, 仅从男、女生人数的多少粗略地分析了一下, 虽然答案是正确的, 但她的思维只碰到一个相关点就迅速收敛, 因此笔者也认为这属于 U 水平的回答.

第 4(1) 题答案: A. 理由: 男生同学人数多.

第 4(2) 题答案: B. 理由: 女生比男生多.

(3) 对古典定义多点结构水平 (M) 的回答

给出 M 水平回答的学生往往不管目标事件的可能结果有多少, 要么以为每一可能结果都有相同的机会发生, 要么使用自创的非比率的方法量化机会值, 要么列举出一些可能的结果但忽略结果的 "有序性".

例如，一位高二级的学生 MZ100227gF 在回答第 4(1) 题时，认为不管男生女生，抽到的机会都是 50%，尽管事实上男女生人数是不同的.

第 4(1) 题答案：C. 理由：此抽取是简单随机抽样，每一个被抽机会相等，所以第 7 次抽取时，男或女的比例都是 50%.

她在第 4(2) 题中也用了同样的方法作答. 她认为抽取到的男生或女生都有可能，于是认定每一结果都有 50% 的机会.

将有着不同顺序的结果误作为相同结果的回答主要是在第 5 题中观察到的. 在比较投掷两颗骰子，得到点数为 5 点和 6 点与两个 6 点的可能性大小时，一位普通中学高三文科的学生 MZ090101b 的回答是这样的：

答：公平，因为是同时投两个骰子，每颗骰子投到特定点数的机会相等，所以投到 5 点和 6 点和同时投到两个 6 点的概率是一样的.

他的这一回答很可能是因为他还没有将有序的作用内化，认为将每一步试验中机会相同的结果复合得到的结果机会相同，因而把 (5,6) 和 (6,5) 看作这一个两步试验的一个相同结果了.

还有一位学生 MZ090147gF 的回答是：不公平，投到两个 6 的难度比一个 6 一个 5 大，所以不公平. 访谈中，她坚持认为，投到两个一样的点数会比投到两个不一样的点数难度大，除非这个游戏规则变为同时投到两个 5 点和两个 6 点，才会公平. 但她却说不出判断的依据，只是凭印象、凭直觉. 她的回答结果虽然正确，但却没有确切的依据，这种层次的回答，孤立地看待问题的每一个部分，即使给出适当的提示，也绝不会想到正在解决的一个问题会与前面的判断结果之间有什么样的联系.

(4) 对古典定义关联结构水平 (R) 的回答

由于第 4 题只需将男生、女生剩下的实际人数比上剩下的总人数即可，只用到了男女生人数、比例值两个相关点关联起来，因此该题回答的最高水平为 R 水平. 下面的这位学生 XH100533g 给出的是第 4 题代表性的回答.

第 4(1) 题答案：A. 理由：因为在余下的 36 张内，女同学被抽到的概率为 $\frac{17}{36}$，抽到男同学的概率为 $\frac{19}{36}$，显然抽到男生比抽到女生概率大.

第 4(2) 题答案：B. 理由：因为在余下的 36 张内，女同学被抽到的概率为 $\frac{5}{9}$，抽到男同学的概率为 $\frac{4}{9}$，$\frac{5}{9} > \frac{4}{9}$，所以抽到女生比抽到男生概率大.

这一层次的回答在两步试验中还体现在使用自创的比率的方法. 如下面这个学生 XW090601b 的回答在理科生中很有代表性.

答：我认为只要操作不存在作弊行为，就公平.（一个骰子投到）5 点是 $\frac{1}{6}$ 概率,（投到) 6 点是 $\frac{1}{6}$ 概率，赢的概率都是 $\frac{1}{6} \times \frac{1}{6} = \frac{1}{36}$，两个人都差不多，总之就是相等.

他的回答过程虽然是错误的，但却体现了他已能够将两个相互独立事件的结果数与比率相联系起来得出结论，能在设定的情境或已经历的经验范围内利用相关知识进行概括.

(5) 对古典定义抽象扩展结构水平 (E) 的回答

给出 E 水平回答的学生能明确题目各种相关素材之间的相互关系，并且会利用这种关系来得出正确结果.

例如，来自重点中学高三理科班的学生 BL091411x 这样回答：不公平.

$$P(\text{小明赢}) = C_2^1 \times \left(\frac{1}{6} \times \frac{1}{6} \right) = 2 \times \frac{1}{36} = \frac{1}{18}, \quad P(\text{小均赢}) = \frac{1}{6} \times \frac{1}{6} = \frac{1}{36},$$

$$P(\text{小明赢}) > P(\text{小均赢})，\text{所以不公平}.$$

从他的解题过程可以看出，他将这个两步试验分成几个相互独立事件，并考虑到了结果的有序性，最后用比例和乘法原理将这些素材关联起来求得概率.

表 5-21 显示，有将近 35% 的学生处于 U 水平，这是因为他们在回答的时候仅仅对问题进行了定性的说明，这也体现了学生还不习惯或懒得通过计算科学的概率值来比较可能性的大小. 给出 E 水平回答的学生人数中，普通中学高二年级、重点和普通中学高三年级均是文科生多于理科生. 特别是高三年级，重点中学和普通中学的文科生 E 水平的人数百分比均达到 50%，而理科生的这一比例不足 30%.

表 5-21　概率古典定义有关问题的不同 SOLO 水平回答的人数百分比　　（单位：%）

古典定义	高一		高二				高三			
	重点	普通	重点		普通		重点		普通	
			文科	理科	文科	理科	文科	理科	文科	理科
P	14.7	2.0	2.3	14.8	2.1	12.5	0.0	4.5	6.8	4.8
U	31.9	49.0	50.0	36.1	38.3	38.5	22.8	43.2	27.3	45.2
M	11.1	16.9	11.1	6.4	9.4	6.8	6.2	15.2	12.4	20.0
R	7.2	9.8	4.3	4.5	10.4	5.7	0.8	9.5	7.8	3.3
E	41.2	25.8	26.1	39.8	40.4	37.5	58.7	25.0	50.0	29.8
无法标记	8.3	2.0	1.1	7.4	1.1	6.3	0.0	2.3	4.5	2.4

4. 对概率几何定义的各种 SOLO 水平的回答

关于概率几何定义的题目是第 6 题和第 7 题，考察的是几何概型中的一步试验与两步试验的机会比较.

(1) 对几何定义前结构水平 (P) 的回答

下面这位高一年级学生 MZ110409g 对第 6 题的回答就是 P 水平的回答，她忽略了已知条件中"用力旋转"的前提，试图通过控制手上用的力去控制试验结果.

答案：我选 A.

理由：甲转盘指针相对惯性较小，有利于对力的控制.

因为几何概型的两步试验问题是本研究中难度最大的测试题，所以一些学生感到靠他们的直觉已经不能解决这些问题了. 例如，一位学生 MZ110131g 在回答第 7 题中流露了这样的感觉.

答案：我选 F.

理由：我对这三种可能性无法判断，也许失去了第六感.

这样的回答都表明学生尚未能够进入问题的过程.

(2) 对几何定义单点结构水平(U)的回答

处于 U 水平的学生会对机会进行比较，通常他们唯一的运算是比较转盘的物理性质，就像下面这位学生 XW100123b 对第 6 题的回答.

答案：我选 C.

理由：因为两个转盘的指针离蓝色的角度距离近似完全相同，所以我认为两个转盘的指针停在蓝色区域上的可能性是一样的.

那些持有"机会不能量化及预测"的学生，在回答中则将概率值解释为有可能发生也有可能不发生，就像下面一位普通中学高二年级的文科生 MZ100231g 的回答.

答案：我选 D.

理由：因为甲转盘比乙转盘小，并不代表转到蓝色区域的机会比转盘乙小. 转盘乙比转盘甲大，也不代表转到蓝色区域的机会比转盘甲大.

她认为指针的最后位置是无法预测的，因而无法比较可能性的大小.

(3) 对几何定义多点结构水平(M)的回答

给出该水平回答的学生在列出来所有可能的结果后，凭借他们现实生活经验，进行第二种运算即机会的量化：数量越大，机会也越大. 例如，在回答第 6 题时，一位学生 XH100515g 选择了答案 B，理由是"因为乙的蓝色区域大，所以选 B". 她认为蓝色区域绝对面积较大的转盘有较大的可能性是指针停在蓝色区域.

对于第 7 题，学生 MX100224b 在回答时使用了简单复合法.

答案：B.

理由：两个转盘的蓝色所占范围最广，比红色多很多，所以停在蓝色区域的概率大.

他认为将每一步试验中机会大的结果复合得到的结果有更大的机会. 上述两个回答都没有把转盘上的面积的数据用比例连接起来，所以都被标为 M 水平.

(4) 对几何定义关联结构水平(R)的回答

在比较机会时借助比例是过渡到了 R 水平的标志. 给出 R 水平回答的学生已能通过比较比值来比较概率值. 然而，他们或计算部分与部分的比值，或比较部分与整体的比例，但没有说它们就是相应的概率．如一位学生 MZ100227gF 对第 6 题的回答是：选 C，因为转盘甲与转盘乙的蓝色区域在转盘上所占的面积比例相同，均占 $\frac{1}{2}$．

在解决两步试验的第 7 题时，虽然学生 MZ090116g 仍将它分成独立的两个一步试验问题来处理，但是她在解决一步试验的推理中用了比例，属于 R 水平的回答．

答案：我选 B.

理由：第一个转盘：$P(\text{蓝}) = \frac{240}{360} = \frac{2}{3}$，$P(\text{红}) = \frac{120}{360} = \frac{1}{3}$，$P(\text{蓝}) > P(\text{红})$；

第二个转盘：$P(\text{蓝}) = \frac{210}{360} = \frac{7}{12}$，$P(\text{红}) = \frac{150}{360} = \frac{5}{12}$，$P(\text{蓝}) > P(\text{红})$．

(5) 对几何定义抽象扩展结构水平 (E) 的回答

给出 E 水平回答的学生往往能够先计算出每一事件发生的概率再作进一步的运算和比较，就像下面这位来自普通中学高三级的理科生对第 7 题的回答那样．

答案：我选 C.

理由：因为甲 $P(\text{红}) = \frac{1}{3}$，$P(\text{蓝}) = \frac{2}{3}$，乙 $P(\text{红}) = \frac{5}{12}$，$P(\text{蓝}) = \frac{7}{12}$，所以

$$P(\text{蓝蓝}) = \frac{2}{3} \times \frac{7}{12} = \frac{7}{18}，\quad P(\text{红红}) = \frac{1}{3} \times \frac{5}{12} = \frac{5}{36}，$$

$$P(\text{蓝红或红蓝}) = \frac{2}{3} \times \frac{5}{12} + \frac{1}{3} \times \frac{7}{12} = \frac{17}{36}，$$

所以

$$P(\text{蓝红或红蓝}) > P(\text{蓝蓝}) > P(\text{红红})．$$

从表 5-22 发现，学生在回答概率几何定义有关问题上表现的差距最小，大都为 M，R 水平的回答．高三年级的理科生比较注重概率的理论计算且学习了排列组合的知识，因此在回答两步试验时具有优势，重点中学和普通中学的高三理科生分别给出了 36.4% 和 21.4% 的 E 水平的回答．

表 5-22　概率几何定义有关问题的不同 SOLO 水平回答的人数百分比　　（单位：%）

几何定义	高一		高二				高三			
	重点	普通	重点		普通		重点		普通	
			文科	理科	文科	理科	文科	理科	文科	理科
P	1.8	0.6	0.7	0.0	0.0	1.3	0.0	0.7	0.0	0.0
U	4.1	1.4	1.6	0.0	0.0	2.9	0.0	1.6	0.0	0.0
M	53.9	57.6	67.0	53.7	59.6	49.0	53.3	27.3	46.6	47.6
R	39.2	39.4	26.1	37.0	40.4	44.8	44.6	34.1	42.0	31.0
E	1.0	1.0	4.5	9.3	0.0	2.1	2.2	36.4	11.4	21.4
无法标记	4.9	0.0	0.0	0.0	0.0	0.0	0.0	0.0	0.0	0.0

对学生认知结构上的分析都是以学生的书面回答为依据，可能会因为学生的表达

能力影响卷面的表述，根据笔者以往的教学经验，只有当学生的认识左右不定时，他的表述才会更多呈现为表述不清，甚至低于他的实际水平.

第五节　运用 SOLO 分类法评价高中生概率概念学习质量

1. 高中生概率概念学习质量的 SOLO 水平评价表

本调查研究基于 SOLO 分类法，通过对 570 名高中生进行问卷调查和个别访谈，得出了高中生概率概念学习质量的 SOLO 水平评价表（表 5-23）. 该评价表详细说明了对于概率的几种定义类型高中生不同水平层次的回答，揭示了高中生在学习"概率"这一概念时认知的发展过程. 本评价表对评价学生概率概念的学习过程、学习质量，以及评价教师教学效果有着一定的指导意义.

表 5-23　高中生概率概念学习质量的 SOLO 水平评价表

SOLO 水平	说　明
前结构水平(P)	空白的回答、答非所问的回答、没有逻辑的回答或者无法进入解题过程的回答
单点结构水平(U)	该水平的回答含有且只有一种相关运算，或者把问题结论归因于许多相关点中的一个点；将机会值简单地理解为表示结果可能发生也可能不发生；认为事件结果的发生与否都是随机的，机会值不能量化及预测
多点结构水平(M)	仅仅罗列出几个相关点，但不能够将它们联系起来。认为频率、概率就是用来预言结果的；在比较时认为每个可能发生的结果都是等可能发生的，而且容易忽略结果的"有序性"；不能提出用大次数的重复试验来检验频率；缺乏量化机会的能力或是主观地估计机会值
关联结构水平(R)	该水平的回答往往考虑到对象之间的一些联系。能通过较大次数重复试验去检验预测的准确性；列出目标事件所有可能的结果，并运用古典概率公式进行计算；能利用比值来量化概率
抽象扩展结构水平(E)	该水平的回答的学生能明确各种素材之间的相互关系，并利用这种关系得出正确结论。在检验预测时能主动提出通过大量重复试验来验证预测，并以此估计概率值；即使在两步或三步试验中，也能正确使用概率的公式计算出每个事件发生的概率，再作进一步的比较

2. 高中生对"概率"概念主要错误的总结

本研究以广州市的高中生为研究对象，调查了学生对概率四种概念的认知情况，对他们的错误类型进行分类，有以下结论.

(1)高中生对"大数定律"的认识存在困难

虽然他们已在初中阶段就接触了初步的概率知识，但只有 26%左右的学生接受通过大量重复试验来估计概率值，他们往往较难理解随机事件的"不确定性"背后隐藏着规律.

(2)学生对概率的主观定义的错误概念往往比较隐蔽

有 40%的高一学生存在着预言结果法倾向，高二、高三文理生持有预言结果法的比例差别较大；代表性方法是一个影响力大，而且很难被克服的错误概念，无论从学校类型还是从文理科的类型来看，学生使用代表性方法的人数区别不大.

(3)高中生对概率古典定义的理解优于几何定义

大部分学生能够通过计算概率值来比较可能性的大小. 部分学生对总的基本事件数和该事件数不明确，又或是用自己创造的方法，导致所求的概率值是错误的. 总体来说文科生完成得要比理科生好.

(4)高中生对几何定义的主要错误概念为"简单复合法"

因为几何概型的问题一般都跟面积、长度、体积有关，图形的形象表示更易引发"简单复合法"的使用. 从访谈中，笔者发现，学生往往会不自觉地用解决古典概型的方法解决几何概型的问题. 从调查的数据上看，对现在的高中生来说，简单复合法的使用受数据的影响小，受背景的影响反而更大.

(5)高中三个年级的学生的理解水平在频率定义上差别不大

这反映了在实际的教学中，由于高中概率学习重点是理论概率的计算，教师、学生往往容易忽略概率频率定义的教授和学习. 高二、高三年级在处理古典定义和几何定义的两步试验时，凭借计算上的优势，达到 SOLO 水平的 R 或 E 等级的回答数目比高一年级的数目多.

学生对概率概念的认知发展过程是一个潜在而丰富的研究领域，希望本研究能为教师了解学生学习概率的认知发展，评价学生概率学习质量提供可参考的资料，为对概率教学同样感兴趣的同行们提供值得进一步研究的课题.

本章参考文献

[1]　中华人民共和国教育部. 普通高中数学课程标准(实验稿)[S]. 北京：人民教育出版社, 2003.

[2]　Konold C. Understanding students'beliefs about probability//von Glasersfeld E, ed. Radical Constructivism in Mathematics Education. Dordrecht: Kluwer, 1991: 139-156.

[3]　Lecoutre M P. Cognitive models and problem spaces in "purely random" situations. Educational Studies in Mathematics, 1992, 23: 557-568.

[4]　Fischbein E, Schnarch D. The evolution with age of probabilistic, intuitively based misconceptions. Fournal for Research in Mathematics Education, 1997, 28(1): 96-105.

[5]　李俊. 中小学概率的教与学[M]. 上海：华东师范大学出版社, 2003.

[6]　甄新武. 初中数学"概率与统计"部分的实施与评价实验[D]. 石家庄：河北师范大学, 2007: 86-95.

[7]　李俊. 学习概率中认知的发展[J]. 数学教育学报, 2002, 11(4): 1-5.

本 章 附 录

调 查 问 卷

学校：＿＿＿＿＿＿　班别：＿＿＿＿＿＿　姓名：＿＿＿＿＿＿

学号：＿＿＿＿＿＿　性别：＿＿＿＿＿＿　日期：＿＿＿＿＿＿

同学你好，非常感谢你参加本次调查，请你认真地运用你的知识和经验去完成每一道题，结果无所谓对错，我们更关心你的答题过程、你的思考问题和处理问题的方式，希望每位同学认真地思考每一道题并回答. 谢谢同学们的支持.

1. 一位数学家将一些黑球和一些白球装入一个布袋中并搅匀，他并不确切地知道袋里有多少只黑球和白球. 搅匀后他看了看，然后预言说："蒙上眼睛从袋中取出一只球，正好是一只白球的机会是 30%." 他取出一球，结果是白球. 你认为他的预言准不准？为什么？

答：

2. (1)当一个公平的硬币被投掷 5 次时，下列哪一选项发生的可能性最大(H 表示正面，T 代表反面)？

    A. HHHTT 　　　B. HTHTH 　　　C. HTTTT 　　　D. THHTH

    E. 上述四个顺序的可能性一样大 　　　F. 无法比较这四个顺序的可能性

我选：（　　）；理由：

(2)当一个公平的硬币被投掷 5 次时，下列哪一选项发生的可能性最小(H 表示正面，T 代表反面)？

    A. HHHTT 　　　B. HTHTH 　　　C. HTTTT 　　　D. THHTH

    E. 上述四个顺序的可能性一样小 　　　F. 无法比较这四个顺序的可能性

我选：（　　）；理由：

3. 下面是天气预报的预报内容与实际情况对照：

    A. 一次预报降雨的可能性是 80%，实际降雨

    B. 有 10 天预报降雨的可能性是 80%，恰好有 8 天实际降雨

C. 有 20 天预报降雨的可能性是 80%，有 15 天实际降雨

D. 有 50 天预报降雨的可能性是 80%，有 41 天实际降雨

E. 有 100 天预报降雨的可能性是 80%，有 83 天实际降雨

以上哪种情况更能说明天气预报的准确性？

我选：（　　）；理由：

4. 班级里有 20 个女生和 22 个男生，班上每个同学的名字都各自写在一张小纸条上，放入一个盒中搅匀.

(1) 如果老师闭上眼睛随便从盒中取出 6 张纸条，睁眼一看，抽到的是 3 个女同学和 3 个男同学. 他把这 6 张纸条放在桌上，闭上眼睛在盒中余下的纸条中再抽第 7 张纸条，那么下面哪个说法是正确的？

A. 这次抽到男同学的可能性比抽到女同学的可能性大

B. 这次抽到男同学的可能性比抽到女同学的可能性小

C. 这次抽到男同学的可能性与抽到女同学的可能性一样大

D. 无法比较这两种可能性的大小

我选：（　　）；理由：

(2) 把抽出的纸条全部放回盒中，重新搅匀. 这一次，老师闭上眼睛又随便从盒中取出 6 张纸条，睁眼一看，抽到的是 6 个男同学. 他把这 6 张纸条放在桌上，闭上眼睛在盒中余下的纸条中再抽第 7 张纸条，那么下面哪个说法是正确的？

A. 这次抽到男同学的可能性比抽到女同学的可能性大

B. 这次抽到男同学的可能性比抽到女同学的可能性小

C. 这次抽到男同学的可能性与抽到女同学的可能性一样大

D. 无法比较这两种可能性的大小

我选：（　　）；理由：

5. 小明与小均用两个骰子玩游戏，他们规定：每人每次同时投掷两颗骰子，若小明同时投到 5 点和 6 点就算小明赢，若小均同时投到两个 6 点就算小均赢. 你觉得这个游戏规则公平吗？为什么？

答：

6. 用力旋转甲、乙两个转盘的指针，如果你想让指针停在蓝色上，下面哪个说法是正确的？

　　A. 转盘甲的指针停在蓝色区域上的可能性比转盘乙的指针停在蓝色区域上的可能性大

　　B. 转盘甲的指针停在蓝色区域上的可能性比转盘乙的指针停在蓝色区域上的可能性小

　　C. 两个转盘的指针停在蓝色区域上的可能性是一样的

　　D. 无法比较这两个可能性的大小

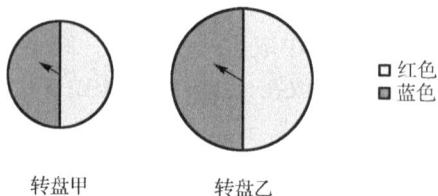

转盘甲　　　　转盘乙

我选：（　　　）；理由：

7. 用力旋转两个转盘的指针，下面哪个说法是正确的？

　　A. 两个指针都停在红色区域上的可能性最大

　　B. 两个指针都停在蓝色区域上的可能性最大

　　C. 一个指针停在红色区域上，另一个指针停在蓝色上的可能性最大

　　D. 以上三种可能性是一样大的

　　E. 无法判断这三个可能性中哪一个最大

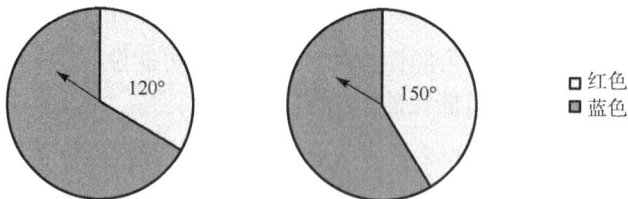

我选：（　　　）；理由：

第六章　运用 SOLO 分类法指导高中 "导数及其应用" 教学实践的研究

新课程标准提出要建立合理有效的评价机制. 传统评价关注的是学生的学习结果，但很少关注学习的过程. SOLO 分类理论的出现和传播，为我国评价机制带来了一个全新的视角. 导数概念作为微积分的核心概念，重要性不言而喻. 鉴于导数是连接高中数学与大学数学的一个重要的概念，同时也是高考的必考内容，所以本章选取了 "导数及其应用" 作为研究内容，使用 SOLO 分类理论来指导教与学的实践. 本研究主要开展了以下三个方面的研究.

第一是对已有文献进行分析和归纳，总结了导数教学以往的研究成果，认为已有的研究局限是缺乏使用 SOLO 分类理论直接指导导数的课堂教学.

第二是使用 SOLO 分类理论编制了导数测试卷. 对广州市某学校 331 位高三文理科学生进行了问卷调查，分析学生对变化率、极值和最值、导数计算、导数意义、导数应用的理解水平，并对文理科学生进行对比. 结果发现，学生对导数的概念整体理解水平偏低，由于缺乏极限的知识结构，所以存在理解上的多种困难. 还对 6 位高三学生和 11 位教师进行了访谈，寻找学生理解的偏差和教师的教学建议，从不同的角度去寻找促进理解导数知识的有效教学途径.

第三是使用 SOLO 分类理论来指导高二 "导数及其应用" 的教学工作. 实验教师在课前分析该章节的教学任务，确定学习目标，调整教学顺序，选择恰当的教学方法. 课堂上，尊重学生原有的知识结构，为学生搭建理解的平台，运用多样化的信息教学手段帮助学生，重视知识在学生头脑中的构建过程，注重深层次的思维探究. 课后，结合不同学生的作业 SOLO 层次，进行有效的作业反馈，及时监控教学质量. 实证研究发现，使用 SOLO 分类理论指导 "导数及其应用" 教学实践，实验班的学业成绩跟对照班比较具有显著性的差异，该理论切实有效地提高了学生的理解能力和教学效果. 最后提出三个教学建议：极限的知识是导致学生理解困难的根源，教学中应改变 "重视计算、轻概念理解" 的传统观念，应培养学生使用导数知识解决实际问题的应用意识.

第一节　导数概念的研究现状与价值

1. 研究的背景

21 世纪以来，随着我国新课程改革的步伐不断深入推进，如何合理地评价学生的学业能力已经成为教育工作者迫不及待需解决的问题. 我国教育评价机制比较单一, 缺乏多样化, 更关注学习结果而忽略认知过程, 一直受到各种批判. 但是由于我国现行的高考制度暂时未有大的改变, 指挥棒的作用不容忽视, 仍以学生掌握的知识的量的多少来评价学生, 而很少会涉及对知识的质的掌握程度的考核. 高中数学课程标准提出: "要寻求合理、科学的评价机制", 希望采取多样化的评价手段, 例如过程性评价制度等. 许多传统的考评方式只能进行数量的考评, 往往无法测量较高层次的学习. 放眼世界各国, 如何合理评价学生的学业成绩, 都已经成为一个热门的研究课题.

(1) SOLO 评价的广泛应用

随着 SOLO 分类理论的出现, 国内外都根据该理论开展了大量的实证研究, 已经广泛应用于历史、地理、数学、语言学等学科的考评上, 取得了丰硕的成果[1]. 例如, 2006 年广东省历史学科的高考历史题目的命制. 基于成果的教学模式, 该理论广泛应用于教学设计、课堂教学、评价学生上, 已被英国、中国香港等很多国家和地区的高等院校使用, 有力地推动了各国教育评价的创新和发展.

笔者在从事高中数学教学的多年工作中, 也曾思考过如何评定学生的学业成绩和思维层次才更加合理有效? 为什么有的学生感觉自己做了很多题目, 而数学成绩却一直是原地踏步呢? 具体教学实践中, 逐渐发现一些学生为了追求高分数, 采取了低层次的死记硬背, 不注重深层次的理解, 简单机械的重复并不一定带来质的飞跃, 有时反而会事倍功半. 那么究竟应该如何评价学生的数学思维层次, 从而调整教学策略, 才能更加符合学生的思维情况, 提高教学效果呢? 数学课程标准要求我们更加关注学生的数学学习过程性评价. 吴有昌曾指出, 通过过程性的评价, 一方面可以确立学生的学习方式, 了解学生的学习结果和学习质量, 另一方面可以将学生引导到深层次的学习方式上[2].

当笔者接触 SOLO 分类理论后, 深深地为该理论的智慧所折服, 于是决定使用该理论来指导教学实践. 鉴于导数教学是世界数学教育公认的一大难点, 国内外很多专家学者都对其进行了深入的研究, 同时也取得了丰硕的成果, 思量再三, 笔者选取了"导数及其应用"章节作为载体, 以 SOLO 分类理论为指导理论, 调查学生对导数的理解水平, 具体探索如何进行更有效的教学设计, 如何监测课堂教学效果, 如何进行课后作业的批改和反馈, 并验证是否能提高教学效果!

(2) SOLO 分类理论与导数教学

导数教学在高中有着极其重要的地位. 因为它在天文、地理、航海、物理、工业生产等各方面发挥了重要的作用! 林群院士指出: "微积分是以实数连续性为'地基', 以极限为'材料'建起来的'双子楼', 一座叫微分, 另一座叫积分, 而连接这两座大楼的通道就是牛顿-莱布尼茨, 三者缺一不可"[3]. "导数及其应用"章节是高考考核的重要内容. 纵观近十年的数学高考,该章节知识一直成为必考内容,并且绝大部分省份还作为压轴题!例如,2015 年数学高考全国卷 I(理科)第 21 题、全国卷 II(理科)第 21 题考核了有关切线、单调性、最值的相关问题.

导数在全世界大部分国家成为高中数学课程选修内容,越发显示出它的重要性和研究的价值. 截至 2016 年 3 月,以"SOLO 分类"和"数学"为主题在中国知网上搜索,共有文献 61 篇. 但是应用 SOLO 分类理论来研究导数教学的期刊为 0 篇,相关的硕博论文仅有 3 篇,例如秦德生建立了导数理解水平的测量工具,利用 SOLO 分类原理进行导数理解评价[4]. 洪妍总结了学生学习导数概念(包括平均变化率、瞬时变化率、曲线的切线等概念)的主要错误[5].

综上,尽管有关导数教学研究的文献很多,但是运用 SOLO 分类理论来探究导数理解水平、指导"导数及其应用"教学的研究非常少,成果不够丰富,所以进一步拓宽研究视野、继续深入研究,就有很现实的重要意义. 另外,以上的研究主要是调查和访谈,但是缺少直接运用 SOLO 分类理论指导课堂教学的实践研究.

2. 研究的问题、思路与方法

(1) 研究的问题

SOLO 分类理论不是根据学生回答问题的采分点来评论,而是根据学生所在的思维层次来评定,这样能够更加体现学生的思维发展能力情况,比传统的评价体系更加有效和真实. 本章研究的主要问题有以下三个.

1) 编制导数测试卷,构建相关的 SOLO 层次评价模型,对高三文理科学生进行问卷调查,分析学生对导数内容的理解所达到的思维层次情况,寻找理解错误的原因和规律.

2) 访谈部分高三学生和部分教师对导数内容教学的具体建议,运用 SOLO 分类理论分析学生认知的发展规律,为调整课堂教学提供一些有用的参考策略.

3) 运用 SOLO 分类理论对高二学生学习"导数及其应用"章节进行具体的教学指导,从课前分析教学任务、学习任务、教学顺序、教学方法,课堂上进行教学调控,课后作业批改和反馈等方面进行探究,并将实验班成绩与对照班成绩进行对比,检验 SOLO 分类理论指导导数教学能否促进学生理解、提高教学质量.

笔者教学中常常为导数内容的教学感到困惑!在高二、高三的教学中,学生也反映该章节内容难以理解. 何小亚教授指出:"学习微积分将促进学生全面认识数学的价值,使学生体会变量数学的思想方法,发展学生的辩证思维能力"[6]. 数学专家都在关注导数教学,所以作为高中教师,更应认识到导数内容对学生的思维发展影响深远. SOLO 分类理论是从一个创新的视角诠释了教学质量,笔者希望通过实证研究探索出解决一些教学困惑的方法,这将是极其有意义的!

(2)研究思路与研究方法

本章的研究思路框架如图 6-1 所示.

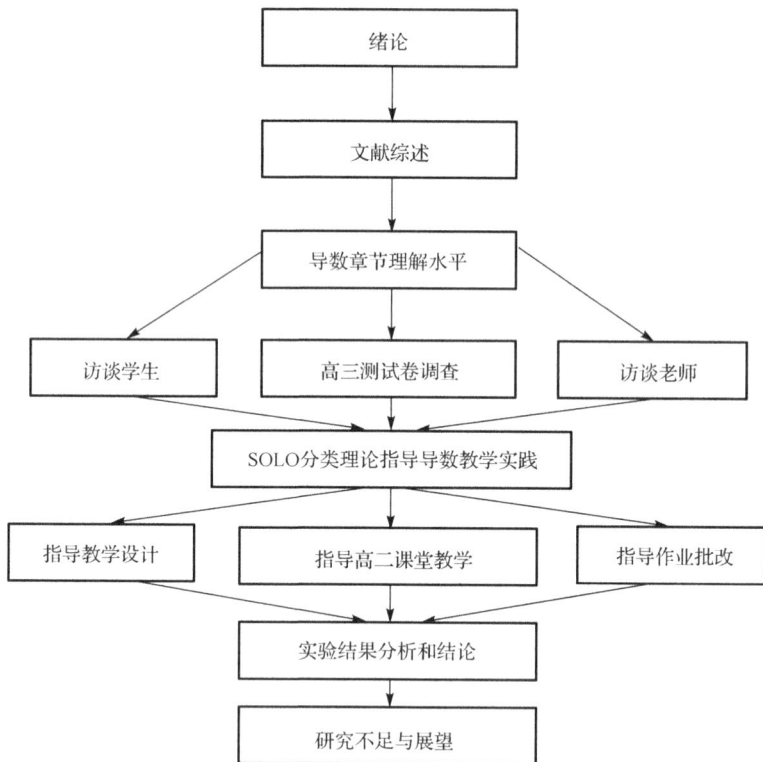

图 6-1　本章的研究思路

本研究采取的研究方法有以下四种:

1)文献研究法:通过搜索中国知网,分类整理前人的研究成果,并分析其共同特点.

2)问卷调查法:运用 SOLO 分类理论,设计一份有关"导数及其应用"的问卷,调查学生对导数内容的理解程度.

3)访谈法:设计一份学生访谈材料和一份教师访谈材料,对 6 名学生和 11 名教师访谈有关导数教学的情况,为教学提供指导意见.

4)实验研究法:笔者结合自身的情况,尝试在高二的两个班级进行实验研究,运用 SOLO 分类理论指导"导数及其应用"的教学,具体从教学设计、课堂调控、作业批改等各个方面进行了实践,并对实验班和对照班的学业成绩进行对比、分析和反思.

第二节　导数概念理解水平的调查研究

1. 面对高三学生的问卷测试

微积分的教学一直以来受到世界各国的专家和学者的关注. 德国数学家克莱茵在 1908 年提出, 微积分应进入中学教育中. 从此, 微积分逐步成为世界很多国家的高中数学教育内容. 我国张景中院士一直都关注微积分的教学, 他认为: "工业和科技的发展给数学提出了许多问题, 其中有老的也有新的. 对这些问题的研究, 使微积分作为一门学科而诞生" [7]. 由此可见, 有关微积分内容的教学牵动着我国的专家学者. 那么, 导数作为微积分的核心概念, 高中生对此概念的理解水平如何? 这个问题很值得探讨, 下面将对高三学生进行问卷测试和分析.

(1) 问卷的编制

首先, 问卷的题目是使用 SOLO 分类理论作为指导理论精心编制的. 接着, 在高三选取了一个文科班和一个理科班进行测试, 结果发现第 7 题第 (2) 问的数据比较难计算, 第 9 题的题意学生难以理解, 难度偏大, 区分度不明显, 这不利于对学生掌握导数的真实情况的调查. 因此, 对这两个题进行了调整和替换, 最终得到了正式的测试问卷, 即附录 1 的"导数及其应用"测试题.

(2) 问卷的 SOLO 等级评价模型

本测试问卷的评定参考标准尤为重要, 针对导数知识的情况, 笔者结合自己的教学经验, 借鉴了苏海波和秦德生的论文, 将导数理解水平的 SOLO 等级分为最低结构水平 (D)、多点结构水平 (M)、关联结构水平 (R) 和抽象扩展结构水平 (E) 一共四个层次. 下面是两个具体的示例.

第 1 题的 SOLO 等级评定参考标准是这样的: 无法正确计算平均变化率和瞬时变化率评定为 D 水平; 能正确计算平均变化率, 但不会计算瞬时变化率评定为 M 水平; 能正确计算平均变化率和瞬时变化率评定为 R 水平; 能正确计算平均变化率和瞬时变化率, 理解瞬时变化率由平均变化率逼近得到评定为 E 水平.

第 4 题是有关导数的计算: 如果不会求导数的或空白的评定为 D 水平; 能计算简单的基本初等函数的导数评定为 M 水平, 例如, 只会求 $\sin x$ 或 $\ln x$ 的导数; 能计算含四则运算的基本初等函数的导数评定为 R 水平, 即能对 $x^2 \ln x$ 进行正确的求导; 能计算含复合函数的导数评定为 E 水平, 注意课程标准中仅要求学生掌握形如 $f(ax+b)$ 的复合函数的求导.

根据以上的分析, 可以知道, SOLO 等级是层层推进的, 下一个阶段的思维水平是以它之前的层次作为基础的, 这体现了思维发展的具体过程. 因此 SOLO 等级能体现出学生的思维能力的层次高低, 更加符合学生的认知规律, 这将为合理判断学生的导数知识水平提供重要的参考标准. 导数理解水平的参考 SOLO 等级如表 6-1 所示.

表 6-1　导数理解水平的参考 SOLO 等级

题目	知识点	最低结构水平(D)	多点结构水平(M)	关联结构水平(R)	抽象扩展结构水平(E)
第 1 题	变化率	无法正确计算平均变化率	能正确计算平均变化率, 但不会计算瞬时变化率	能正确计算平均变化率和瞬时变化率	能正确计算平均变化率和瞬时变化率, 理解瞬时变化率由平均变化率逼近得到
第 2 题	极值和最值	不知极值和最值的概念	仅能判断极值和最值中的一个	能利用导数图象正确判断出极值和最值	能利用导数图象正确判断出极值和最值, 并能正确解析
第 3 题	形式化意义	对形式化意义一无所知, 空白	形式化意义推算的数值和符号都错误	会进行形式化意义推算, 数值正确但符号错误	会进行形式化意义推算, 数值和符号正确
第 4 题	导数计算	不会求导数	能计算简单的基本初等函数的导数	能计算含四则运算的基本初等函数的导数	能计算含复合函数的导数
第 5 题	实际应用	根本不会判断, 空白	判断结果错误	判断正确, 但不能根据导数概念给出解析	判断正确, 并能根据导数概念给出解析
第 6 题	图象	不会判断函数图象和导函数的关系	能根据导函数判断部分函数图象	能根据导函数判断简单的函数图象	能实现导函数和函数图象的互相转化, 并说明理由
第 7 题(1)	单调性	不知导数符号与单调性有关系	会求导, 但对导数与单调性的具体关系不清晰	能求导求出单调区间, 但是解答不规范	能求导求出单调区间, 解答规范
第 7 题(2)	几何意义	不能理解斜率和导数的关系或乱作答	理解斜率和导数的关系, 但误认为该点是切点	理解斜率和导数的关系, 会设切点, 但是计算错误	理解斜率和导数的关系, 会设切点, 计算正确
第 8 题	物理意义	无法正确理解题意或对所提问题无反应	能正确计算, 但不能说出物理意义和单位	能正确计算, 可以大致说出物理意义和单位	能正确计算, 可以准确说出物理意义和单位
第 9 题	生活中的优化问题	空白或无法理解题意	能列出一些简单的关系式, 但无法利用导数求解	能正确列出函数表达式, 但利用导数求解出错	能列出函数表达式, 并利用导数正确求解, 解答规范

(3) 问卷的测试过程

本次调查的对象为广州某校的学生. 该校高三有 14 个理科班和 6 个文科班, 为了能真实体现出高三文理科学生对导数概念的理解程度, 笔者抽样时保持了文理科的比例, 使用随机抽样软件抽取了 4 个理科班和 2 个文科班(均非测试班)作为问卷调查对象. 学生完成问卷的时间为 50 分钟. 2014 年 11 月, 笔者和该校任课教师一起发放问卷, 要求被试者认真阅读指导语, 填写性别后完成测试卷, 当场回收, 这确保了问卷调查的高质量. 同时为了确保数据的真实有效, 让任课教师跟学生强调按规定认真独立完成问卷. 本调查合计发放问卷 356 份, 其中文科 112 份, 理科 244 份. 文科班回收 107 份,理科班回收 238 份,合计回收率为 96.91%. 经过仔细检查后,剔除了一些无效的问卷,最终得到有效问卷为文科 101 份,理科 230 份,合计占发放问卷的比值为 92.98%.

(4) 运用 SOLO 分类理论分析问卷

1) 有关变化率:调查学生对平均变化率、瞬时变化率、逼近思想的理解思维层次情况,代表的题目有第 1 题.

该题是有关变化率的理解. 如图 6-2,有 20.54% 的学生连求平均速度也不会,评定为 D 层次. 第(2)问不少学生竟然把平均变化率当成导数来对待了,直接求导后将数字 $t=3$ 代入计算,得到错误的答案为 6,学生将平均变化率和瞬时变化率这两个概念混淆了!能够把平均变化率和瞬时变化率都算对的合计才占 36.25%. 达到 E 层次的学生仅有 16.01%,其中理科生达到 E 层次的仅有 17.83%,文科生则比例更低,仅为 11.88%. 理解变化率是掌握导数概念的基础,否则如海市蜃楼、梦中之花. 要真正让学生体会由平均变化率到瞬时变化率的过程,才能理解得更加深刻.

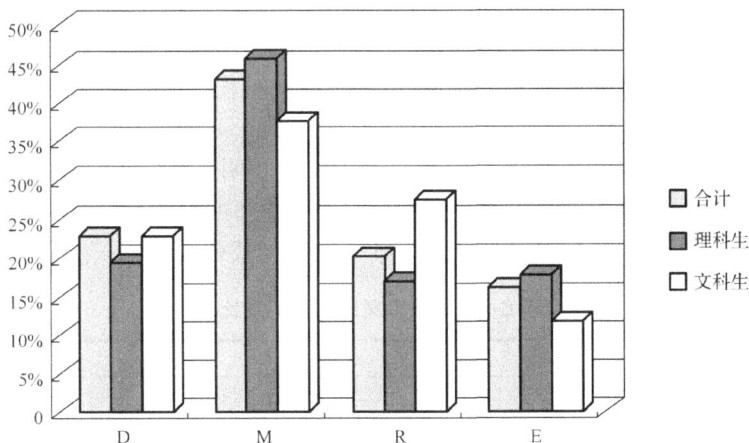

图 6-2　高三学生对变化率的理解情况

2) 有关导数意义:调查高三学生对导数的形式化意义、几何意义、物理意义的理解思维层次情况,代表的题目有第 3 题、第 7 题第(2)问、第 8 题.

根据图 6-3,可知形式化意义的理解折线图接近几何意义的形状,但与物理意义的变化规律不同. 第 3 题是考查学生对导数形式化概念的掌握情况,有 17.82% 的学生还处于 D 层次,R 和 E 层次合计也仅仅达到 33.23%. 这说明学生对于形式化概念的理解能力极其低下. 高中学生正处于由形象思维转向抽象逻辑思维阶段,其实学生可以接受该形式,但是难以理解"无限"!中国《庄子·天下篇》中曾有这么一段话:"一尺之棰,日取其半,万世不竭." 这就蕴涵着极限的思想!理解导数的概念是一个螺旋上升的过程,不可能一下子让学生理解得很深透,但是逐步渗透极限的思想却是很重要的.

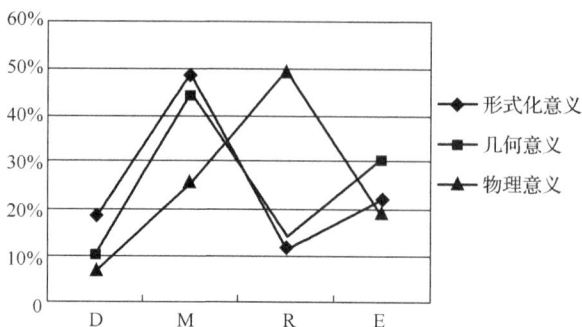

图 6-3　高三学生对导数的意义的理解情况

有关导数几何意义的一个典型错误是，有 45.02% 的学生认为 $A(0,32)$ 就是切点，不去判断 A 点是否在曲线上，所以导致了错误. 正确的做法是设切点为 (x_0, y_0)，求导得到切线的斜率，然后将 (x_0, y_0) 代入切线方程和曲线方程，联立后即可解出答案. 教学中应该明确指出"过 A 点作某曲线的切线"与"在 A 点处的切线方程"两者的差异，只有指导到位学生才容易区分两者.

学生对物理意义的理解水平达到 R 和 E 层次的占了 68.28%，说明很多学生还是理解到导数代表着物体温度的变化情况，但是无法解析物体的温度是上升还是下降. 达到 E 层次的，即能够解析清楚的仅有 18.73%. 学生理解导数的概念实际上就是从物理意义出发的. 理科生与文科生在 E 层次上的差别比较明显（表 6-2）. 房元霞、连茂廷与宋宝和通过调查发现，文科生容易忽视对导数概念本身的理解，理解程度比理科生要差一截；高中生理解导数注重实质，大学生注重形式化[8].

表 6-2　导数意义之文理科对比　　　　　　　　　（单位：%）

导数意义	形式化意义		几何意义		物理意义	
学生类别	理科生	文科生	理科生	文科生	理科生	文科生
D 水平	14.35	25.74	8.26	14.85	6.09	6.93
M 水平	45.22	57.43	41.30	53.47	18.26	41.58
R 水平	13.48	6.93	13.48	14.85	51.30	45.54
E 水平	26.96	9.90	36.96	16.83	24.35	5.94

3）有关导数计算：调查高三学生对简单函数、复合函数的求导掌握的情况，代表的题目有第 4 题.

从图 6-4 看出，学生对求导的掌握情况比较好，能达到 R 层次或以上的占 81.87%，这跟长期以来导数的教学现状是分不开的. 日常教学中，教师注重培养学生的运算能力，而忽视学生对导数概念本质的理解. 按照课程标准要求，对于复合函数只需掌握形如 $f(ax+b)$ 的求导. 尽管高三学生在 9 月份已经进行了导数内容的复习，但文科生的掌握程度远低于理科生，这需引起我们的关注.

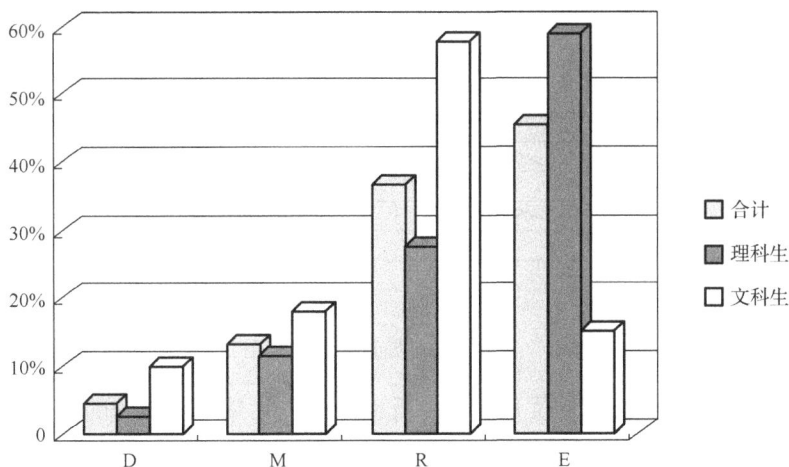

图 6-4　高三学生对导数的计算的理解情况

4) 导数与函数性质：调查高三学生对使用导数研究函数的极值和最值、单调性、函数图象的思维情况，代表的题目有第 2 题、第 7 题第 (1) 问、第 6 题.

如图 6-5 所示，学生对使用导数来研究函数性质表现很不错，值得称赞一下！并且这三条曲线也很接近，说明情况基本一致. 对于运算类型的题目，是学生的强项，教师训练有方. 就本题来说这个结果令人满意，但是与其他题结果一比较，却令人费解，很值得深思.

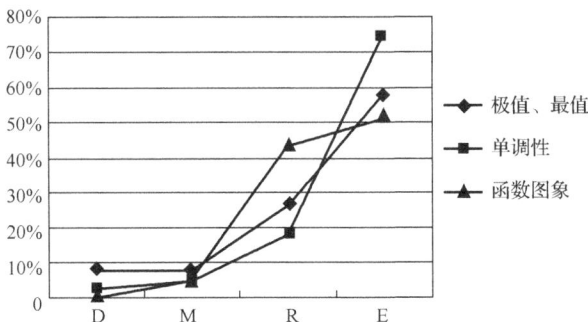

图 6-5　高三学生对导数与函数性质的理解情况

5) 导数应用：调查高三学生使用导数知识解决实际应用问题、优化问题的思维能力情况，代表的题目有第 5 题、第 9 题，结果如图 6-6 所示.

第 5 题是有关变化率的实际应用. 判断出答案是"50—60min 血液中的物质质量变化最快"并没有什么难度，但是能清楚解析原因的比例却不到 40%. 正所谓"知其然而不知其所以然"，学生喜欢根据生活经验来解题，但是一知半解，学生们使用导数概念去看待世界的习惯并未养成.

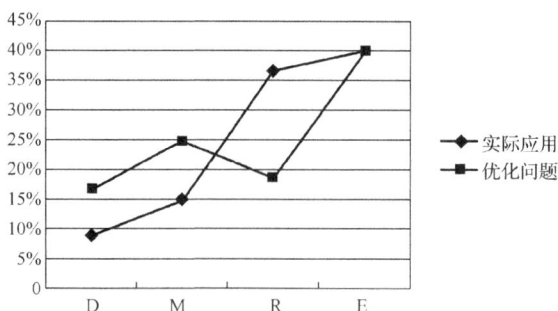

图 6-6　高三学生对导数应用的理解情况

　　第 9 题考核的是生活中的优化问题. 近五年来, 导数高考试题的比重有所增加, 解答题主要要考查单调性、求函数最值或某个参数的范围, 还有结合实际生活的应用题. 这些考题涉及的数学思想和方法有分类讨论、变量分离、数形结合等, 这要求学生的思维能力达到很高的层次! 从本题的调查结果看, 仅有 40.18% 的学生能够列出函数, 并利用导数知识进行正确的求解, 作答规范. 处于 R 层次的学生为 18.43%, 这部分学生仅仅是求导后令 $f'(x)=0$, 解得 $x=200$, 然后就直接认为此时取得最大值, 这样的解答欠规范. 原因是 $f'(x)=0$ 是函数 $f(x)$ 在 x 处取得极值的必要不充分条件! 此外, 还需要说明 $f'(x)$ 在 x 的左边和右边异号.

　　对于第 5 题, 文理科的差别很小, 但是第 9 题的差异很明显(表 6-3).

表 6-3　导数应用之文理科对比　　　　　　　　　　　　　　　　(单位：%)

导数应用	实际应用		优化问题	
类别	理科生	文科生	理科生	文科生
D 水平	7.39	11.88	12.17	26.73
M 水平	14.35	14.85	21.74	31.68
R 水平	38.26	33.66	20.43	13.86
E 水平	40.00	39.60	45.65	27.72

2. 访谈学生的过程

　　为了了解学生对 "导数及其应用" 的理解角度和知识偏差, 寻找理解障碍的类型和产生的根源, 将访谈 6 名高三学生(问卷请看本章附录 2). 具体操作是根据成绩, 采取分类抽样的方法从高三抽取了 6 个学生进行访谈, 其中 4 名为男同学, 2 名为女同学. 访谈的地点在教师办公室. 为了方便, 以下将 S1 记为第 1 位学生, S2 记为第 2 位学生, 以此类推!

　　下面是选取出来的部分有代表的回答.

　　第 1 题, S1：导数就是观察某个东西在限定范围内的变化情况. S4：函数的某点的变化率, 图象中斜率. S5：导数涉及变化率问题, 在求最值时能够轻易做到, 涉及图象问题也能运用导数.

第 2 题，S1：研究某个东西的变化情况．非常有必要．S2：当 Δx 取值越接近 0 时，$b = \dfrac{f(a+\Delta x)-f(a)}{\Delta x}$ 越接近此函数的斜率，有必要．S3：不知道它的思想．有必要．S6：为了确认一个函数的变化率，大致得知该函数的图象、极值等．有必要，因为跟物理一些内容也有关系．

第 3 题，S2：$(x^2)' = \lim\limits_{\Delta x \to 0} \dfrac{f(x+\Delta x)-f(x)}{\Delta x} = \lim\limits_{\Delta x \to 0} \dfrac{(x+\Delta x)^2 - x^2}{\Delta x} = \lim\limits_{\Delta x \to 0}(\Delta x + 2x) = 2x$．

第 4 题，S3：极值是一段函数图象中的最高点或最低点，最值是指函数图象中的最大值、最小值．S4：极值两边的变化趋势相反，而最值则是整个函数的最大值、最小值．S5：极值是横坐标的值，最值是纵坐标的值．

第 5 题，S1：用于求函数的单调区间，比较大小，求最值．S2：解决一些函数问题，可以大致画出某些复杂的图象，方便解题．S6：导数在物理方面可以求力做功、加速度等，还可以让我们了解一个陌生函数的大致图象特征．

第 6 题，S1：非常愿意，导数非常有趣．S5：不愿意．

第 7 题，S2：导数与数列结合的题，难以理解和把握．有的函数不知是否像 $y = \dfrac{1}{x}$ 一样，虽一直单调但却仍大于某一常数．S3：概念吧，就理解为斜率．S6：求导数为 0 时才是极值，而不是对应函数的最大值．导数的正负号代表函数的单调性，只有为 0 时才会有极值．

第 8 题，S1：要对导数的基本概念了解透彻，才能理解为什么运用导数．S3：让学生真正理解导数的概念和推导过程．大多数学生都是死记公式，所以运用的时候可能也不太到位．S4：将每个公式的推理过程列出，更容易理解原理．S6：尽可能让学生明白概念等基础性的东西，在此基础发展．

从回答可以看出，有的学生基本上将导数的概念等同于斜率了！这个是学生学习导数概念的最直接的切入点，但还是要区分两者的关系．对于导数的基本思想，学生的回答都是含糊不清的，这与平时的教学活动中"重计算，轻思想"有很大的关系．教学中应改变这种传统中只讲计算技巧而忽视了思想方法的渗透的做法，切实提高学生整体的思维能力，更有利于学生未来的发展．但认为高中很有必要学习导数竟是 6 个人，达到 100%，这真是出乎预料，原因是学生感觉到这个知识跟生活实际还是密切相关的．有用性成为学生学习导数的一个动力的来源．对于函数的应用价值，学生还是比较清楚的，能列举出不同的事例来说明，也初步感受到了它无穷的魅力．结果显示，有 4 位学生能正确推导公式 $(x^2)' = 2x$，但是推导过程中有一个学生并不把 $\lim\limits_{\Delta x \to 0}$ 与 $\dfrac{\Delta y}{\Delta x}$ 看作一个整体，而是分开当成两个符号相乘，此外另 2 位学生则不能推导．

学生能够理解极值是研究局部区域的，而最值是研究整个区域的，研究的范围不同．有趣的是，愿意继续学习导数的和不愿意的均为 50%，选择了愿意的三人均为男生,这与前面学生觉得导数有用的回答出现了不一致,可以理解学生对导数的学习感觉是"既爱又恨",可能很努力了但是效果不佳,由此产生了矛盾的心理.整个章节对不同的学生来说,存在不同的困惑.

3. 访谈教师的过程

笔者所调查的广州市某学校数学教师有高级教师 20 人,中级教师 12 人,二级教师 2 人. 教师访谈问题主要调查教师对导数知识的理解程度、导数内容教学的重难点和困惑,还有具体的教学建议,例如,如何帮助学生更好地理解导数的真正内涵(具体请查看本章附录 3). 按分类抽样从中抽取 11 位教师进行访谈,被抽到的教师平均教龄约为 19 年,最短的有 7 年,最长的为 32 年. 其中高级职称占比为 54.55%,中级职称占比为 36.36%,二级职称占比为 9.09%.

笔者对以上 11 位教师进行了访谈. 每一位教师访谈时间约为 10 分钟,访谈地点为教师办公室. 访谈时记录内容或进行录音,利用时间进行整理、分析,提出针对性的教学建议或策略.

访谈教师的结果分析如下.

(1)选择题分析

由表 6-4 统计可知,第 1 题认为有必要或很有必要在高中讲授导数的合计为 100%,第 2 题显示将近一半的教师认为微积分在教材不断进出的原因是加重了学生的负担. 从第 5 题可知,63.64%的教师认为,学生对导数内容的掌握程度一般. 可能是因为导数内容对学生来说既重要但是又难掌握好,从第 3 题得知 54.55%的教师仅给单独提问的学生讲授极限的相关知识,其实这也是无奈之举. 教师心中都明白一讲太多的极限知识,会让很多理解能力一般的同学雪上加霜,因此都不怎么愿意触及这块"禁地". 由于要面对压力山大的高考,担心没有过多的课时,第 6 题显示仅有约三分之一的教师给学生讲授微积分的文化史. 郑毓信认为,数学文化是一个开放的系统,应把数学看成是整个人类文化的一个子系统[9]. 我们一线数学教师作为数学文化的传承人,建议在课堂上适当讲授微积分的文化史,寻找解决升学压力与传播数学文化之间的平衡点.

表 6-4　访谈教师统计　　　　　　　　　　　　　(单位:%)

选项	A	B	C	D
第 1 题	72.73	27.27	0	0
第 2 题	18.18	45.45	27.27	9.09
第 3 题	18.18	27.27	54.55	0
第 4 题	18.18	0	81.82	0
第 5 题	9.09	18.18	63.64	9.09
第 6 题	36.36	63.64	0	0

第 4 题调查显示，对于 $0.\dot{9}=1$ 这个关系式，有 18.18% 的教师判定为错误，81.82% 的教师判定为正确．对于该关系式，有一个很简洁的证明方法，那就是 $\frac{1}{3}=0.\dot{3}$，然后同时在两边乘以 3，得到 $1=0.\dot{9}$，证毕．这说明教师自身也需提高有关极限的相关知识水平，因为有一桶水才能给学生一滴水，站在高处才能更好地指导学生．徐芳芳通过实证研究发现，教师的学校类别、导数知识、年龄、职称等对导数知识的教学有显著的影响，在数学竞赛辅导中学过导数及经常反思的教师表现知识储备好、解题能力强、教学能力优[10]．如果教师自己本身对知识理解未到位，教学中会显得力不从心．

（2）问答题分析

为了方便，以下将 T1 记为第 1 位教师，T2 记为第 2 位教师，以此类推！

问题 7 的回答，T1：重点是导数的概念和应用，难点就是理解导数的概念．我建议讲完导数概念后先学习导数的计算再来学习导数的几何意义，效果会更好．T3：降低难度，最好主要用作求极值、最值和单调性的手段即可，少涉及综合问题，争取减轻学生的负担．T5：适度增加一些导数在社会或科学中的应用案例，可以更加吸引学生学习导数的兴趣．T8：我认为导数的知识背景方面介绍得比较粗略，概念引入的两个例子比较贴近生活，可以引起学生浓厚的学习兴趣．T9：导数的情境引入要贴近生活，可结合物理、化学等学科举例说明．导数的概念淡化严谨的证明推导过程，重实验感知及归纳总结．

问题 8 的回答，T1：我认为存在问题是导数的极限思想及符号表示，主要体现在推导导数定义方面学生理解不到位，原因是对极限存在一定的理解缺失．还有学生听得懂，但是不会用．T3：教材中对导数的应用相对较多，并且学生容易上手，而导数概念的引入、极限的思想理解却有着较大的问题．还有为什么 $(\sin x)'=\cos x$，$(\ln x)'=\frac{1}{x}$ 等，学生存在着较大的困惑！T4：存在问题是求切线时，若所过点不是切点，分类讨论时不全面．T9：第一，对导数的定义理解有一定困难；第二，导数的几何意义理解不好．T11：学生对于导数的概念的理解不是很到位，特别是对于极限的理解，可能需要补充这方面的知识．

对于以上两个问题，笔者经过归纳和整理后认为，教师对此一般有三个基本观点．第一，导数的教学存在很多的问题，受到了广泛的关注，尤其是对概念本身的理解；第二，没有极限知识铺垫的导数概念的教学存在天然的困难；第三，导数的应用需结合生活实际，否则学了导数也体现不出它的作用．经过深思后，笔者提出了如下的建议．

首先，导数概念是微积分的核心概念．对于这么重要的概念，概念的引入部分需要大量丰富的例子作为铺垫，老师可以借助一些教学辅助工具促进理解，例如使用几何画板演示动态过程、播放运动的视频、展示股票的变化曲线等．从 SOLO 层次看，学生思维从单点结构向多点结构发展，再向关联结构发展，这些都需要教师提供合适的帮助，调整讲解的水平. 根据苏联的维果茨基提出的"最近发展区理论"，我们必须考虑学生理解导数概念的知识基础，设置一些铺垫的问题，让学生跳起来就有可能摘到果子. 美国微积分教学改革奉行"四原则"，即将微积分概念的四个侧面：图象、数值、符号和语言同时展现给学生，我国的教材则比较强调严谨性[11]. 通过多方面的刺激，学生的体验更深刻更到位，这非常有利于概念的内化. 但是不管如何，教师不要照本宣科，演奏独角戏，需更注重学生自身的思考，否则效果大打折扣.

其次，注重本质，适度形式化. 导数的本质就是变化率，这种规律广泛存在于自然界中，让学生理解变化率是教学的重中之重. 适度形式化是新课程标准提出的一个理念，对我们导数的教学尤其有启发. 其实极限理论也不是什么"洪水猛兽"，我们可以采用分类教学，学生理解能力好的班级可以适当补充极限的相关知识；理解能力低下的班级则不公开讲授，只要他们能直观感知即可，但针对那些成绩优秀的、有兴趣的学生可以适当补充. 但如果大量补充极限知识，却会本末倒置，阻碍了学生对导数本质的理解，得不偿失.

最后，注重导数的实际应用. 学生需掌握利用导数求函数的最值，画图象，讨论方程的根，证明不等式，还有解决生活中的优化问题，另外理科生还要求掌握使用定积分求简单的不规则图形的面积，求变力做功等. 导数的实际应用会加深学生的理解，实现概念理解的螺旋上升，让学生体会到数学的应用价值与和谐统一的美.

第三节　运用 SOLO 分类理论指导高二"导数及其应用"教学实践

1. 实验方案设计

(1) 实验目的

运用 SOLO 分类理论，指导实验班进行"导数及其应用"教学实践. 实验班运用 SOLO 分类理论进行教学设计、课堂教学、作业评价等教学活动，使教学更加符合学生的思维层次. 对比实验班和参考班的教学质量，进行显著性差异 t 检验，以验证 SOLO 分类理论指导下的导数教学是否切实提高了学生的思维水平，提高了教学质量.

(2) 实验假设

假设运用 SOLO 分类理论指导"导数及其应用"的教学，可以增进学生的理解能力，促进学生数学思维的发展，提高学生的学习成绩和教学效果.

(3) 实验对象

笔者将所任教的高二(5)，(6) 班设为实验班级，选取高二(9)，(10) 班为对照班级. 学生升入高二后重新分班，这四个班都是理科平行班，每个班人数均为 61，男女比例相同，学生的数学基础也很接近.

(4)自变量

自变量是 SOLO 分类理论指导下的"导数及其应用"的教学策略.

(5)因变量

实验班学生的学业成绩.

(6)无关变量的控制

1)笔者教龄 10 年,对照班教师教龄 12 年,两个班的教师教龄相差不大,且职称均为中学一级教师,可以说阅历很相近,教学经验也相当,两位教师均使用相同的教材和练习册,方便进行比较.

2)为了避免实验的"皮格马利翁效应"的干扰,笔者并没有对实验班的同学事先透露风声!

3)前测和后测题目均是统考题,实验班和对照班均使用相同的试卷.

(7)实验的前后测试

笔者学校在高二文理分科后,进行了第一次期中考试,本实验此次成绩作为前测成绩;在学完导数章节后,本校进行了单元测试,将该成绩作为后测成绩.

(8)数据处理

实验数据使用 SPSS 12.0 软件进行分析,进行独立样本的 t 检验. 当 sig < 0.05 时,认为实验班与对照班成绩有显著差异,否则差异不显著.

2. 运用 SOLO 分类理论指导教学设计

SOLO 层次一个独特的地方就是具有"绝对"分数的意义,在不同学科或不同年级的学生评价中通用性都是一样的,是等效的. 通过对学生的回答分析就可以知道他对某些概念和知识掌握的情况如何,也决定了这些内容是否需重新讲授. 当有 80%的学生对某知识的理解达到了关联结构水平或以上时,将进行下一阶段的教学. 关联结构水平意味着学生理解了基本概念、基本方法及其相互关系. 如果未达标,教师则需寻找重复循环,放慢教学进度,有针对性地进行知识回顾、讲练结合、方法点拨,直到教学目标达成,才进入下一阶段的教学.

(1)利用 SOLO 分类理论分析教学任务

我国《普通高中数学试验标准(试验稿)》于 2003 年颁布,它指出:"学生将通过大量实例,经历由平均变化率到瞬时变化率刻画现实问题的过程,理解导数概念,了解导数在研究函数的单调性、极值等性质中的作用,初步了解定积分的概念,为以后进一步学习微积分打下基础[12]." 理科数学中,"导数及其应用"教学时间约为 24 课时.

好的设计是课堂教学成功的一半. 何小亚、姚静认为，数学教学设计最基本、最重要的理念是提高教学效率. 教学效率的高低主要体现在：是否激发了学生学习的动机，尤其是内在动机；是否促进了学生的学习；是否落实了教学目标要求[13]. 例如，在"导数的概念"这一节的教学中，课标要求"形成导数概念，了解导数的内涵". 因此，借助高台跳水这个学生熟悉的背景，回忆和联系物理中瞬时速度的含义，并借助生活中的其他具体的事例，例如，国民经济的 GDP 增长率，股票价格的瞬时变化曲线等，逐步认识到导数实际上就是瞬时变化率. 在这里，对于导数的背景应该就是达到单点结构水平，对于瞬时变化率这个涉及不同事物的概念要达到多点结构水平，而导数的本质和内涵则要达到关联结构水平.

(2)确定学生的学习任务

根据 SOLO 分类理论，结合课程目标，确定了"导数及其应用"这一章节的具体的学习任务，如表 6-5 所示.

表 6-5　"导数及其应用"的学习任务

SOLO 思维层次	教学目标	学习任务
单点结构水平	了解导数概念的实际背景	结合气球膨胀率、高台跳水等生活实例了解
	了解定积分的背景	从问题情境中体验
	体会微积分的意义和价值	收集有关微积分创立的时代背景和有关文物的资料
多点结构水平	知道瞬时变化率就是导数	结合实例分析
	了解函数的单调性与导数的关系	借助几何直观探索导数和单调性的关系
	了解函数取得极值的必要条件和充分条件	借助函数的图象探索函数在某点去取得极值的必要条件和充分条件
	初步了解定积分的概念	求解曲边梯形的面积、变力做功等问题
关联结构水平	体会导数的思想及其内涵	通过计算，体验逼近的数学思想方法
	理解导数的几何意义	亲自动手操作，作图分析
	能求简单初等函数和复合函数导数	动手推导一些函数的导数，记住求导公式和运算法则
	能利用导数研究函数的单调性	解决教材的例题和教师提供的训练题
	会求函数极值和给定闭区间上的函数最值	解决教材的例题和教师提供的训练题
	体会导数在解决实际问题中的作用	求解利润最大、用料最省、效率最高等优化问题

(3)设计课堂教学顺序

在例题的选取和知识背景素材的安排上，需按照 SOLO 的五个层次进行，明确每一个步骤的教学目标和思维层次，同时结合班级的学生情况和教师的个人独特教学风格. 当学生理解和掌握了 SOLO 低层次的知识和方法后，才具备向更高一层发展的基础. 例如，首先要理解瞬时速度才能理解瞬时变化率，从而具有了理解导数的概念的思维能力. 具体教学中，可按"创设教学情境—分析事例—归纳共同特征—用数学符合表征—形成概念"的顺序进行.

(4)选择恰当的教学方法

我们需要针对不同的教学内容进行"因材施教". 概念课注重学生从大量的实例中归纳出共同的特征，并用数学语言和符号表示出来，形成高度抽象的概念. 习题课则要求学以致用，熟练应用知识，加以巩固和提高，实现知识的迁移. 讲评课则需要针对性地分析原因，绕开思维定式，避免再次犯同样的错误. 具体的教学方法上，可有讨论法、讲授法、启发法等. 让学生有更多和更深的体验，当量变达到一定的程度时，就会发生质变，从一个 SOLO 层次进入到更高级别的 SOLO 层次中去.

3. 运用 SOLO 分类理论指导课堂教学

从前面的问卷调查可知，高三学生对导数的知识掌握的情况并不理想，因此对高二的学生来说，课堂教学就显得尤为重要了. 我们要充分调动学生自主学习的积极性，让学生体验数学发现和创造的历程，发展他们的创新意识，培养学生自主探究学习的能力，使得学生的理解少走很多弯路，可以集中精力突破难点. 下面具体阐述如何使用 SOLO 分类理论指导教学，这样不仅能使得教师清晰了解学生所处的 SOLO 思维层次，而且能根据课堂的教学情况，适当调整教学进度和难度.

(1)尊重原有知识，构建理解平台

SOLO 分类理论指出我们需关注学生原有的知识结构，从具体到抽象，都是学生能理解的生活例子，勾勒出来的生活经验都是能够转化为数学符号的. 以导数的概念教学为例，本节课之前学生刚刚学完了平均变化率，所以本节课重点是通过例子分析，经历由平均变化率到瞬时变化率的过程，慢慢体会导数的思想和内涵. 难点是导数概念的理解. 鉴于课本的高台跳水的例子数据很难计算，学生需要计算器才能真正运算，并且课本已经给出了答案，学生一般懒于动笔，笔者编制了一道容易计算的题目，方便学生的具体操作，同时制作了几何画板动画课件，演示质点运动的过程.

例 1　一质点做直线运动，位移 s 与时间 t 的关系是 $s = t^2$，求该物体在 $t = 5$ 时刻的瞬时速度.

我们先考察 $t = 5$ 附近的情况. 假设 Δt 为时间的改变量，当 $\Delta t > 0$ 时，时间区间为 $[2, 2 + \Delta t]$；当 $\Delta t < 0$ 时，时间区间为 $[2 + \Delta t, 2]$. 由此得到表 6-6.

表 6-6　解答过程

当 $\Delta t < 0$ 时，在时间段 $[2 + \Delta t, 2]$ 内	当 $\Delta t > 0$ 时，在时间段 $[2, 2 + \Delta t]$ 内
$\overline{v} = \dfrac{s(5) - s(5 + \Delta t)}{5 - (5 + \Delta t)} = \dfrac{5^2 - (5 + \Delta t)^2}{-\Delta t}$ $= 10 + \Delta t$	$\overline{v} = \dfrac{s(5 + \Delta t) - s(5)}{(5 + \Delta t) - 5} = \dfrac{(5 + \Delta t)^2 - 5^2}{\Delta t}$ $= 10 + \Delta t$
当 $\Delta t = -0.1$ 时，$\overline{v} = 9.9$	当 $\Delta t = 0.1$ 时，$\overline{v} = 10.1$
当 $\Delta t = -0.01$ 时，$\overline{v} = 9.99$	当 $\Delta t = 0.01$ 时，$\overline{v} = 10.01$
当 $\Delta t = -0.001$ 时，$\overline{v} = 9.999$	当 $\Delta t = 0.001$ 时，$\overline{v} = 10.001$
……	……

　　根据"最近发展区"原则,例题不要太难或太容易,否则会让学生丧失探究的欲望.这样设计,学生基本都能进行笔算,甚至可以口算解决.经过实际操作,学生的感受更深了.按照美国杜宾斯基等创立的数学概念学习的 APOS 理论,概念的构建过程有四个阶段,经历"动手操作""过程阶段""对象阶段""图式阶段".在完成前面三个阶段后,学生在脑海中由平均变化率中的 $\Delta t \to 0$ 时逐步抽象出瞬时变化率这个概念.争议的焦点是究竟需不需要利用极限的理论来定义导数?在这里,新课程标准给出了建议,只需要直观感知即可,在严谨性上要求不高.这样做的目的是让学生把更多精力投入到对导数的本质理解上.

　　例2　已知某商品每天的销量为 x 件,销售利润为 $C(x)$ 元,满足函数关系式 $C(x) = -0.1x^2 + 10x - 160$.若每天的销量由 40 件上升到 50 件,那么利润的平均增加是多少?

　　在该题中,使用 $\dfrac{C(x_2) - C(x_1)}{x_2 - x_1} = \dfrac{C(50) - C(40)}{50 - 40} = 1$,即是说若每天的销量由 40 件上升到 50 件,那么利润的平均增加是 1 元.但是其实销量在 40 件的基础上每增加一件,利润的平均增加是不同的.例如,$\dfrac{C(41) - C(40)}{41 - 40} = 1.9$,$\dfrac{C(42) - C(40)}{42 - 40} = 1.8$,$\dfrac{C(43) - C(40)}{43 - 40} = 1.7$.

　　一般地,我们有 $\dfrac{C(40 + \Delta x) - C(40)}{(40 + \Delta x) - 40} = \dfrac{C(40 + \Delta x) - C(40)}{\Delta x} = 2 - 0.1(\Delta x)$,当 Δx 趋向于 0 时,上式趋向于 2.这个 2 就是当销量为 40 件时利润的瞬时变化率,在经济学中称为当销量为 40 件时的边际利润.

　　以上仅仅是其中的两个事例,我们可以举出更多的贴近生活的例子,例如,股市曲线的变化图象,校运会上某同学参加 100 米比赛的速度变化,自己呼吸时肚皮的扩张与收缩,窗外的树木不断长高的变化,来充分调动学生的积极性.然后引导学生进行归纳,接着一般化推广,水到渠成地得到以下的概念:函数 $f(x)$ 在 $x = x_0$ 处的瞬时变化率为 $\lim\limits_{\Delta x \to 0} \dfrac{\Delta y}{\Delta x} = \lim\limits_{\Delta x \to 0} \dfrac{f(x_0 + \Delta x) - f(x_0)}{\Delta x}$,我们称之为函数 $f(x)$ 在 $x = x_0$ 处的导数,记作 $f'(x_0)$ 或 $y'|x = x_0$.

　　荷兰数学家和教育学家弗赖登塔尔认为:"要改进中学微积分教学只有一个办法,那就是尽量把它和现实联系起来.如果抽象的内容不联系实际,在学生眼中,它只能是一堆散乱而毫无价值的东西."[14]我们要争取提供更多的材料让学生感受到导数无处不在,在每一个情境中都有着具体的内涵.当丰富的素材被学生联系起来,从中总结归纳出一个具体的、通用的形式时,学生将从多点结构水平跳到关联结构水平,初步在脑海中形成导数的概念.

(2)巧用信息技术，促进认知发展

现代科技发展日新月异，计算机多媒体技术在我国迅速普及和发展，为高中的微积分教学带了极大的方便．教学中可借助几何画板、Flash 等软件制作动态演示课件，例如，播放高台跳水的比赛场面，播放汽车刹车视频，既形象又趣味，能激发学生探究的欲望，有利于帮助学生形成表象，对问题进行分类次、多角度、全方位的探究，逐步抽象出基本概念，实现思维从单点结构向多点结构或关联结构迈进，为形成学科思维能力奠定基础．

恰当地使用信息技术，能够很好地帮助学生突破理解的"门槛"．例如在讲授导数的几何意义中，动态演示 A 点向 B 点靠近的过程，可尝试不断放大图象，并适当停顿，设计有针对性、启发强的问题给学生探讨，同时给一些缺乏想象能力的学生缓冲的时间，在这个动态变化的过程中，学生能慢慢体会逼近的思想，逐步感受到切线其实就是割线变化到极限的情况，初步形成了对无限的直观理解．这样可能比传统教学的效果会更好．例如，在求 $\int_{-5}^{0}\left[\sqrt{25-x^2}-(x+5)\right]\mathrm{d}x$ 的值时，部分学生找不到思路，教师可借助几何画板画出图象，帮助有困难的学生寻找思路．信息技术的普及，给微积分的教学带来了福音，极大地促进了认知的发展．

(3)经历知识形成，强调应用意识

导数知识本身是产生于社会生产中，经过几百年不断的锤炼，才逐步发展成为一个丰富多彩的工具．要让学生经历知识产生、发展、提炼的过程，促进学生的思维由多点结构水平向关联结构水平发展．例如，导数的概念就是在历史发展的过程中逐步完善，才达到完美的境界．定积分的计算和应用，也经历了时间的沉淀，才变得如此芬芳．例如，极值与最值这两个概念有何异同？要让学生体验到极值是刻画函数的一个局部性质，而最值是刻画整个函数的性质，否则学生容易混淆．另外，求极值的时候部分学生容易犯错误，总认为令 $f'(x)=0$ 就可以求出极值点了，教学中可"浪费"时间让学生去寻找出一些反例，并画出大致的图象．例如，$f(x)=x^3$ 在 $x=0$ 处符合 $f'(x)=0$，但是 $f(x)$ 在 **R** 上却是单调递增的，不存在极值．这种"浪费"恰恰是为以后少犯错误提供了有力的保障，实际上节约了时间成本，是很值得的．SOLO 分类理论认为，量变才能引起学生的思维向更高的层次质变，没有这些反例作为支撑，很多学生从心底里是不接受这个知识的．

同时，更需要培养学生的数学应用意识，数学来源于生活，更应该结合实际来理解．数学与物理、化学等很多学科联系紧密，相互渗透，导数就是实现联系的一条重要纽带．例如，圆柱形饮料瓶的体积为 600 毫升时，应该如何设计，才能使得所用材料最省？通过这些，让学生切身体会到数学的有用性，激发其浓厚的学习动机，树立起学以致用的良好应用意识．

(4)注重深层学习，争取融会贯通

SOLO 分类理论告诉我们，教师应该关注学生学到知识的质量而不仅是数量，低层次的重复效果并不理想，教师应引导学生思考和探究问题，逐步深入到达问题的本质，多角度的思考问题，判断是否需要重新讲授，才能让学生掌握得更透彻.

例 3　已知函数 $f(x) = (ax^2 + bx + c)e^x$ 在区间 $[0,1]$ 上单调递减且满足 $f(0) = 1$，$f(1) = 0$，求 a 的取值范围.

设计意图：已知函数的单调性，求参数 a 的取值范围，一般采取图象法或变量分离. 此题可尝试让学生比较两种解题方法. 本题也可以采取变量分离的方法，即转化为不等式 $a(x^2 + x - 1) < x$ 在 $x \in [0,1]$ 上恒成立，但是变量分离时需要对 $x^2 + x - 1$ 的正负号分类讨论，然后进行求导或转化为基本不等式类型.

情况分析：课堂巡视后发现，整个班仅几个学生能完成，可知对学生来说难度很大，基本上只能达到多点结构水平，即求导后不知道如何处理 $f'(x) = [ax^2 + (a-1)x - a]e^x$. 第一次接触这种题目需要要求学生认真分析题目的条件，转化后分类讨论. 分类讨论对学生来说，是很难跨越的一个屏障，需要教师具体的示范，带着学生一步步地尝试着走下去. 教学时先让学生有充足的时间进行思考和讨论交流，然后教师再点拨分类的标准，并且还需要在日后的教学中不断地训练，循环往复，螺旋上升，才能让大部分学生达到关联结构水平.

例 4：已知函数 $f(x) = (2-a)x - 2(1 + \ln x) + a$，若 $f(x)$ 在区间 $\left(0, \dfrac{1}{2}\right)$ 上无零点，求 a 的最小值.

解法一(变量分离)：令 $(2-a)x - 2(1 + \ln x) + a = 0$，则 $a = \dfrac{2\ln x - 2x + 2}{1 - x}$，原题等价于 $a = \dfrac{2\ln x - 2x + 2}{1 - x}$ 在区间 $\left(0, \dfrac{1}{2}\right)$ 无零点，即先求该函数的值域，然后取补集得出 a 的范围，所以 a 的最小值为 $4\ln 2 - 2$.

解法二(图象法)：函数变形为 $f(x) = (2-a)(x-1) - 2\ln x (x > 0)$，令

$$m(x) = (2-a)(x-1), \quad h(x) = 2\ln x,$$

然后结合函数图象来求解.

解法三(直接法)：由已知，得 $f'(x) = (2-a) - \dfrac{2}{x} = \dfrac{(2-a)x - 2}{x}$，然后对 $a \geq 2$ 和 $a < 2$ 进行分类讨论.

要留给学生思考的空间，同时鼓励学生展示自己的真实想法，教师要通过敏锐的双眼判断学生达到了哪个层次，解法一比较符合学生的思维习惯，解法二对作图能力要求高，解法三比较烦琐，运算能力要求高. 教师没必要要求学生在课堂上一下子都能掌握，不妨让学生带着一些疑问离开课堂，这样他们在课后会继续思考和探索，保

持了浓厚的兴趣. 李佳、吴维宁认为, SOLO 分类理论就向人们展示了一种新的学习质量观, 高质量的学习就是采取深层次学习方式的学习[15]. 以前的教学总是期望达到很完美的效果, 总希望让学生不留问题地离开课堂, 这样容易扼杀学生自己的思考空间. 新课程改革不就提倡重视过程性评价吗? 就算下课铃响了, 学生思维仍不断.

(5)灵活运用变式, 提升思维能力

变式教学对促进学生思维能力的发展有极大的好处. 我们强调"以不变应万变", 在教学中就应让学生拓宽视野, 先体会"变"的过程, 仔细观察题目条件的细微差别, 练就一双"火眼金睛", 然后思考采取何种对策, 才能把握住不变的数学思想与方法, 实现思维能力的跨越. SOLO 分类理论认为, 从关联结构水平向抽象扩展结构水平跨越是最困难的, 需要一个漫长的过程, 而变式教学能立下大功.

例 5 已知函数 $f(x) = x^3 - mx - 1$, 请你讨论 $f(x)$ 的单调性.

变式一: 若 $f(x)$ 在 **R** 上为单调增函数, 求实数 m 的取值范围.

变式二: 若 $f(x)$ 在区间 $(1, +\infty)$ 内为增函数, 求实数 m 的取值范围.

解: 求导得到 $f'(x) = 3x^2 - m$, 当 $m \leqslant 0$ 时, $f'(x) \geqslant 0$, 则 $f(x)$ 在 **R** 上单调递增; 当 $m > 0$ 时, 令 $f'(x) \geqslant 0$, 解到 $x < -\dfrac{\sqrt{3m}}{3}$ 或 $x > \dfrac{\sqrt{3m}}{3}$, 故增区间为 $\left(-\infty, -\dfrac{\sqrt{3m}}{3}\right)$, $\left(\dfrac{\sqrt{3m}}{3}, +\infty\right)$, 减区间为 $\left(-\dfrac{\sqrt{3m}}{3}, +\dfrac{\sqrt{3m}}{3}\right)$.

变式一解答: 由已知, 得 $f'(x) = 3x^2 - m \geqslant 0$ 在 **R** 上恒成立, 故 $\Delta = -4 \times 3(-m) \leqslant 0$ 成立, 所以 $m \leqslant 0$.

变式二解答: 由已知, 得 $f'(x) = 3x^2 - m \geqslant 0$ 在 $(1, +\infty)$ 上恒成立, 故 $m \leqslant 3x^2$ 在 $(1, +\infty)$ 恒成立, 即 $m \leqslant 3$.

分析: 应用导数求函数的单调区间时, 需对参数 m 进行分类讨论. 两个变式均把单调性问题转化为恒成立问题对待, 要注意求参数 m 范围时能否取等号. 部分学生并没有对 m 分类, 默认 m 是正数了. 该题变式一直接利用判别式 $\Delta \leqslant 0$ 即可解决, 但有些学生竟认为两个变式答案相同.

例 6 $y = f(x)$ 是定义域为 **R** 的偶函数, 当 $x \leqslant 0$ 时, 恒有 $f(x) + xf'(x) < 0$, 设 $g(x) = xf(x)$, 满足 $g(2x-1) < g(3)$ 的实数 x 的取值范围是(   ).

A. $(-1, 2)$ B. $(2, +\infty)$ C. $(-\infty, 2)$ D. $(-\infty, -2) \bigcup (2, +\infty)$

变式一: $f(x)$ 是定义在 $(0, +\infty)$ 上的非负可导函数, 且满足 $xf'(x) - f(x) \leqslant 0$, 对任意正数 a, b, 若 $a < b$, 则必有(   ).

A. $\dfrac{f(a)}{a} \leqslant \dfrac{f(b)}{b}$ B. $\dfrac{f(a)}{a} \geqslant \dfrac{f(b)}{b}$ C. $af(a) \leqslant f(b)$ D. $bf(b) \leqslant f(a)$

变式二: 已知函数 $y = f(x)$, $x \in \mathbf{R}$, 其导函数为 $f'(x)$, 满足 $f(x) - f'(x) > 0$, 且

$f(0)=1$，则不等式 $f(x)<e^x$ 的解集为（　　）.

　　A. $(0,+\infty)$　　　　B. $(-\infty,0)$　　　　C. $(2,+\infty)$　　　　D. $(-\infty,2)$

　　分析：对函数 $g(x)=xf(x)$ 求导，即得 $f(x)+xf'(x)<0$，可知 $g(x)$ 在 $(-\infty,0]$ 上单调递减，由 $f(x)$ 为偶函数知 $g(x)$ 为奇函数，故 $g(x)$ 在 $\mathbf{R}$ 上单调递减，由 $2x-1>3$ 解出答案为 B. 解题关键是将 $f(x)+xf'(x)<0$ 对应的函数构造出来. 变式一的关键信息是 $xf'(x)-f(x)\leqslant 0$，可构造函数 $\dfrac{f(x)}{x}$. 变式二的信息是 $f(x)-f'(x)>0$，可构造函数 $\dfrac{f(x)}{e^x}$.

　　通过变式教学，学生开拓了广阔的思维，体会了数学的无穷魅力，现学现用所学知识和方法. 整个理解的过程是螺旋上升的，很符合人类的认知规律，这对提升学生的思维层次很有大裨益. 事实证明，变式让学生从不同的角度加深了对知识和方法的理解，有效促进了思维能力层次的提升.

4. 运用 SOLO 分类理论指导作业批改

　　作业批改是课堂教学的一种延续. 如果作业批改改革滞后于课堂教学改革，教学改革的效益就会受到影响. 美国沃尔弗德和安迪生曾提到，研究表明，等级评分的过程确实显著地影响着学生的学习，建议确定适合等级评价的作业需选择那些能够表现出你想要考查的知识的题[16]. 所以充分利用作业，对课堂教学进行有效的调控，了解知识掌握的程度，对学生思维能力进行有针对性的拓展和提升.

　　作业　已知函数 $f(x)=x^2e^{-ax}(a>0)$，求函数 $f(x)$ 在区间 $[1,2]$ 的最大值.

　　设计意图：考察求导公式、闭区间求最值的知识及分类讨论的数学思想.

　　1）获得 C 的同学的解答过程（图 6-7）：

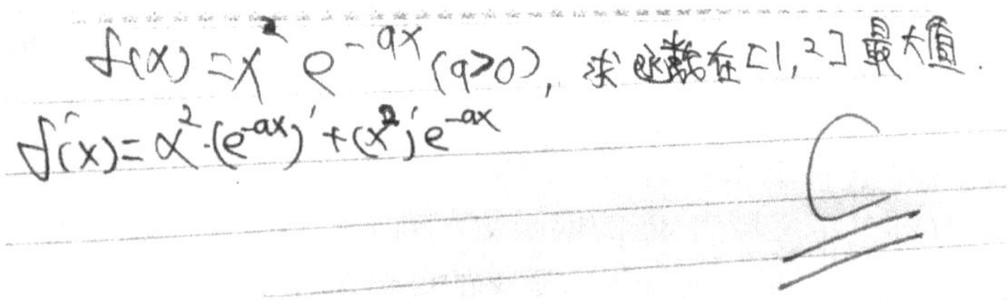

图 6-7

　　答题表现：仅知道要求导或空白，求导的结果也是错误的. 该类学生仅为个别，基础很差，理解能力低下，无法掌握复合函数的求导. 作业获得 C. SOLO 层次：前结构水平.

2) 获得 C^+ 的同学的解答过程(图 6-8)：

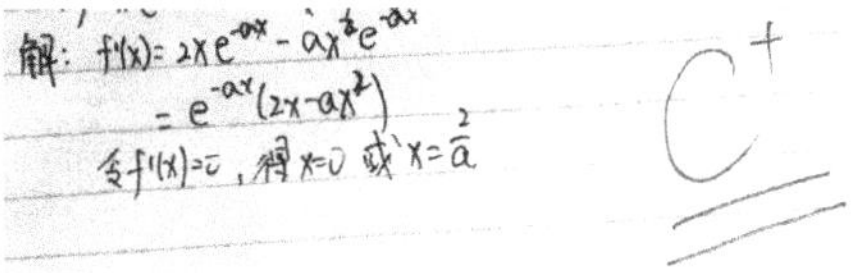

图 6-8

答题表现：求导正确，并且能由 $f'(x)=0$ 求得 x 的两个值．作业获得 C^+．SOLO 层次：单点结构水平．

3) 获得 B 的同学的解答过程(图 6-9)：

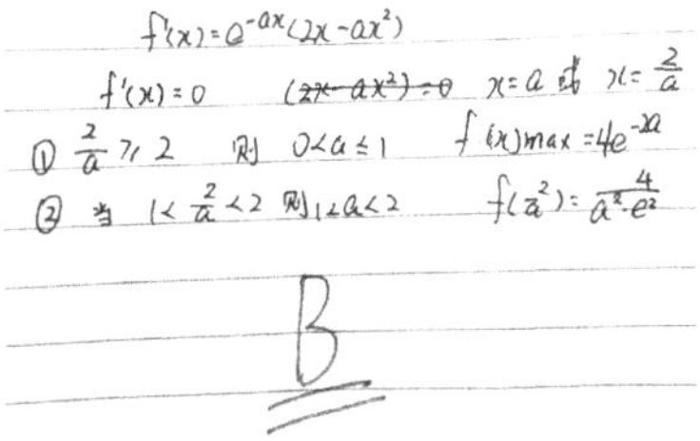

图 6-9

答题表现：求导正确，但是分类不完整，书写过于简单．作业获得 B．SOLO 层次：多点结构水平．

4) 获得 B^+ 的同学的解答过程(图 6-10)：

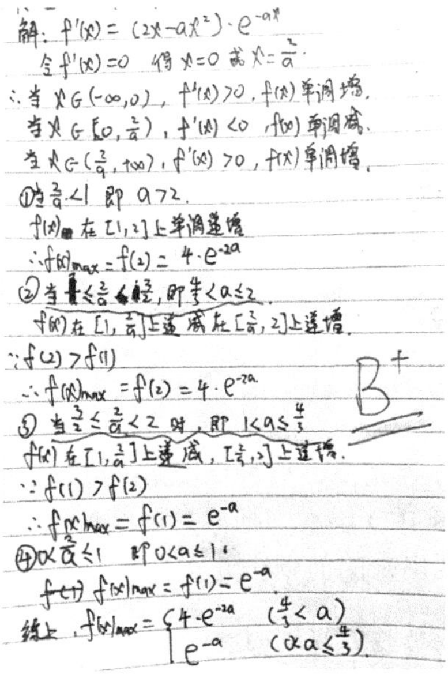

图 6-10

答题表现：求导正确，分类中部分解答正确，但也有部分解答混乱．作业获得 B^+．SOLO 层次：多点结构水平．

5）获得 A 的同学的解答过程（图 6-11）：

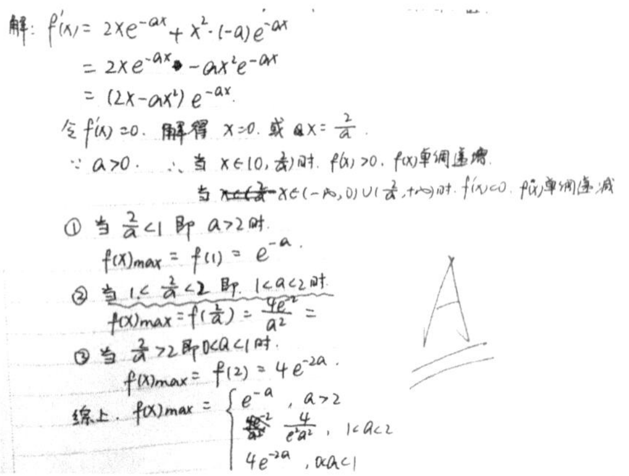

图 6-11

答题表现：求导正确，分类方法正确，但是忘记取等号了，细节存在一些问题．作业获得 A．SOLO 层次：关联结构水平．

6）获得 A^+ 的同学的解答过程（图 6-12）：

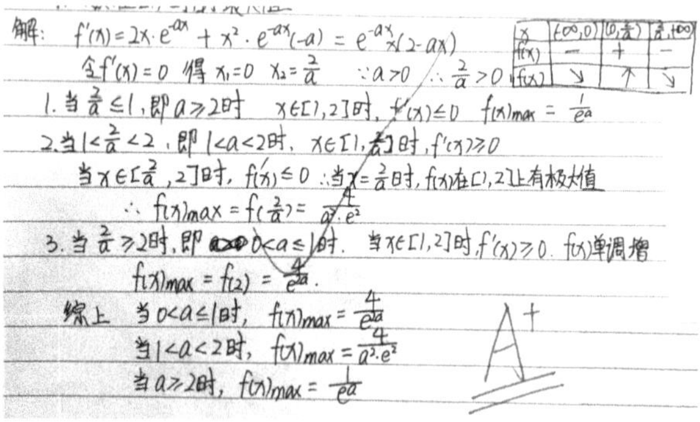

图 6-12

答题表现：会求导，分类完整，每种情况解答正确，并进行"综上所述"，答题非常规范．作业获得 A^+．SOLO 层次：抽象扩展结构水平．

笔者很关注作业中体现出来的问题，并实行差异化指导，争取每天至少给 5 位以上同学面批面改．发现大部分同学对该函数求导比较好，也知道要判断 $\dfrac{2}{a}$ 是否落在区间 $[1,2]$，但是容易出现分类不全或解答不规范的现象，真正能达到抽象扩展结构水平的不多. 所以要注重学生的全面发展, 充分调动学生的积极性, 实现师生活动紧密结合. 讲评时主要是分析 $\dfrac{2}{a}$ 落在区间 [1,2] 的左、里、右, 实现障碍的跨越! 波利亚认为, 学生应当获得尽可能多的独立工作的经验, 教师应当帮助学生, 但不能太多, 也不能太少[17]. 对于这种共性的问题, 需要统一在课堂上点评. 于是, 教师在下一次作业中, 出了一道类似的题目巩固效果, 回炉作业, 学生此时完成得不错!

5. 实验结果分析

笔者将高二第一学期期中考试成绩作为前测成绩. 在导数章节的教学中, 实验班使用 SOLO 分类理论指导教学实践, 对照班使用传统的方法教学, 进行将近两个月的教学实践, 试验班和对照班进行了导数章节的单元测试, 统一进行阅卷, 并且统计了答题情况, 考试成绩作为后测成绩. 为了检验实验的效果, 我将实验前测、后测的成绩使用 SPSS 12.0 软件进行了平均分的差异显著性检验(即 t 检验), 并将置信区间设置为 95%.

(1) 前测成绩的数据分析(表 6-7)

表 6-7　前测成绩的独立性 t 检验

	班别	N	均值	标准差	均值的标准误
前测成绩	高二(5), (6)班	122	102.59	17.254	1.562
	高二(9), (10)班	122	103.16	16.494	1.493

独立样本检验

		方差方程的 Levene 检验		均值方程的 t 检验				
		F	Sig.	t	df	Sig.(双侧)	均值差值	标准误差值
成绩	假设方差相等	0.005	0.944	−0.262	242	0.794	−0.566	2.161
成绩	假设方差不相等			−0.262	241.511	0.794	−0.566	2.161

从表 6-7 我们可以得知, 实验班和对照班平均分分别为 102.59 和 103.16, 而 sig = 0.794 > 0.05, 成绩没有显著性的差异.

(2) 后测成绩的数据分析(表 6-8)

表 6-8　后测成绩的独立性 t 检验

	班别	N	均值	标准差	均值的标准误
后测成绩	高二(5), (6)班	122	107.66	21.342	1.932
	高二(9), (10)班	122	102.23	20.093	1.819

独立样本检验

		方差方程的 Levene 检验		均值方程的 t 检验				
		F	Sig.	t	df	Sig.(双侧)	均值差值	标准误差值
成绩	假设方差相等	0.074	0.786	2.045	242	0.042	5.426	2.654
成绩	假设方差不相等			2.045	241.126	0.042	5.426	2.654

(3)数据分析的结果

从表 6-8 我们可以得出这样的结论,使用 SOLO 分类理论指导导数的教学,确实能够提高学生学习的成绩. 实验班和对照班平均分分别为 107.66 和 102.23,而 sig = 0.042 < 0.05,两者有着显著性的差异! 使用 SOLO 分类理论指导教学设计时,要对学生所学的知识基础有清晰的了解. 这样才能更好地进行教学,更符合学生的思维能力发展! 教学实施中要尽量减少各种因素的影响,例如实验班与对照班教学进度尽量保持一致,教学后测使用相同的测试试卷,避开实验班和对照班的教师让其他教师出题. 经过实证研究发现,使用 SOLO 分类理论指导“导数及其应用”教学实践结束后,实验班学生的学业成绩与对照班相比有显著性的提高,说明该理论确实有效地提高了学生的理解水平.

第四节　研究的结论、教学建议和反思

新课程改革不断地深入推进,给高中导数内容的教学带来了新的生机. 本章使用 SOLO 分类理论对 331 位高三学生的测试卷进行了详细的分析,访谈了 6 位高三学生和 11 位数学教师,并在“导数及其应用”的高二教学中使用 SOLO 分类理论进行了初步的探索,获得了一些真实有效的实验数据和具体的结论,希望为当下的教学工作提供一些新的视角.

1. 研究的结论

第一,本章根据 SOLO 分类理论,编制了有关“导数及其应用”章节的测试卷,并合理制定了导数理解水平的参考 SOLO 等级. 调查结果显示,高三学生对“导数及其应用”章节理解的 SOLO 层次总体偏低,情况不容乐观. 首先,学生对导数知识形成的背景比较陌生,能理解平均变化率,但是对瞬时变化率的理解和拓展不到位. 其次,在导数的意义方面,高三学生对导数物理意义的解析含糊,对几何意义即切线的概念理解存在偏差,甚至产生了不少错误;至于形式化意义的理解更是极其低下. 再次,高三学生对导数运算掌握比较好,求单调区间的情况也很理想,这与平时教师狠抓计算是分不开的．最后，在导数应用方面，一直以来都是学生的短板，很多学生不会根据关系列出函数，部分学生建立起函数后，也不知如何求解，或使用导数求解缺乏规范性，这体现了学生的应用能力的缺乏．调查发现，理科学生对导数知识的理解稍好于文科学生．

　　从以上的调查结果分析，高三学生对"导数及其应用"章节知识整体理解能力不够理想，需要寻求更有效的教学途径，提高学生的理解水平．概念的教学，最好是结合丰富的实例引入，适度形式化．导数的概念是近代数学概念中浓缩的一部分精华，是经过了千锤百炼的人类智慧的一个体现.它的产生和完善其实就一直围绕生活实际，因此，概念的理解需要一个漫长的、螺旋上升的过程．通过生活实例，可以进一步理解该概念的来龙去脉，从而加深理解．

　　第二，抽样访谈 6 位高三学生和 11 位教师，寻找导数知识理解中的偏差和解决问题的思路和方法．访谈高三学生得知，其实学生深知"导数及其应用"章节知识的重要性，也很希望将它理解深刻、掌握更透彻，但情况并不如人愿，对平均变化率、极值等理解的角度存在一定的偏差，对基本符号感觉混乱，有学生其至并不把 $\lim\limits_{\Delta x \to 0}$ 与 $\dfrac{\Delta y}{\Delta x}$ 看作一个整体，还有对基本概念潜意识中有一种不踏实、不放心的感觉，根源在于对知识的 SOLO 理解层次不高．访谈教师后，笔者认为导数的教学受到了中学一线教师的广泛的关注，普遍认为对概念的理解存在极大困难；缺乏极限知识铺垫，对概念的理解难以深入；导数的应用需结合生活实际，体现它强大的应用功能．因此，要想方设法加深对概念本质属性的理解，同时注意"注重本质，适度形式化"的教学原则，加强导数实际应用的思维锻炼．

　　第三，使用 SOLO 分类理论来指导"导数及其应用"的教学实践，并将实验班和对照班成绩进行对比，检验两者结果是否有显著差异．实验教师在课前，根据 SOLO分类理论分析教学和学习任务，调整教学顺序，选择有效的教学方法；在课堂上，尊重学生原有的知识结构，为学生搭建理解的平台，运用多样化的信息教学手段，重视知识在学生头脑中的构建过程，注重深层次的思维探究，而不仅仅是追求知识数量；在使用导数研究函数的最值、求参数范围等问题上，采取了变式教学，争取多角度深层次拓展思维能力，寻找普遍性的规律，形成解决问题的多样化的策略和方法．在课后，结合不同学生的作业 SOLO 层次，进行有效的作业反馈，及时监控教学质量．在章节教学结束后，通过对前测和后测试结果对比分析，笔者认为 SOLO 分类理论的确能够有效地促进教学效果，切实地提高学生对"导数及其应用"章节的理解能力，很值得进一步探索和完善．

2. 教学建议

　　根据问卷调查、对学生和教师的抽样访谈和笔者自身的教学实践过程，提出以下的三个教学建议．

首先，极限的知识是导致学生理解困难的根源，我们根据所任教学生的情况，如果学生的理解能力较强，可以适当补充讲授极限的相关知识. 这样有利于拓宽学生的思维能力，体验使用极限来定义导数的深刻性、严谨性和完美性，实现从有限到无限的跨越，从形象思维向逻辑思维大步迈进，为学生将来进入大学继续深造奠定良好的基础！但如果学生的理解能力比较弱，则让学生直观感知即可，为学生提供丰富多样的事例，全方位地给予刺激，争取在头脑中形成深刻的形象，但在严谨性方面不要作过高的要求，否则容易本末倒置.

其次，教学中应改变"重视计算、轻概念理解"的传统观念. 无可否认，计算的确是导数带来的强大功能，但也不要让学生认为导数就是记住求导公式和法则就万事大吉了，例如，有些无法分辨平均变化率与瞬时变化率. 否则学生对导数理解水平 SOLO 层次很低下，将直接影响学生的逻辑思维能力的提升.

最后，教学中应加强引导学生使用导数知识解决生活实际问题，培养学以致用的数学应用意识. 导数知识来源于生活，服务于劳动生产，还促进了精密计算的长远发展，这对现代科技的日新月异起到了很好的推动作用，我们要让学生感受到这种应用的意识. 如果能够联系生活实际，多从学生的思维角度去举例，探索理解导数概念的有效方式，这对学生的思维能力的提升大有裨益.

3. 研究的反思

问卷调查样本的选择仅限于广州市某高中的 331 位高三学生，如果能够把范围扩大至整个区或整个广州市不同类型学校的高中学生来进行横向比较，或者进行同一所学校的高二学生和高三学生的纵向比较，样本的选择可能会更加有代表性，更加符合学生实际情况.

在高二所教班级使用 SOLO 分类理论指导有关"导数及其应用"的教学实践时，由于个人经验不足，实施过程中没有注意到一些细节的地方，例如，如何控制无关变量带来的影响，来实施更符合学生的课堂教学，让试验数据更加的有效可信等. 另外，仅在理科班中进行了实验，没有在文科班进行实验，得到的实验结果难免过于仓促，还需要更进一步的研究和更长时间的验证.

如何判定学生思维的 SOLO 层次或许带有一定的主观性，或许不能完全概括学生的全部思维情况，制定的评价标准可能还需要进一步的斟酌，还有对学生的情感方面比较难去评定.

本章参考文献

[1] 约翰 B. 彼格斯, 凯文 F. 科利斯. 学习质量评价: SOLO 分类理论(可观察的学习成果结构) [M]. 高凌飚, 张洪岩, 译. 北京: 人民教育出版社, 2011.

[2]　吴有昌. 对数学学习过程性评价内容的思考[J]. 数学通讯, 2008, (13): 6-8.

[3]　林群. 微积分快餐[M]. 北京: 科学出版社, 2013.

[4]　秦德生. 学生对导数的理解水平及其发展规律研究[D]. 长春: 东北师范大学, 2007.

[5]　洪妍. 高中导学概念的教与学研究[D]. 扬州: 扬州大学, 2009.

[6]　何小亚. 高中数学新课程微积分的课程设计分析[J]. 数学通报, 2006, 45(4): 9-13.

[7]　张景中. 直来直去的微积分[M]. 北京: 科学出版社, 2013.

[8]　房元霞, 连茂廷, 宋宝和. 高中生对导数概念理解情况的调查研究——兼与大学生的比较[J]. 数学通报, 2010, 49(2): 32-36.

[9]　郑毓信. 数学教育哲学[M]. 成都: 四川教育出版社, 2001.

[10]　徐芳芳. 高中数学教师导数知识研究[D]. 长春: 东北师范大学. 2008.

[11]　张伟平. 美国微积分教学的"四原则"[J]. 高等数学研究, 2007, 10(1): 12-13.

[12]　中华人民共和国教育部. 普通高中数学试验标准(试验稿)[M]. 北京: 人民教育出版社, 2003.

[13]　何小亚, 姚静. 中学数学教学设计[M]. 2 版. 北京: 科学出版社, 2013.

[14]　弗赖登塔尔. 作为教育任务的数学[M]. 陈昌平, 唐瑞芬, 等, 编译. 上海: 上海教育出版社, 1995.

[15]　李佳, 吴维宁. SOLO 分类理论及其教学评价观[J]. 教育测量与评价(理论版), 2009, (2): 16-19.

[16]　Barbara E. Walvoord, Virginia Johnson Anderson. 等级评分——学习和评价的有效工具[M]. 北京: 中国轻工业出版社, 2004.

[17]　G·波利亚. 怎样解题[M]. 涂泓, 冯承天, 译. 上海: 上海科技教育出版社, 2007.

本 章 附 录

附录 1　"导数及其应用"测试题

年级_____　　班别_____　　性别_____

说明：1. 本测试试卷仅作为研究使用, 对你的答案将保密, 非常感谢!

　　2. 每题尽量写出你的思考过程和结果, 请独立完成.

　　3. 测试时间为 50 分钟.

1. 一质点做直线运动, 位移 s 与时间 t 的关系是 $s = t^2 + 2$.

(1)求该质点从 $t = 3$ 到 $t = 3.1$ 之间的平均速度;

(2)求该质点从 $t = 3$ 到 $t = 3 + \Delta t$ 之间的平均速度;

(3)求该质点 $t = 3$ 时的瞬时速度, 并说说跟第(2)问有何联系?

2. 下图是导函数 $f'(x)$ 的图象, 则函数 $y = f(x)$ 在_____处取得极大值;

则 $f(x_4)$，$f(x_5)$ 和 $f(x_6)$ 三者中的最大值是_____，原因是_____

_____.

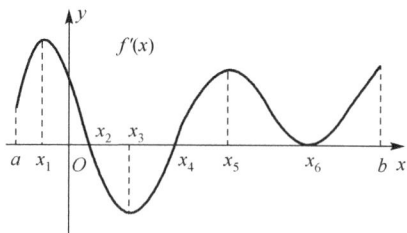

题 2 图

3. 若 $f(x)$ 在 $x \in \mathbf{R}$ 上可导，且 $f'(1) = 3$，则 $\lim\limits_{\Delta x \to 0} \dfrac{f(1 - \Delta x) - f(1 + \Delta x)}{\Delta x} =$ _____.

4. 求函数 $y = \sin x + x^2 \ln x + \log_2(3x + 1)$ 的导数.

5. 某人服药物情况可以用血液中的药物质量浓度 c（单位：mg/mL）来表示，它是时间 t（单位：min）的函数，表示为 $c = f(t)$. 下表给出了 $f(t)$ 的一些函数值：

t	0	10	20	30	40	50	60	70	80
$f(t)$	0.84	0.89	0.94	0.98	1.00	0.97	0.90	0.86	0.83

请问血液中药物的质量浓度变化最快的时间段是_____，原因是_____

_____.

6. 设 $f'(x)$ 是函数 $f(x)$ 的导函数，将 $y = f(x)$ 和 $y = f'(x)$ 的图象画在同一个直角坐标系中，不可能正确的是（　　），原因是_____

_____.

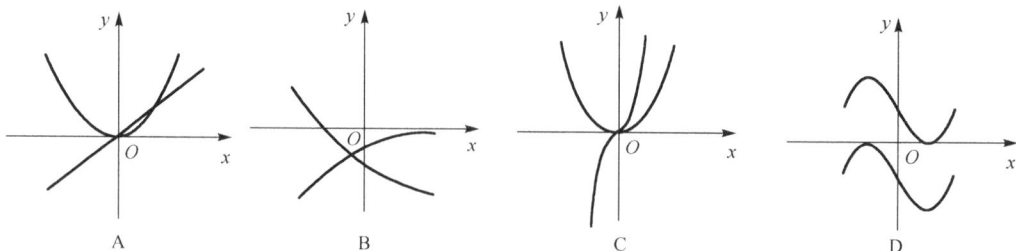

题 6 图

7. 设曲线方程为 $f(x) = 2x^3 - 6x$.

(1) 求 $f(x)$ 在区间 $\left[-\dfrac{3}{2}, 2\right]$ 上的单调增区间；

(2) 过 $A(0,32)$ 作该曲线的切线，求切线方程.

8．将某物体进行冷却和加热，假设时间 x（单位：h）与该物体的温度 y（单位：℃）的关系为：$y = f(x) = x^2 - 8x + 15$．请求出 $f'(2)$ 和 $f'(7)$ 的值，并解释 $f'(2)$ 和 $f'(7)$ 的实际意义．

9．某工厂生产某种产品，已知该产品的月生产量 x（单位：吨）与每吨产品的价格 p（单位：元/吨）之间的关系式为 $p = 24200 - \dfrac{1}{5}x^2$，且生产 x 吨产品的成本为 $R = 50000 + 200x$．问该工厂每月生产多少吨产品才使利润达到最大？最大利润是多少？

附录 2　访谈学生材料

年级_____　班别_____　性别_____

以下访谈问题仅用于研究使用，不会泄露你的个人信息，请根据自己的实际情况如实作答，非常感谢你的理解和配合！

1．你对导数的概念有什么认识？

2．你认为导数的基本思想是什么？高中有必要学习导数吗？

3．你能自己推导公式 $(x^2)' = 2x$ 吗？请写出推导过程．

4．你如何区分极值与最值？

5．学习了导数之后，你感觉它的主要价值是什么？

6．你将来是否愿意继续深入学习导数？

7．你认为导数部分哪些内容最难理解？并说说你可能会怎么理解．

8．你对这部分内容的教学有什么建议？请具体谈谈．

附录 3　访谈教师材料

性别_____　教龄_____　职称_____

尊敬的老师：您好！以下访谈问题仅用于研究使用，不会泄露你的个人信息，请根据自己的实际情况如实作答，非常感谢你的理解和配合！

一、单选题

1．您认为高中讲授导数内容有必要吗？（　　）

　　A．非常有必要　　　B．有必要　　　C．无所谓　　　　D．没有必要

2．您认为微积分在我国高中教材几进几出的原因是（　　）．

　　A．高考考试需要　　　　　　　B．加重学生负担

　　C．大学内容下放　　　　　　　D．教师难以执行

3．您会给全班学生补充讲授求极限的相关知识吗？（　　）

　　A．都会讲　　　　　　　　　　B．有时讲

C. 仅给单独提问的学生讲   D. 从来不讲

4. 以下四个命题中，真命题的是（   ）.

① $0.\dot{9}=1$；② " $f'(x_0)=0$ " 是 " $y=f(x)$ 在 $x=x_0$ 处取得极值" 的必要不充分条件；

③ $(\ln\sqrt{x})'=\dfrac{1}{\sqrt{x}}$ ；④ $\lim\limits_{\Delta x\to 0}\dfrac{f(x-\Delta x)-f(x+\Delta x)}{\Delta x}=-2f'(x)$.

     A. ②④   B. ②③   C. ①②④   D. ①③④

5. 你认为学生对导数的概念理解程度如何？（   ）

     A. 很好   B. 一般   C. 较弱   D. 很弱

6. 你有给学生讲授过微积分的文化史吗？（   ）

     A. 有   B. 没有

二、问答题

7. 您认为高中导数教学的重点、难点是什么？在教学中您是怎样突破重点、难点的？请具体谈谈您的做法.

8. 您对课本导数内容编排有何建议？请具体谈谈您的想法.

第七章　运用SOLO分类法评价高三数学学习质量的研究

随着新课程在各个省份的实施,"课程评价要发挥评价促进学生发展、教师提高和改进教学实践的功能"的理念掀起了国内高中数学教学评价的改革之风,在一系列的改革实践中,许多研究者都得出了很多理论性的结论,但是具体的实证研究还很缺乏. 笔者利用自己工作在中学数学教学一线的有利条件,选择中学数学教学评价实验作为研究课题. 希望通过本课题的研究,探索一种能有效指导教与学的质性评价方式,为高中数学教师进行学生学习质量评价的实施,提供一个可参考的依据.

本章以 SOLO 分类理论为依据,运用"文献综述法"对网络资源和文献进行整理,了解教学评价的研究进展及相关领域的理论支持;运用"实验研究法"探索学生的思维障碍与学习成绩的相关性,对学生的思维障碍进行 SOLO 分析,获得 SOLO 分类法可以评价学生的思维水平的实验结果;构建基于 SOLO 分类理论进行学习质量评价的评价模型,对学生的学习质量进行评价实践,得到了可行的质性评价的实施方法;运用"行动研究法"根据实验的结果在 SOLO 分类理论指导下对高三数学复习课的课堂教学进行设计,提高教学效果.

通过实验摸索,本章获得以下结论:

1) SOLO 分类法评价模型能有效地评价学生的学习质量,评价的结果能反映学生的思维障碍.

2) SOLO 分类法对学生学习质量的评价结果对课堂教学具有指导意义.

第一节　高中数学学习质量评价研究现状及本章研究设计

1. 高中数学学习质量评价研究现状

我国是教育评价的发源地. 在高中数学的新课程中,学生评价是新课程实施的重要组成部分,它所具有的导向和教育作用,对于促进学生的成长和发展有着重要的意义. 但现代教育评价作为一种系统理论和方法提出落后于美国和日本等发达国家,主要原因是我国的高中教育关于学生评价这方面在目的、内容、方法、环境等方面均存在诸多不足. 特别是高中数学学习质量评价,在高考这个指挥棒的压力下,评价内容,更侧重于数学知识的掌握;评价功能,多数是通过测验来选拔;评价手段,基本是以分数定量为主.

我国在全面推进新课程改革的进程中,评价体系的构建、改革与创新一直是焦点，也是难点．教育部颁布的《国家中长期教育改革和发展规划纲要(2010—2020年)》，对学生评价提出新要求："探索促进学生发展的多种评价方式，激励学生乐观向上、自主自立、努力成才．" 在新课标评价理念的推动下，国内许多教育工作者，特别是中学教育的研究者对教学评价进行了研究探索．近几十年来，国内外学者对利用 SOLO 分类理论进行教学评价进行了一系列的研究．研究表明，利用 SOLO 分类理论可有效地评价学习者的学习过程和方法，并对后阶段的教与学提供指导．目前，国内对 SOLO 分类理论应用于具体的数学学科学习质量的评价的研究不多．

2. 本章研究的问题和意义

(1) 研究将主要解决以下三个问题

1) 对已有的关于数学学习的教学评价相关文献进行综合分析与研究，将 SOLO 分类理论与数学学习质量的评价相结合，构建高三数学利用 SOLO 分类理论进行学习质量评价并指导教学的过程模型．

2) 设计基于 SOLO 分类理论进行学习质量评价的评价模型，对广州某中学高三某班的学生进行实验研究，检验利用 SOLO 分类理论进行学习质量评价的有效性．

3) 根据基于 SOLO 分类理论进行学习质量评价的实验研究结果进行课堂教学的调整，开展教学实践研究，以此促进对学生思维层次的培养和提高．

(2) 本章研究的意义

1) 对高三数学学习质量进行评价的必要性．

高三的学习是一项复杂的系统工程，学生需要在这一年对读书以来所学过的知识进行梳理、巩固，提高并综合运用．高三的学习是一个重要的阶段，学习质量如何直接关系到高考的成败以及未来的发展．高三的学习，要想取得稳定的高质量，就必须建立各种各样的有效的评价体系，随时对学习质量进行监测和诊断，及时给教师与学生反馈信息，提供优化指引．

2) 对高三数学教学进行调整的必要性．

目前高三的教学，许多老师没有具体的理论指导，他们抓在手里的唯一的指挥棒就是题——做题，讲题，再做题，再讲题．学生在杂乱无章的模拟题中游弋，花费了大量时间，仍然是毫无头绪，结果不堪重负，事倍功半．其实，高三的复习教学，有两项重要的任务：其一，帮助学生建立知识体系平台，使学生在脑海中形成一个优良的知识系统，将知识归成点，梳成线，编成网，连成片，为学生解题时正确寻找问题的相关点做好准备；其二，通过课堂的具体解题训练，引导学生调用梳理好的数学知识体系，关联题目的条件及知识点，形成解题策略，培养学生的思维能力．

3. 国内外研究现状

比格斯等认为[1], 学习者掌握知识的结构组织(structural organization)是可观察的学习结果的结构, 反映了学生在特定知识点的概念理解和思维的层次, 是研究学习者的学习质量的重要线索. 比格斯等认为, SOLO 分类理论, 强调观察学生外显行为的重要性, 是一套描述学生学习素质和水平的语言, 并且适合于任何科目的评价标准. SOLO 模型关注对回答的结构进行分析. 5 个水平结构, 不同的结构对应了不同的数学理解和思维的层次. 分类结构是一个由简单到复杂的层次类型, 前三个层次是基础知识的积累, 后两个层次是理论思维的飞跃. 而要实现思维能力的突破, 又离不开基础知识的积累. SOLO 分类理论在评价学生数学理解程度上应用比较广泛. 为了评价学生的数学理解, 对于每一个要考查的知识的范围还需要制定具体的表现标准. SOLO 分类法在评价学生数学学习的质的方面提出了一条很有价值的思路, 利用这种方法, 我们可以确定理解的层次, 评价学生理解的深度.

目前, 国内对 SOLO 分类法的应用研究主要集中于各学科开放性试题的评分应用. 同时, SOLO 分类法也可以利用学生面对具体问题所表现出来的思维水平来评价学生, 甚至有的研究还反其道而行之, 认为学生提出问题的能力也可以用 SOLO 分类法来评价[2], 并可根据学生提出问题时的表现来判断他所处的思维发展阶段、思维的复杂程度, 进而给予其合理的评分.

具体到数学领域的研究, SOLO 分类法在教学评价中的应用主要是编制数学试题, 制定开放性试题的评分标准. 利用 SOLO 分类理论对学生的具体学习质量进行评价的内容还很少. 只有吴有昌、林晓君 2009 年 12 月在基础教育课程上发表的《利用 SOLO 分类法进行数学教学评价的一次调查研究》, 利用 SOLO 分类理论对数学教学评价做了一次调查研究. 研究初步显示, SOLO 分类法能有效评价学生的数学学习质量, 能发现学生对知识的误解类型, 能探索引发学生误解的原因, 能有效地测量学生的思维水平. 但研究没有根据评价对教学的调整作进一步的思考.

SOLO 分类理论的 5 个层次或 5 个发展顺序表明学习者在学习具体知识时经历的是一个从量变到质变的过程, 从这里可以看出, 质性评价从本质上并不排斥量化的评价, 它常常与量化的评价结果整合应用. 教师可以根据学生在回答问题时的表现来判断他所处的思维发展阶段, 进而给予合理的评价. 所以 SOLO 分类法可用于进行形成性的学生学习评价. 另外, 只要将上述 5 个等级赋予不同的等级分数, 那么就可以对学生的学业进行量化了[3].

SOLO 分类理论符合新课标对教学评价提出的新要求. 利用 SOLO 分类理论评价数学学习质量的过程属于过程性评价. 利用 SOLO 分类理论进行学习质量的评价过程其实就是关注学生是否肯于思考、善于思考, 关注学生对数学概念的理解、数学思想方法的掌握、数学思考的深度、探索与创新的水平以及应用数学解决实际问题的能力等.

　　利用 SOLO 分类理论评价学生数学学习质量的过程其实也是评价基本知识和基本技能的过程. 学生的数学思维过程, 实质是找出问题的相关点, 建立问题与相关点的联系的过程. 准确找出相关点其实就是明确具体题目中的数学基础知识, 建立联系的过程也就是考查数学的基本技能的过程.

　　利用 SOLO 分类理论对学生的学习思维的评价, 就是对学生的能力的评价. 新课标中提到:"评价应关注能否选择有效的方法和手段收集信息、联系相关知识、提出解决问题的思路, 建立恰当的数学模型, 进而尝试解决问题." 其实, 关注的就是学生的数学思维是否到达关联结构水平.

4. 本章的研究思路与方法

　　本课题研究的 "学习质量评价" 是在对现有的知识有意义的学习或者接受式学习的学习情境中进行的, 是学生经过一轮 "学习—应用" 活动之后, 教育者(包括学生本身)从量和质两方面对学习进行的评价[4]. 更具体的是指教师利用 SOLO 分类法对学生在课堂学习中或者是在课后的测试和巩固作业中表现出的学习效果和思维层次划分等级进行评价.

　　(1) 研究思路

　　本章以 SOLO 分类理论为依据, 重新认识高三学习质量的评价, 并结合评价结果, 对高三课堂教学的教学实践进行研究.

　　(2) 研究方法

　　本研究采取的研究方法如下.
　　1) 文献综述法.
　　对网络资源和文献进行整理, 了解教学评价的研究进展及相关领域的理论支持.
　　2) 实验研究法.
　　通过实验研究, 探索评价结果, 检验 SOLO 分类理论对高三数学学习质量评价的有效性.
　　3) 行动研究法.
　　考虑本课题的研究恰好来自实际工作的需要, 研究也是在实际工作中进行的, 因此, 采用行动研究法以提高行动质量、改进实际工作、解决实际问题.
　　本章的行动研究是在课堂教学的微观社会情境中, 在自然条件下, 进行长期观察、研究和行动. 遵循 "教学实践—自我反思—再教学实践" 这种螺旋式上升的研究程序, 重视反思过程, 以一种新的主人翁意识积极反思教师的教学过程, 对教师的行为、决策以及由此产生的结果进行审视和分析, 将研究和行动充分地融合在一起.

第二节　基于 SOLO 分类理论的高三数学学习评价模型

1. 高三学生数学解题过程中的思维障碍调查及 SOLO 分析

　　高三数学课堂教学的目标就是帮助学生全面掌握知识，形成能力，锻炼思维水平．对于学生而言，学习的过程就是面对各种的情境，对情境中的不同信息进行加工提炼结论的过程．因此，高三复习课的教学与评价的程序一般遵循"概念再现—知识归析—精选范例、解法探究—问题解决、总结升华"模型．本课题研究的高三数学复习的课堂教学与评价模型仍遵循此模型，课题研究着重在这个模型的各个环节中运用 SOLO 分类理论以及 SOLO 分类理论对学习质量的评价结果对教学进行指引，提高课堂教学的思维质量．

　　(1)高三学生数学解题过程中的思维障碍调查实验

　　波利亚在《怎样解题》一书中，通过四个步骤：理解题目、拟订方案、执行方案和回顾，展示了数学的解题过程[5]．而这四步的解题过程，正是一个通过对感知记忆的信息进行提取、整合、分解、比较、选择等一系列加工改造而得出新信息的过程，因而，是一个思维过程．在这个过程中，思维的对象是数学物象，思维的载体是数学语言符号，思维的目的是认识和揭示数学规律，因而是一个数学思维过程[6]．调查与分析高三学生数学解题过程中的思维障碍，对于高三数学教与学的针对性和实效性有十分重要的意义．

　　本章针对解题过程根据 SOLO 分类法设置调查问卷(问卷见本章附录)，试图通过对某中学的高三学生进行问卷调查，了解同学们解题过程中表现出的思维障碍并对其进行 SOLO 分析．

　　1)实验简述．

　　a)被试．被试是广州市教育局直属的某重点中学高三文科两个班共 100 名学生．发放问卷 100 份，回收有效问卷 92 份．

　　b)测试工具．测试工具为数学解题过程中的思维量表，要求学生针对数学解题过程遇到的困难进行回答．这个量表为笔者自己制作(见本章附录)．数学成绩由学生自己根据自己在班的排名分五个等级："很好、中上、中等、中下、较差"进行自评．量表中其余的内容根据解题过程划分三个层次：思维停留在前结构水平或单点结构水平造成审题提取信息过程出现的思维障碍；思维停留在多点结构水平造成的拟定执行解题方案过程出现的思维障碍；思维停留在关联结构水平造成的回顾反思过程出现的思维障碍．每个层次 5 道题．

　　c)研究过程．本研究运用问卷调查法．问卷包括客观题和主观题，是在学生精神状态较为轻松的自习课上完成的．答题时间为 10—15 分钟．客观题部分采用李克特 5

级评分法，1 表示完全符合，2 表示基本符合，3 表示说不定，4 表示基本不符合，
5 表示不符合. 要求学生根据自己的实际情况在适合自己的答案上打"√"，每题只能
选一个答案. 主观题为两题，测试学生对自己的解题过程的评价和克服解题思维障碍
的信心. 所有数据采用 SPSS 软件进行统计分析. 问卷的信度见表 7-1.

表 7-1　问卷的信度

Cronbach's Alpha	基于标准化项的 Cronbach's Alpha	项数
0.788	0.829	4

信度结果表明，该量表的信度较好，适合用于对高三学生的解题过程中的思维障
碍进行测量.

2) 实验结果.

a) 学生解题过程中三个层次的思维障碍的分布情况见表 7-2.

表 7-2　项统计量

	均值	标准偏差	N
数学成绩	2.57	1.142	92
审题提取	14.66	4.053	92
拟定执行	11.35	3.581	92
回顾反思	11.84	3.671	92

数学成绩的最高分为 5 分，最低分为 1 分，平均分为 2.57 分，比较合理. "审题
提取""拟定执行""回顾反思"三个变量的最高分均为 25 分，分数越高，障碍越少. 从
均分来看，"拟定执行"变量和"回顾反思"变量的均分较低，学生的障碍较大，"审
题提取"变量的均分相对较高，障碍相对较低. 这也表明思维的 SOLO 层次越高，学
生的思维障碍越大，学生在思维的关联结构水平和抽象扩展结构水平遇到的障碍越多.

b) 数学成绩与各三个层次思维障碍的相关性.

通过表 7-3 统计结果可以看出：数学成绩与思维停留在前结构水平或单点结构水
平造成的审题提取信息过程出现的思维障碍呈显著正相关，两者的相关系数为 0.512，
在 0.05 水平上显著相关；数学成绩与思维停留在多点结构水平造成的拟定执行解题方
案过程出现的思维障碍的相关系数为 0.398，在 0.05 水平上显著相关；数学成绩与思
维停留在关联结构水平造成的回顾反思过程出现的思维障碍的相关系数为 0.586，在
0.05 水平上显著相关. 这些结果与我们的日常认识是一致的，即学生的数学成绩与学
生的思维层次有关. 思维能力水平越好，解题时思维的 SOLO 层次越高，遇到的思维
障碍越少，数学成绩越好. 因而，运用 SOLO 分类法对学生的数学学习进行评价，可
以评价学生的思维水平，SOLO 分类法对学生数学学习的评价结果能反映学生的思维
障碍. 另外，"审题提取"变量与"拟定执行"变量的相关系数为 0.638，在 0.05 水平

上显著相关,"拟定执行"变量与"回顾反思"变量的相关系数为 0.605,在 0.05 水平上亦呈显著相关. 这说明学生在解题各个步骤中遇到的思维障碍是互相影响制约的,解题过程对思维能力的要求也是逐步提高的. 因而,要提高学生的解题能力,需要在教学中帮助学生消除各个思维层级的思维障碍.

表 7-3 项间相关性矩阵

	数学成绩	审题提取	拟定执行	回顾反思
数学成绩	1.000	0.512	0.398	0.586
审题提取	0.512	1.000	0.638	0.547
拟定执行	0.398	0.638	1.000	0.605
回顾反思	0.586	0.547	0.605	1.000

(2)高三学生数学解题过程中的思维障碍的 SOLO 分析

1)例析学生解题思维障碍中各 SOLO 层次的具体表现.

例 1 已知二次函数 $f(x)=ax^2+bx+c$,是否存在 $a,b,c\in\mathbf{R}$,使 $f(x)$ 同时满足以下条件(Ⅰ)当 $x=-1$ 时,函数 $f(x)$ 有最小值 0;(Ⅱ)对 $\forall x\in\mathbf{R}$,都有 $0\leqslant f(x)-x\leqslant\frac{1}{2}(x-1)^2$. 若存在,求出 a,b,c 的值,若不存在,请说明理由.

学生各 SOLO 水平的典型回答如下.

SOLO 水平:前结构水平.

答题表现:没有做,或写的东西全错.

障碍原因:思维肤浅,不了解二次函数的图象与性质,无相关知识调用,无从入手.

SOLO 水平:单点结构水平.

答题表现:只运用其中一个条件得到一个结论,如下面四种情况只能想到其中一种情况.

解法一:∵当 $x=-1$ 时,函数 $f(x)$ 有最小值 0,∴ $f(-1)=0$,得 $a-b+c=0$.

解法二:∵函数 $f(x)$ 有最小值 0,∴ $\Delta=b^2-4ac=0$.

解法三:∵ $f(x)-x\geqslant 0$ 对 $\forall x\in\mathbf{R}$ 成立,即 $ax^2+(b-1)x+c\geqslant 0$,

∴ $\Delta=(b-1)^2-4ac\leqslant 0$.

解法四:∵ $f(x)-x\leqslant\frac{1}{2}(x-1)^2$ 对 $\forall x\in\mathbf{R}$ 成立,即 $\left(\frac{1}{2}-a\right)x^2-bx+\frac{1}{2}-c\geqslant 0$,

∴ $\Delta=b^2-4\left(\frac{1}{2}-a\right)\left(\frac{1}{2}-c\right)\leqslant 0$.

障碍原因:思维单一,只知道二次函数的某一个性质,对二次函数性质的理解不全面.

SOLO 水平：多点结构水平.

答题表现：能够运用两个或两个以上的条件得到一些结论.

如运用"解法一"和"解法二"得

∵ 当 $x = -1$ 时，函数 $f(x)$ 有最小值 0，

∴ $f(-1) = 0$ 且为函数的最小值，即 $\begin{cases} a - b + c = 0, \\ \Delta = b^2 - 4ac = 0, \end{cases}$ ∴ $a = c, b = 2a$.

如运用"解法三"和"解法四"得

∵ 对 $\forall x \in \mathbf{R}$，都有 $0 \leqslant f(x) - x \leqslant \dfrac{1}{2}(x-1)^2$，

∴ $\begin{cases} ax^2 + (b-1)x + c \geqslant 0, \\ \left(\dfrac{1}{2} - a\right)x^2 - bx + \dfrac{1}{2} - c \geqslant 0, \end{cases}$ 对 $\forall x \in \mathbf{R}$ 恒成立，

即 $\begin{cases} \Delta_1 = (b-1)^2 - 4ac \leqslant 0, \\ \Delta_2 = b^2 - 4\left(\dfrac{1}{2} - a\right)\left(\dfrac{1}{2} - c\right) \leqslant 0, \end{cases}$ 解得 $b = 1 - 2a$.

障碍原因：整合条件的思维技能不强，对多个条件进行分析筛选时思维混乱，未能全面考虑各个条件.

SOLO 水平：关联结构水平.

答题表现：各个条件分析，获得"解法一""解法二""解法三""解法四"，综合四个解的结果获得正确的答案.

障碍原因：思维偏狭，陷入对各个条件的细节思考中，能充分分析各个条件，但未能宏观调控各个条件.

SOLO 水平：抽象扩展结构水平.

答题表现：对条件（Ⅱ）赋值夹逼得到正确答案并积极对解答过程进行回顾反思，挖掘夹逼法解题的关键.

由（Ⅰ）得 $-\dfrac{b}{2a} = -1$ 且 $\dfrac{4ac - b^2}{4a} = 0 \Rightarrow b = 2a$ 且 $b^2 = 4ac \Rightarrow 4a^2 = 4ac$

$$\Rightarrow b = 2a \text{ 且 } a = c.$$

由（Ⅱ）知对 $\forall x \in \mathbf{R}$，都有 $0 \leqslant f(x) - x \leqslant \dfrac{1}{2}(x-1)^2$.

令 $x = 1$ 得 $0 \leqslant f(1) - 1 \leqslant 0 \Rightarrow f(1) - 1 = 0 \Rightarrow f(1) = 1 \Rightarrow a + b + c = 1$.

综合（Ⅰ）和（Ⅱ）的结论，即 $\begin{cases} a + b + c = 1, \\ b = 2a, \\ a = c, \end{cases}$ 得 $a = c = \dfrac{1}{4}, b = \dfrac{1}{2}$.

障碍原因：无障碍.

2) 学生解题思维障碍的 SOLO 分析

根据调查问卷的结果，本章利用 SOLO 分类理论从解题的"审题提取信息的过程""拟定执行解题方案的过程"和"回顾反思过程"三个主要过程来分析学生的思维障碍.

审题过程的思维障碍从成因来看属于思维的单一性障碍，从表现来看属于思维的肤浅性障碍. 不管是单一性障碍还是肤浅性障碍，都是认知型的思维障碍. 源于认知过程中学生的思维处于单点或多点结构低级别的思维层次，以致学生对一些数学概念或数学原理的发生、发展过程没有深刻地去理解，仅仅停留在知道、了解的水平上，未能上升到具有全面关联、整合知识能力的关联层次，因而未能从原有的知识结构中提取最有效的旧知识来吸纳新知识，使新旧内容融为一体并将所学新知识储存下来. 审题中思维处于单点或多点结构水平的学生在解决数学问题时，会由于遗忘了概念或者公式，或者忘记了公式定理的成立条件，或者在调用知识时新旧知识、相关知识失去联系，或者学生对某一知识的记忆与另一知识的记忆互相产生干扰，或者忽视了题目的隐含条件从而产生思维障碍.

例 2　已知 $|a|=6,|b|=3, a \cdot b=-12$ ，则向量 a 在向量 b 方向上的投影是（　　）.

　　A.　-4　　　　　　B.　4　　　　　　C.　-2　　　　　　D.　2

解答这道题时，很多学生会因为忘记了"投影"的定义而无法入手，也有学生没有理解"投影"的实质是一个数，把"投影"的定义跟"射影"的定义混淆了，错选了答案 B. 造成这些错误的实质是学生在学习"投影"概念的过程中，思维停留在单点或多点结构水平上，引起了应用概念时的思维障碍.

拟定执行解题方案过程的思维障碍从成因来看属于消极的思维定式造成的障碍，这种思维定式主要是由"填鸭式"的教学方式和"不求其解"的学习方式造成的学生思维呆板，思维层级处于较为低级别的多点结构或关联结构水平，未能上升到抽象扩展结构水平，缺乏整合、联想、类比的思维能力. 这种思维障碍从表现来看，属于"偏狭型思维障碍""迁移型思维障碍""技能型思维障碍""形象型思维障碍"等思维障碍. 具有这些思维障碍的学生在解决问题时的表现是经常撇开总的目标而陷入狭隘的细节思考中，不能从不同角度、不同方面去考虑问题；或者是已掌握的知识、技能或经验对于新的学习(一种新的刺激)产生的消极作用和影响，不能形成合理、积极的迁移；或者从知识掌握到能力形成、发展过程中思维受阻或中断，造成思维干扰；或者解题过程中由于无法获得形象的支持而造成的思维的中断或错位. [7]

例 3　已知函数 $f(x)=\log_2[2x^2+(m+3)x+2m]$ 的值域为 **R**，求实数 m 的取值范围.

错解：因为 $f(x)$ 的值域是 **R**，所以 $2x^2+(m+3)x+2m>0$ 恒成立，所以 $\Delta=(m+3)^2-4\cdot2\cdot2m<0$ ，即 $m^2-10m+9<0$ ，解得 $1<m<9$ ，故所求 m 的范围是 $\{m|1<m<9\}$.

这是学生解这类值域为 **R** 的问题时，最常发生的错误，归根结底是学生先入为主

地认为值域为 **R**，则定义域也为 **R**. 受思维定式的消极影响，学生并未全面理解、综合分析题目.

回顾反思过程的思维障碍从成因来看属于思维局限形成的障碍，从表现来看主要有"逆向思维障碍""发散思维障碍""抽象思维障碍"和"创造性思维障碍"等. 表现出这些思维障碍的学生其思维层次仍处于多点结构或关联结构水平，未能上升到抽象扩展结构水平. 这些学生在回顾反思过程中往往只会顺着事物的发展过程去思考问题，注重由因到果的思维习惯，很难变换思维的方式进行逆向思考，缺乏从已知信息中获得大量变化的沿不同方向、在不同范围的独特的新信息的能力，还不会把问题转化为已知的数学模型或结论去分析和解决，无法脱离指导.

例 4　已知函数 $f(x) = \dfrac{mx}{x^2 + n}(m, n \in \mathbf{R})$ 在 $x = 1$ 处取得极值 2，

（Ⅰ）求 $f(x)$ 的解析式；

（Ⅱ）设函数 $g(x) = x^2 - 2ax + a$，若对于任意 $x_1 \in \mathbf{R}$ 的，总存在 $x_2 \in [-1, 1]$，使得 $g(x_2) \leqslant f(x_1)$，求实数 a 的取值范围.

解答这道题时，很多学生只是满足于解完该道题，并未对"任意"与"存在"的实质进行探索，未进行反思，如果题干中的"任意"与"存在"互换了位置，解答会发生何种变化，如果"≤"改为"="，解答又会发生何变化. 因而，学生也并未能从题目中体会到"任意"或"存在"的问题，实质是"最值"的问题. 这样，学生以后遇到类似的问题又容易犯思维定式的影响，思维层次无法得到提升和扩展.

从调查结果和分析来看，学生在解题过程中产生思维障碍，主要是思维的 SOLO 水平未达到需要的层次. 因而，要帮助学生在解题过程中突破思维的障碍，需要教师在授课过程中对教学内容进行分类设计，注重暴露学生的思维，从分类评价每个层次的学生思维特征出发，适时调整课堂内容与进度，让每位学生都有机会向高一层次的结构递进.

2. 运用 SOLO 分类理论等级评价学生的学习质量

（1）实验简述

1）选择被试.

笔者任教广州市某中学 2011—2012 学年度的高三(16)班和高三(17)班两个文科班，两个班级学生的层次水平有一定的差异，高三(16)班基础较弱，学生的学习积极性比高三(17)班差，缺交作业比高三(17)班严重. 为了帮助高三(16)班扭转不良的局面，将高三(16)班定为实验班，作业的评价中采取 SOLO 分类法的评价模型；将(17)班定位为对照班，在作业评价中保持传统的评价方式.

2）实验模式.

采用前后测比较分析，实验班和对照班均进行前测. 实验班在实验过程中运用

SOLO 分类理论对数学测试的大题以及课后巩固作业进行等级评价. 对照班按传统的做法, 只给数学测试成绩, 课后巩固作业则按照完成的情况教师酌情评等级, 等级没有明确的标准.

(2) 实验的过程

1) 实验前测.

实验前对两个班级进行一次摸底考试, 对成绩进行统计分析(表 7-4).

表 7-4　实验班与对照班实验前成绩对比

班别	学生人数	平均分	标准差	年级排名
实验班	50	91.9	15.68	4
对照班	50	93	17.69	2

2) 实验实施.

课后巩固作业实施 SOLO 分类法等级评价. 对数学作业的传统评价, 多数是教师根据学生的完成情况进行的主观评价, 没有明确的标准, 学生从评价中获得的信息不明显. SOLO 分类法评价模型是根据 SOLO 分类理论对思维等级的划分设置的, 根据 SOLO 分类理论的五个层次, 教师把学生作业的完成情况划分为如下等级(表 7-5).

表 7-5　学生作业的 8 个等级

作业等级	D	D^+	C	C^+	B	B^+	A	A^+
完成情况	完全空白	做了, 但没有任何匹配的信息	有一个或两个信息是匹配的	有一个或两个信息是匹配的, 对解答过程小结	基本上把条件的信息匹配写全	基本上把条件的信息匹配写全, 对解答过程小结	能把问题完整解出来	能把问题完整解出来, 对解答过程小结
对应的 SOLO 水平	前结构水平		单点或多点结构水平		多点或关联结构水平		关联或抽象扩展结构水平	抽象扩展结构水平

等级划分中强调学生对解答过程的小结, 主要是希望学生通过写解题的感悟, 能驻足反思解题的过程, 推广应用问题的结论或者是解题方法, 提升解题思维.

例 5　作业"复习书《走向高考》课后强化第 67 页'双曲线'第 15 题"各个等级的评价样本及思维障碍分析.

设双曲线 $\dfrac{y^2}{a^2} - \dfrac{x^2}{3} = 1$ 的焦点分别为 F_1, F_2, 离心率为 2.

(1) 求此双曲线的渐近线 l_1, l_2 的方程;

(2) 设 A, B 分别为 l_1, l_2 上的动点, 且 $2|AB| = 5|F_1F_2|$, 求线段 AB 中点 M 的轨迹方程, 并说明是什么曲线.

获 C 等级的学生解答, 如图 7-1 所示.

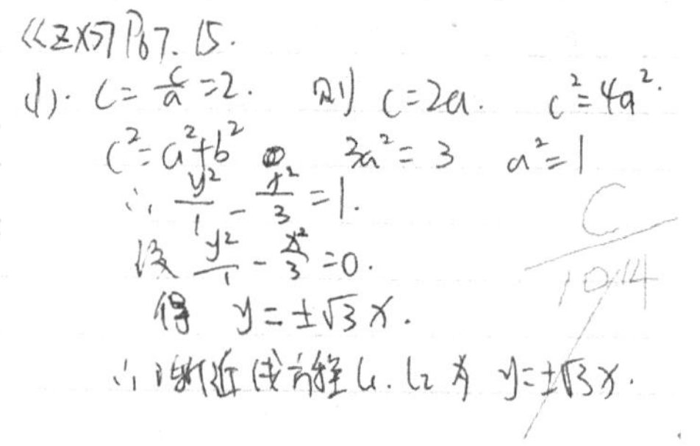

图 7-1　获 C 等级的学生解答

该生的思维层次：该生只匹配了条件中的两条信息：①离心率为 2；②求渐近线方程．故该生在解该道题时的思维属于多点结构水平，但离关联结构水平的距离还很远，属较低层次的多点结构水平．

该生的思维障碍：该生主要是对三个条件：①A, B 分别为 l_1, l_2 上的动点，②$2|AB| = 5|F_1 F_2|$，③线段 AB 中点 M，无法找到突破口，在审题提取信息过程中思维受阻．根源是 A, B, M 都是动点，变量太多，而学生的思维处于较低层次的多点结构水平，在心理上对表征抽象的信息存在恐惧，在整合条件的要求面前，他们表现出束手无策．

获 B 等级的学生解答，如图 7-2 所示．

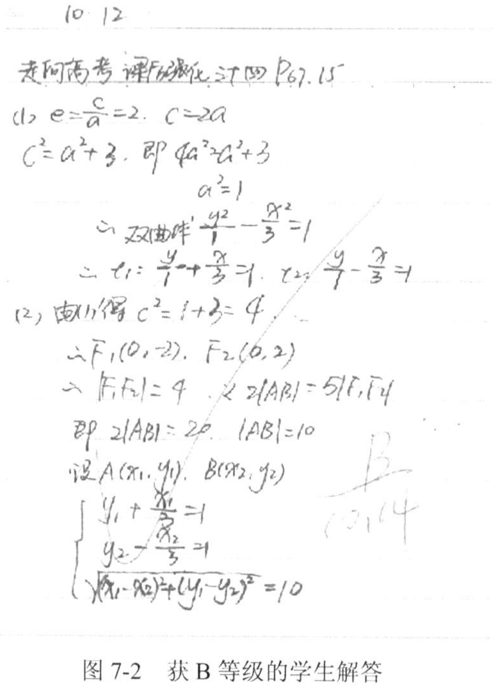

图 7-2　获 B 等级的学生解答

该生的思维层次：题目中的四条信息为：①离心率为 2，②A，B 分别为两条渐近线 l_1, l_2 上的动点，③F_1, F_2 为双曲线的焦点，且 $2|AB| = 5|F_1F_2|$，④M 为 AB 的中点，该生匹配了前三条，漏了第四条，且未能关联各个条件获得结论，故该生在解该道题时的思维属于多点结构水平，且属较高层次的多点结构水平.

该生的思维障碍：该生已经把三个条件的数学关系式列出来，有效提取了题目的信息. 但在解决问题的过程中该生撇开了"求点 M 的轨迹方程"这个问题，陷入狭隘的细节思考中，并未针对问题拟定解题方案，导致思维层次不能在攻克问题的过程中拾级而上.

获 B^+ 等级的学生解答，如图 7-3 所示.

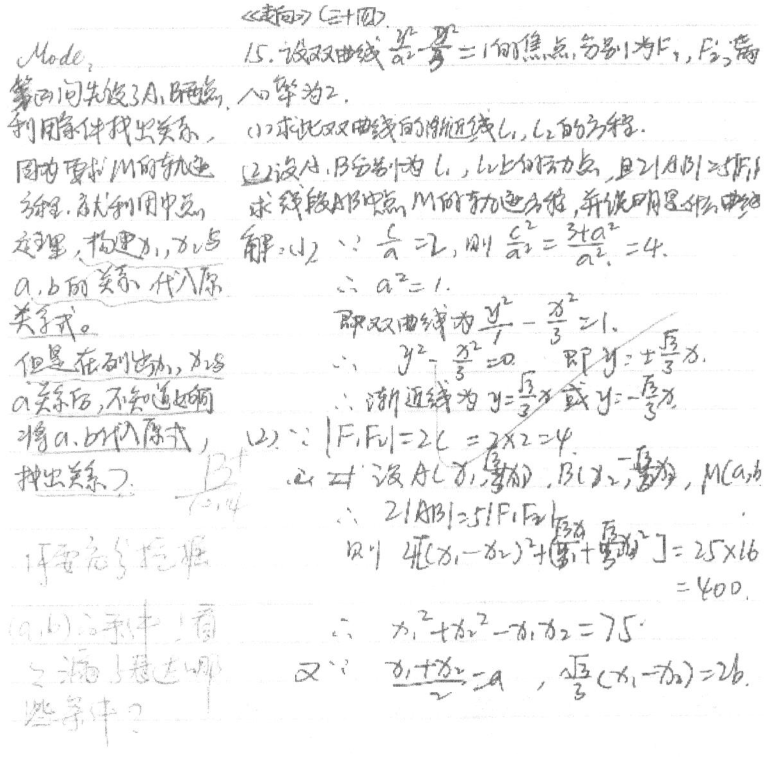

图 7-3　获 B^+ 等级的学生解答

该生的思维层次：题目中的四条信息为：①离心率为 2，②A, B 分别为两条渐近线 l_1, l_2 上的动点，③F_1, F_2 为双曲线的焦点，且 $2|AB| = 5|F_1F_2|$，④M 为 AB 的中点，该生匹配了前三条和第四条的一部分，漏了 M 点纵坐标的表示，亦未能关联各个条件获得结论，但该生对解题进行了反思，提出了问题，故该生在解该道题时的思维属于多点结构水平，且属较高层次的多点结构水平.

该生的思维障碍：该生已经对表征问题、关联条件做了有效的尝试. 但在执行解题方案的过程中因该生对条件的挖掘未够全面，关联、整合条件的技能有限，形成思维障碍，导致思维中断.

获 A 等级的学生解答，如图 7-4 所示.

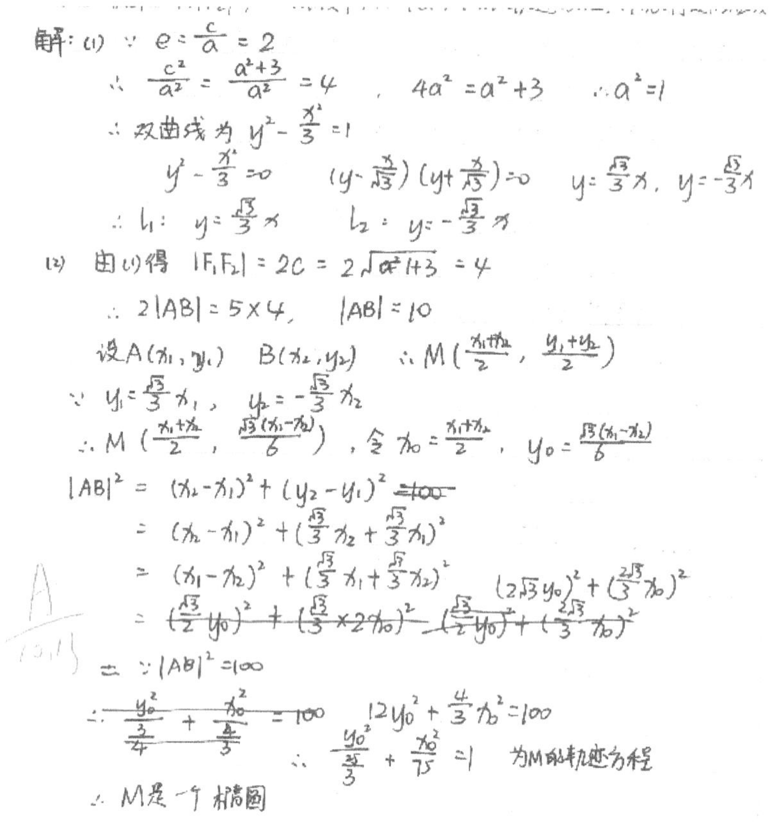

解：(1) ∵ $e = \dfrac{c}{a} = 2$

∴ $\dfrac{c^2}{a^2} = \dfrac{a^2+3}{a^2} = 4$，$4a^2 = a^2+3$ ∴ $a^2 = 1$

∴ 双曲线为 $y^2 - \dfrac{x^2}{3} = 1$

　　$y^2 - \dfrac{x^2}{3} = 0$　$\left(y - \dfrac{x}{\sqrt{3}}\right)\left(y + \dfrac{x}{\sqrt{3}}\right) = 0$　$y = \dfrac{\sqrt{3}}{3}x$，$y = -\dfrac{\sqrt{3}}{3}x$

∴ $l_1: y = \dfrac{\sqrt{3}}{3}x$　$l_2: y = -\dfrac{\sqrt{3}}{3}x$

(2) 由(1)得 $|F_1F_2| = 2c = 2\sqrt{a^2+3} = 4$

∴ $2|AB| = 5 \times 4$，$|AB| = 10$

设 $A(x_1, y_1)$　$B(x_2, y_2)$ ∴ $M\left(\dfrac{x_1+x_2}{2}, \dfrac{y_1+y_2}{2}\right)$

∵ $y_1 = \dfrac{\sqrt{3}}{3}x_1$，$y_2 = -\dfrac{\sqrt{3}}{3}x_2$

∴ $M\left(\dfrac{x_1+x_2}{2}, \dfrac{\sqrt{3}(x_1-x_2)}{6}\right)$，令 $x_0 = \dfrac{x_1+x_2}{2}$，$y_0 = \dfrac{\sqrt{3}(x_1-x_2)}{6}$

$|AB|^2 = (x_2-x_1)^2 + (y_2-y_1)^2 = 100$

$\qquad = (x_2-x_1)^2 + \left(\dfrac{\sqrt{3}}{3}x_2 + \dfrac{\sqrt{3}}{3}x_1\right)^2$

$\qquad = (x_1-x_2)^2 + \left(\dfrac{\sqrt{3}}{3}x_1 + \dfrac{\sqrt{3}}{3}x_2\right)^2$　$(2\sqrt{3}y_0)^2 + \left(\dfrac{2\sqrt{3}}{3}x_0\right)^2$

$\qquad = \left(\dfrac{\sqrt{3}}{2}y_0\right)^2 + \left(\dfrac{\sqrt{3}}{3}\times 2x_0\right)^2$　$\left(\dfrac{\sqrt{3}}{2}y_0\right)^2 + \left(\dfrac{2\sqrt{3}}{3}x_0\right)^2$

$\qquad = $ ∵ $|AB|^2 = 100$

∴ $\dfrac{y_0^2}{\frac{3}{4}} + \dfrac{x_0^2}{\frac{4}{3}} = 100$　$12y_0^2 + \dfrac{4}{3}x_0^2 = 100$

∴ $\dfrac{y_0^2}{3} + \dfrac{x_0^2}{75} = 1$　为 M 的轨迹方程

∴ M 是一个椭圆

图 7-4　获 A 等级的学生解答

该生能完整匹配各个信息，并关联各个条件获得结论. 故该生在解该道题时的思维属于关联结构水平.

获 A⁺等级的学生解答，如图 7-5 所示.

该生能完整匹配各个信息，并关联各个条件获得结论，且对解题的过程进行了回顾反思. 故该生在解该道题时的思维属于抽象扩展结构水平.

另外，对同一道题，学生的解法各异，精彩纷呈，有些解法的确在思维层次上有明显的优越性. 为了鼓励学生对问题进行积极的探索，在评价方式中要体现教师对更高层级的思维的肯定. 教师对"能把问题完整解出来，对解答过程小结"的处于抽象扩展结构的答题结果，再根据解法的思维层次表现划分为 A⁺和 A⁺⁺两个等级.

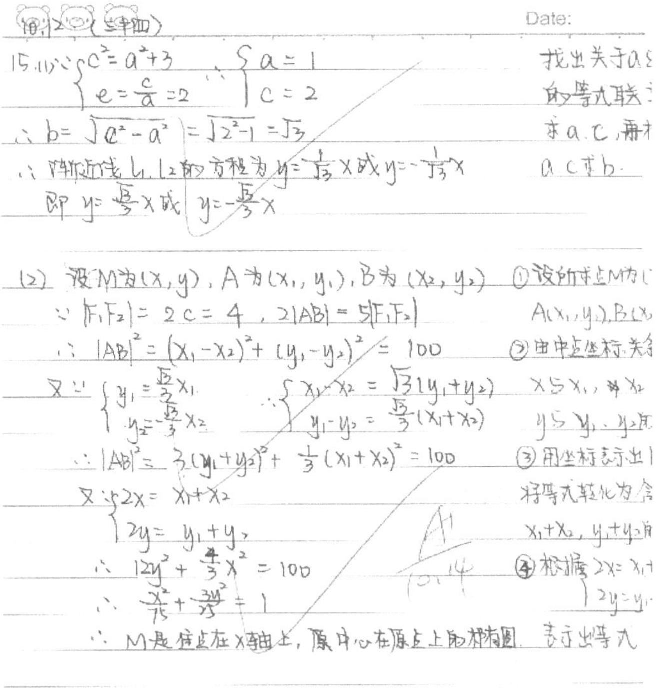

图 7-5　获 A$^+$等级的学生解答

例 6　已知点 $C(1,0)$，点 A,B 是圆 O：$x^2 + y^2 = 9$ 上任意两个不同的点，且满足 $\overrightarrow{AC} \cdot \overrightarrow{BC} = 0$，设 P 为弦 AB 的中点，如图 7-6 所示.

(1) 求点 P 的轨迹 T 的方程；

(2) 试探究在轨迹 T 上是否存在这样的点：它到直线 $x = -1$ 的距离恰好等于到点 C 的距离？若存在，求出这样的点的坐标；若不存在，说明理由.

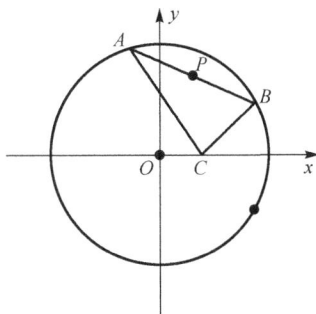

图 7-6

获 A$^+$等级的学生解答，如图 7-7 所示.

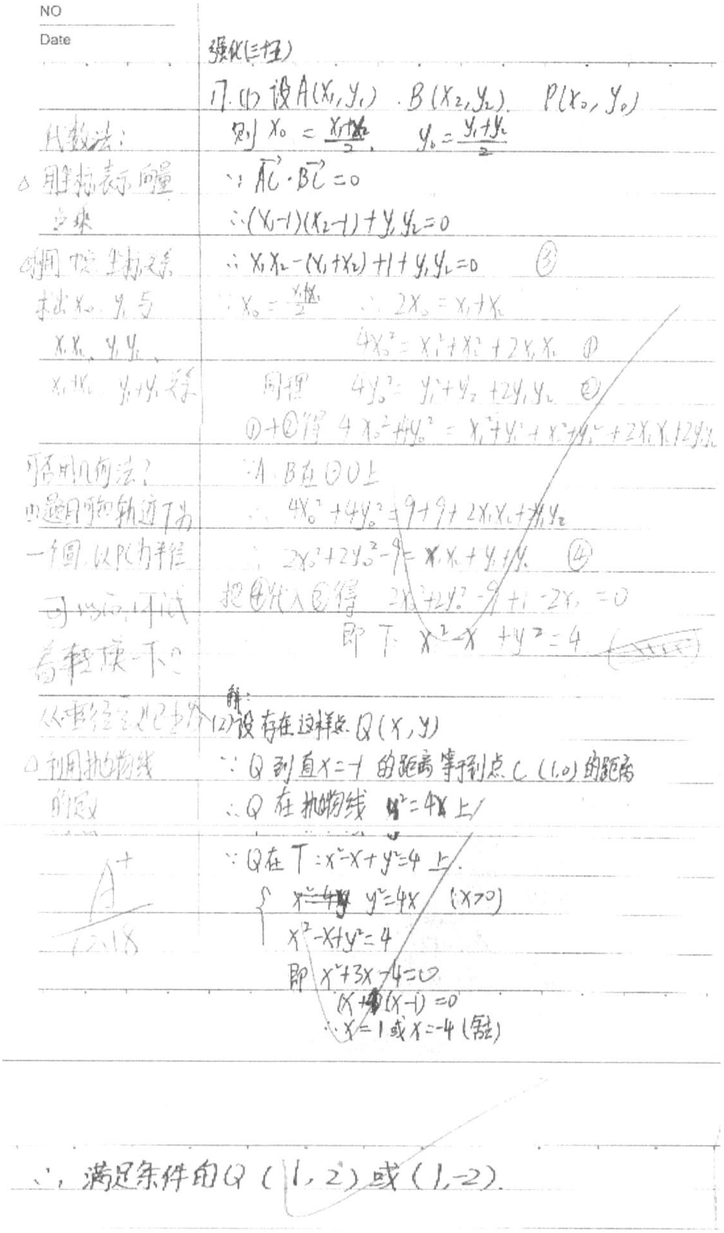

图 7-7　获 A⁺等级的学生解答

获 A⁺⁺等级的学生解答，如图 7-8 所示.

获得 A⁺的学生解答运用了代数法，逐个分析条件，列出代数式子，通过整合各个式子获得结果. 获得 A⁺⁺的学生解答挖掘了题目中深层的几何意义，通过几何法整合条件，获得结果. 显然，第二种解法在思维上更具优势.

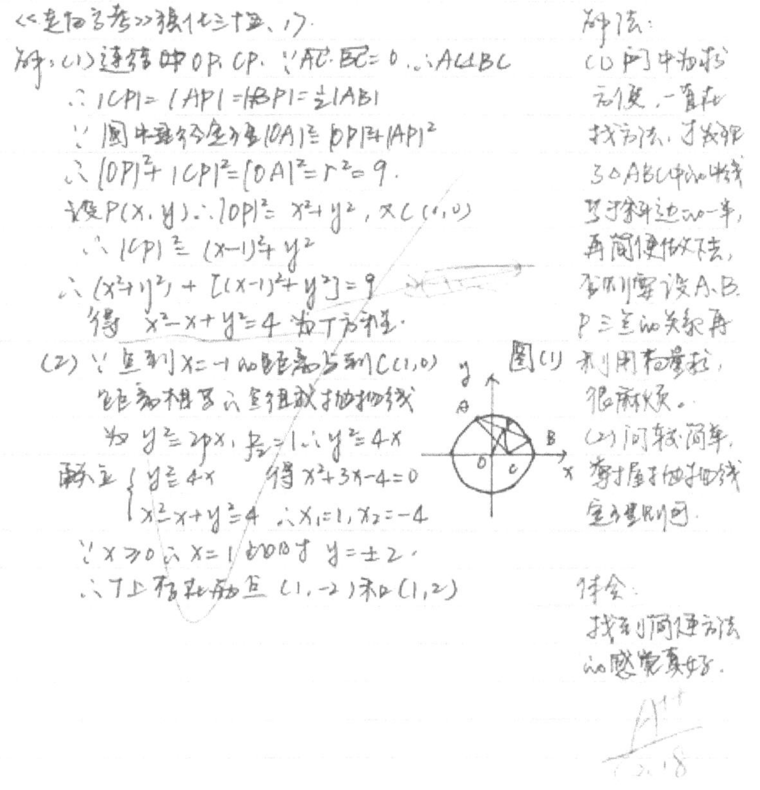

图 7-8 获 A^{++}等级的学生解答

在评价中，对学生而言，A$^+$与 A^{++}的区别是巨大的，获得 A^{++}的学生在数学学习上更有成就感，在数学的思维上更有优越感．正如学生在作业中写道"找到简便方法的感觉真好"，评价的结果又促进学生在数学学习上的积极探索，追求更高的思维层次．

3)经过三个月的实验，对期中考试两个班的成绩进行统计分析，如表 7-6 所示．

表 7-6 实验班与对照班实验后成绩对比

班别	学生人数	平均分	标准差	年级排名
实验班	50	90.9	14.73	2
对照班	50	90	20.17	3

实验取得了理想的阶段性成果．实验班的成绩有了很大的进步．最重要的是运用SOLO 分类法评价模型对学生的作业进行评价后，实验班的学生做作业的积极性明显提高，学生每天都很期待看教师评改后的作业．而学生完成作业的热情高涨，在作业中积极和教师互动，认真反思，这种现象又激励教师每天认真完成作业的批改，并根

据作业反馈的结果及时调整教学. 这个良性循环极大改善了该班的数学学习现状. 该班很多学生逐步养成了良好的学习习惯, 提高了数学学习兴趣, 增强了数学学习信心. 在期中考试后的高三年级的数学课代表座谈会上, 该班的课代表特别就作业评价方式的改变引起该班的数学学习现状的改善做了发言, 对现行的评价方式给予了高度的肯定.

(3) 实验启示与反思

1) 实验启示.

a) SOLO 分类法评价模型能有效地评价学生的学习质量.

实验班数学学习成绩上的较大进步, 以及数学学习态度的明显转变在一定程度上说明了 SOLO 分类法对于数学教学评价的有效性.

b) SOLO 分类法评价模型有利于教师更具体地掌握学生的学习思维障碍, 调整教学.

SOLO 分类法评价模型在对学生的反应水平进行分类的同时也对错误的理解类型进行了分类, 不同反应水平的回答能显示出学生在某一方面的思维欠缺. 例如, 处于前结构水平和单点结构水平的学生在理解基本概念、基础知识方面存在困难; 处于多点结构水平的学生往往在寻找量与量之间的关系上存在困难; 而处于关联结构水平的学生则在思维的发散性方面需要锻炼. 教师能从评价的结果中清楚了解到学生的思维层级, 及时发现学生的思维障碍, 清楚认识课堂教学中存在的问题, 迅速找到调整教学的策略.

c) SOLO 分类法评价模型有利于学生更明确自身学习存在障碍, 激发学生的学习兴趣.

SOLO 分类法评价模型有明确的评价标准, 有利于学生及时获得教师对学习评价的反馈, 学生能从教师的评价结果中看清自身的思维层级, 了解自身的思维障碍, 找准自己的努力方向. 对解题过程的回顾能促进学生的解题反思, 在反思中感悟, 在反思中有所获, 从而激发了学生数学学习的兴趣.

d) 实验结果对课堂教学模型有积极的启示.

实验启发我们, 在课堂教学中, 如果引进 SOLO 分类法指导教学对教学效果将具有促进作用. 首先, 教师要让学生知道评价的标准是分层次的, 使学生能在教师评价中获得自身思维障碍的反馈, 使学生能更准确地寻找到清除思维障碍, 提高思维水平的方法. 其次, 教师在教学目标、教学过程中要充分考虑到学生的实际水平, 在学生所处的水平上或者在稍高一级的水平上进行教学, 学生才能够得到发展. 最后, 教师清楚分析学生的思维障碍之后, 对高三的教学要进行宏观调控, 科学设计. 针对学生在审题提取信息过程可能遇到的理解障碍进行概念再现, 填补知识的空白; 针对学生在寻找量与量之间的关系时可能遇到的关联障碍, 引导学生形成图式, 构建知识网络; 针对学生在拟定执行方案的过程中可能遇到的技能障碍、迁移障碍, 精选范例, 多渠道、多层次设计教学，探究解法．针对学生在回顾反思过程可能遇到的思维局限形成的障碍，鼓励学生对问题纵向横向总结升华，拓展思维的深度和广度．

2) 实验反思．

a) SOLO 分类法评价模型需要教师更多地投入和付出．

首先，教师要认真学习 SOLO 分类理论，理解 SOLO 分类理论，并熟练掌握 SOLO 分类理论对思维分类的五个标准．其次，教师在评改作业时，不是只看学生作答的结果，还要深入分析学生的思维水平，同时在作业本上与学生互动交流，这样批改作业比传统批改作业的方法要花费更多的时间．

b) SOLO 分类法评价模型必须结合终结性等评价方式对学习质量进行评价．

SOLO 分类法评价模型采用的是过程性的质性的评价方式，用于对学生平时课后的巩固作业的评价比较合理．但，毕竟高三的学生脱离不了考试，现行的高考制度，决定了在学生的各种测验中教师仍然需要运用"打分"这种高度重视结果的终结性评价方式．

第三节　SOLO 分类理论指导下的高三数学复习课的课堂教学实践

1. 高三课堂教学模型

高三复习课的课堂教学的程序遵循"概念再现—知识归析—精选范例、解法探究—问题解决、总结升华"模型，在该模型中，根据基于 SOLO 分类理论的学习质量评价的实验研究结果结合 SOLO 分类理论对高三的课堂教学进行设计．

(1) 概念再现

高三的课堂要让学生对数学的问题进行思考，能由思维的前结构或者单点结构水平递进到思维的多点结构水平，首先要清除的是对概念的遗忘或者是误解造成的思维障碍．所以，高三复习的首要任务就是与学生一起回顾本课程的基本概念，加深对基本概念的理解，建立清晰的、全面的、系统的概念结构图，为学生在思维操作中准确理解问题打好基础．概念再现过程中教师的活动体现在：借助各种手段再现概念，帮助学生重新认识概念，加深理解概念，运用概念解决问题，提高学生的概念理解和运用的思维层级．学生的活动体现在：主动参与再现活动，纠正长期形成的理解错误，补充完善概念的结构图，为解决数学问题打好低层级的思维基础．

(2) 知识归析

高三课堂需要引导学生发现知识的内在联系，建立知识结构，为学生在思维操作中准确建立问题与相关知识的联系打下坚实的知识基础．在知识归析环节中，教师活动体现在：设计针对性、启发性强的问题，激发学生回顾旧知识的兴趣，引导学生建立知识结构,促进学生的思维层级由多点结构水平向关联结构水平发展.学生活动体现在:主动参与,积极回顾,探究所学知识的内在本质联系,建立明晰、稳固的知识体系,使所学知识及其思维水平在回顾与反思中得到进一步升华.

(3)精选范例,解法探究

高三的课堂需要精选具有针对性、典型性、灵活性、综合性、层次性的范例,通过对范例实施条件分解,解法探究,解法优化,培养学生思维的广阔性和灵活性.在精选范例、解法探究中,教师活动体现在:选择好题,为学生创设广阔的探索空间,通过对题目的引导点拨,激发学生的探索欲,在对题目的层层深入探究中,诱导学生的思维达到最佳层次.学生活动体现在:自主审题,自主探索解法;多角度思考问题,多渠道寻求解决问题的方法;相互交流,相互启发,扩大探索成果;自主总结各种解题的规律与技巧,形成解题技能.在一系列的解题活动中,实现思维层级的逐层递进,达到培养思维水平,提高思维层次的目的.

(4)问题解决,总结升华

师生共同完成总结.一是对解题方法、规律的总结升华,二是对课堂上所用知识、方法加以总结,使学生掌握探究学习的方式方法,并逐步使之成为学生的自觉行为.通过师生的共同努力,实现思维操作水平,即思维层次的提升,达到抽象扩展结构的最高层次.

SOLO 分类理论指导下的"概念再现—知识归析—精选范例、解法探究—问题解决、总结升华"的教学模型,正是实现一步一步提高 SOLO 思维层次,提升学习质量的过程.

2. SOLO 分类理论指导下的一节高三复习课设计

高三的复习课既要落实基础知识又要提高学生的学习数学的能力,一节高三的复习课的选题和教学设计在思维目标上要达到让学生有一个思维展开的合理平台,又有一定的思维深度和广度.SOLO 分类理论指导下的高三复习课教学设计既要从整节课的教学过程设计教学的思维层级,也要在每道例题的解法探究中设计启发教学的思维层级.引导学生层层深入,螺旋上升.

例 7 一节课题为"圆锥曲线综合运用——求轨迹"的复习课设计.

本节课的教学内容分析:高三"圆锥曲线"复习的一节专题课.求圆锥曲线的轨迹是"圆锥曲线"这一章的核心内容,也是高考考查的重点,经常在选择或填空中以小题的形式考查,或者在大题以第一问的形式考查.前面通过对圆、椭圆、双曲线及抛物线基本概念、基础知识的复习,学生对求圆锥曲线的轨迹的一些基本方法已经有所了解,但由于没有系统地归类整理,认知结构比较零散,学生对求圆锥曲线的轨迹的基本类型和基本方法以及面对众多方法如何选取缺乏系统的认识，解题过程缺乏明确的方向指引.

　　本节课的教学目标：对各种类型的圆锥曲线轨迹的求法进行探索、归类、总结，并在训练中找到运用方法解题的关键；培养同学们审题、析题、解题的能力；使同学们掌握求圆锥曲线轨迹的基本步骤和基本方法，学会灵活运用各种方法求解圆锥曲线轨迹问题.

　　(1)思路设计(图 7-9)

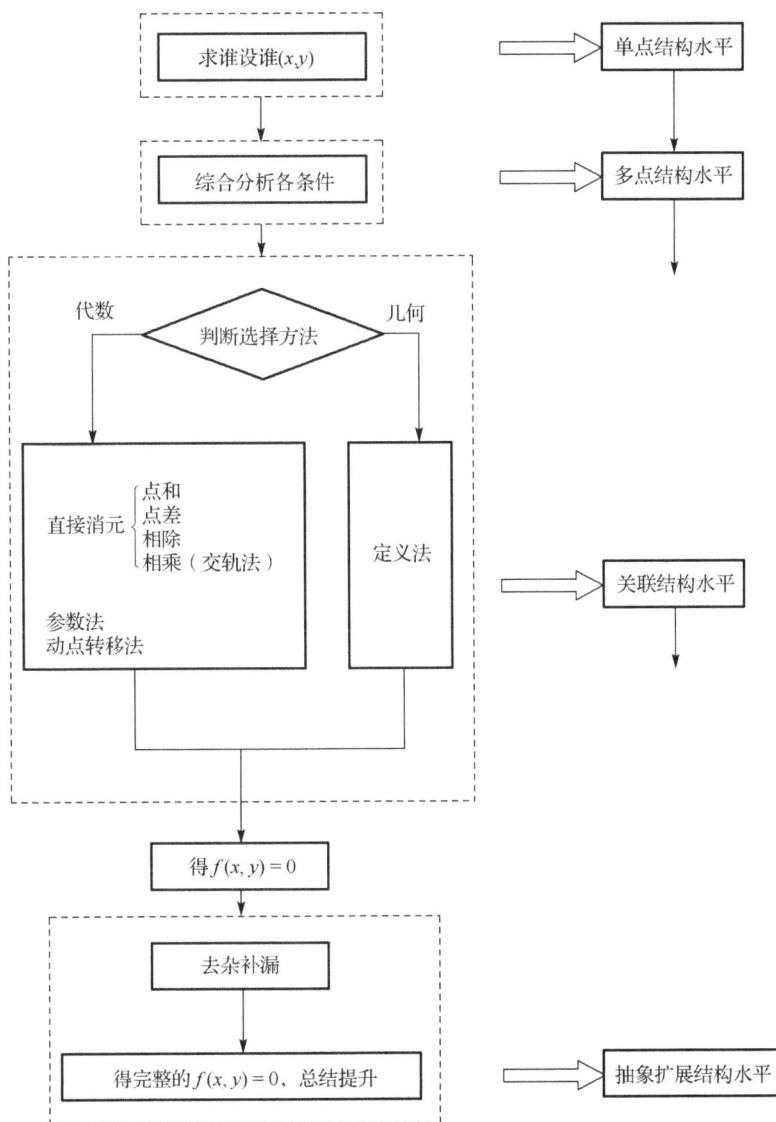

图 7-9　思路程序框图

(2)例题设计

【例 1】(2007 湖南文科 19 题)　已知双曲线 $x^2 - y^2 = 2$ 的右焦点为 F,过点 F 的动直线与双曲线相交于 A,B 两点,点 C 的坐标是 $(1,0)$.若动点 M 满足 $\overrightarrow{CM} = \overrightarrow{CA} + \overrightarrow{CB} + \overrightarrow{CO}$(其中 O 为坐标原点),求点 M 的轨迹方程.

解法一:参数法.解法二:直接法中的点差消元法.

【例 1 变式】(2010 年广东高考理科)　一条双曲线 $\dfrac{x^2}{2} - y^2 = 1$ 的左、右顶点分别为 A_1,A_2,点 $P(x_1, y_1)$,$Q(x_1, -y_1)$ 是双曲线上不同的两个动点.求直线 A_1P 与 A_2Q 交点的轨迹 E 的方程式.

解法一:参数法.解法二:直接法中的交轨消元法.

【例 2】　如图 7-10,已知椭圆 $\dfrac{x^2}{a^2} + \dfrac{y^2}{b^2} = 1(a > b > 0)$ 的左、右焦点分别是 $F_1(-c,0)$,$F_2(c,0)$,Q 是椭圆外的动点,满足 $|\overrightarrow{F_1Q}| = 2a$.点 P 是线段 F_1Q 与该椭圆的交点,点 T 在线段 F_2Q 上,并且满足 $\overrightarrow{PT} \cdot \overrightarrow{TF_2} = 0$,$|\overrightarrow{TF_2}| \neq 0$.求点 T 的轨迹 C 的方程.

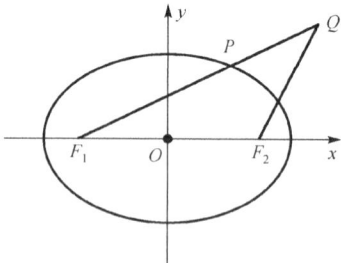

图 7-10　复习课例 2

解法一:动点转移法.解法二:定义法.

【例 2 变式 1】　如图 7-11,已知椭圆 $\dfrac{x^2}{a^2} + \dfrac{y^2}{b^2} = 1$ $(a > b > 0)$ 的左、右焦点分别是 $F_1(-c,0)$,$F_2(c,0)$,Q 是椭圆外的动点,点 P 是线段 F_1Q 与该椭圆的交点,QF_2 的中垂线经过点 P,$\angle QF_1F_2$ 的角平分线与 QF_2 交于点 T,求点 T 的轨迹 C 的方程.

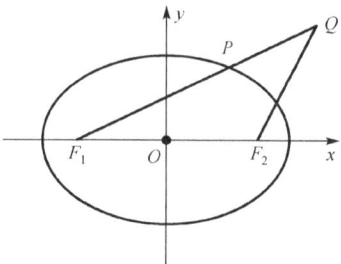

图 7-11　复习课例 2 变式 1

解法一：动点转移法．解法二：定义法．

【例 2 变式 2】　　如图 7-12，已知 M 是以点 C 为圆心的圆 $(x+1)^2 + y^2 = 8$ 上的动点，定点 D 坐标为 $(1,0)$．点 P 在 DM 上，点 N 在 CM 上，且满足 $\overrightarrow{DM} = 2\overrightarrow{DP}$，$\overrightarrow{NP} \cdot \overrightarrow{DM} = 0$．动点 N 的轨迹为曲线 E．求曲线 E 的方程．

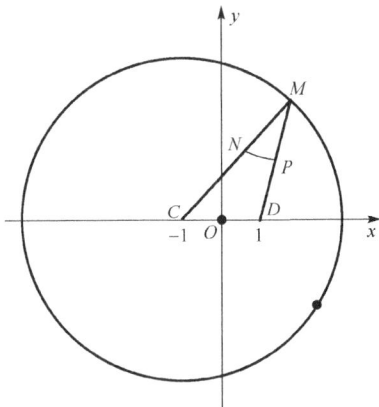

图 7-12　复习课例 2 变式 2

解法：定义法．

(3) 教学过程设计与教学结果

本节课的教学过程：例题展示—各个条件数学式子化(多点结构)—关联条件，获得解法(关联结构)—探索变式，总结升华(抽象扩展结构)．

本节课采用探究发现式教学法、活动式教学法、类比学习法、多媒体辅助教学、变式训练教学法等，通过多样、灵活的教学方法，分类、分步、变式的例题演练，由简单到复杂、由具体到抽象的层层递进的设计理念，培养学生从体会到学会，从理解到掌握，让学生从单纯的解题上升为思想方法、数学能力的培养，从而拓展学生思维，提升学生的学习能力．

例 8　一道题的教学设计．

如对上述"圆锥曲线综合运用——求轨迹"该节课中的【例 1】的教学设计．

【例 1】(2007 湖南文科 19 题)　已知双曲线 $x^2 - y^2 = 2$ 的右焦点为 F，过点 F 的动直线与双曲线相交于 A, B 两点，点 C 的坐标是 $(1,0)$．若动点 M 满足 $\overrightarrow{CM} = \overrightarrow{CA} + \overrightarrow{CB} + \overrightarrow{CO}$ (其中 O 为坐标原点)，求点 M 的轨迹方程．

分析设计(多点结构)：

条件①：过 F 的动直线与双曲线 $x^2 - y^2 = 2$ 相交于 A, B 两点．

条件②：定点 $C(1,0)$．

问　题：动点 M 满足 $\overrightarrow{CM} = \overrightarrow{CA} + \overrightarrow{CB} + \overrightarrow{CO}$，求点 M 的轨迹方程．

探究设计(关联结构)：联系条件与问题的关键是 $\overrightarrow{CM} = \overrightarrow{CA} + \overrightarrow{CB} + \overrightarrow{CO}$，探索此式子的几何意义，发现几何意义，则选择几何解法；没有搜索到可用的几何意义，则选择代数的解法.

本节课是笔者参加所在单位的"优秀教师"系列评选活动的一节公开课，公开课获得了听课教师的一致好评，特别是一些非数学学科的评委，他们一致认为本节课的设计思路非常清晰，例题分析时思维逐层递进，外行人都能听懂并理解，很难得. 而学生通过该节课也真正复习并系统掌握了求圆锥曲线的轨迹的方法, 达到了教学目的.

《标准》注重提高学生的数学思维能力，这里的数学思维能力包括数学变式的能力、形成数学通性通法的能力、识别模式的能力等. 一题多解教学、变式教学、探究教学等教学环节在高三数学复习课中可以有效唤醒学生的思维, 调动每位学生的潜能，达到培养学生思维的全面性、灵活性和创新性的目的，从而提升学生的 SOLO 思维水平.

本章参考文献

[1]　[澳]彼格斯, 科利斯. 学习质量评价—SOLO 分类理论(可观察的学习成果结构). 高凌飚, 张洪岩, 译. 北京: 人民教育出版社, 2011.

[2]　孔庆燕, 周莹. SOLO 分类理论在数学问题提出能力评价中的应用初探[J]. 中学数学杂志, 2008, (6): 7-9.

[3]　陈徽, 钱扬义, 李孟彬, 邓峰. SOLO 分类评价理论在化学教学中的应用[J]. 化学教育, 2008, (10): 25-28.

[4]　约翰B. 彼格斯, 凯文F. 科利斯. 学习质量评价: SOLO 分类理论(可观察的学习成果结构)[M]. 高凌飚, 张红岩, 译. 北京: 人民教育出版社, 2010: 1-2.

[5]　G. 波利亚. 怎样解题[M]. 涂泓, 冯承天, 译. 上海: 上海科技教育出版社, 2007.

[6]　何小亚. 数学学与教得心理学[M]. 广州: 华南理工大学出版社, 2004: 16-17.

[7]　韩静. 高中生数学思维障碍与教学策略[D]. 石家庄: 河北师范大学, 2007.

本　章　附　录

高三数学解题障碍调查

亲爱的同学：为了了解同学们的解题思维障碍，对同学们的解题思维过程进行研究，特设置这份问卷. 您所选择的答案，将没有对错好坏之分. 希望您能认真、如实地完成这份问卷. 谢谢您的参与！

您认为您的数学成绩在班中排名：□很好　　□中上　　□中等　　□中下　　□较差

您这次月考的数学成绩是：＿＿＿＿＿＿＿

五个选项代表的意思是：

完全符合：　　　这句话对我来说，完全合适.

基本符合：　　　这句话对我来说，在多数情况下合适.

说不定：　　　　这句话对我来说，大概有一半合适，一半不适合.

基本不符合：　　这句话对我来说，少数情况下适合.

不符合：　　　　这这句话对我来说，完全不适合.

根据您的实际情况和想法，在每题后面对应的数字上打"√".

	完全符合	基本符合	说不定	基本不符合	不符合
1. 解题过程中，你经常因为区分不清某些数学的符号而使分析题意的过程受阻，如 ∀ 与 ∃	1	2	3	4	5
2. 解数学题时，你经常会忘记了某个数学概念或记错某条数学公式而使数学问题的求解过程受阻	1	2	3	4	5
3. 运用数学公式、定理解题时，你经常会忽视公式、定理的应用条件而导致解题错误	1	2	3	4	5
4. 解题过程中，你经常漏分析题目的某个条件或某个隐含条件，使求解过程不完整	1	2	3	4	5
5. 解决数学问题时，你经常不能从题目条件联想到应该调用曾经学过的哪些知识求解	1	2	3	4	5
6. 在解答某一类型问题时，你习惯采用某一种方法或思路而很少尝试其他解法	1	2	3	4	5
7. 对同一类型问题，你经常犯同样的错误	1	2	3	4	5
8. 你解题习惯从正面入手，当遇到困难时很少转向逆向思维求解	1	2	3	4	5
9. 在解题过程中，你经常因考虑不周全(如：在求解某个问题时，需分三种情况讨论，而你只想到一种或两种)而错解或漏解	1	2	3	4	5
10. 解题的过程中，题目的条件越多，你会越混乱，你经常会在整合题目条件、全面综合运用题目的条件上遇到困难	1	2	3	4	5
11. 每解答完一个问题之后，你经常因欠缺回顾与反思解题过程、没有对结果进行检验而造成解答不完整	1	2	3	4	5
12. 解答数学题的过程中，当问题比较抽象或者题目比较新颖时，你经常选择放弃求解	1	2	3	4	5
13. 你经常不能把解题方法迁移，如把解决平面几何问题的数学方法类比运用到解决空间几何问题中，把解决椭圆问题的数学方法类比运用到解决双曲线问题中等					
14. 你很少去思考和探索题目题干或结论的变式，经常满足于解完该道题	1	2	3	4	5
15. 对于解题方法或题目设问相关的题目，你很少把它们放在一起进行比较，来提炼解题思想的精华	1	2	3	4	5

听听您的心声：

1. 您认为您在数学解题过程中遇到的最大困难是什么？

---

2. 在高三第一轮复习的过程中，为了提高您的数学解题能力，您最需要老师提供什么帮助？

备注：

1—5 题：思维停留在前结构或单点结构水平造成的审题提取信息过程出现的思维障碍．

6—10 题：思维停留在多点结构水平造成的拟定执行解题方案过程出现的思维障碍．

11—15 题：思维停留在关联结构水平造成的回顾反思过程出现的思维障碍．